Horst Fröhler

Abschluss ~~Ableitung~~ beiseitelegen rau ~~Ass~~ Hobbys Buy-out *Brennnessel* Känguru **Dienstagabend** E-Mail *Missstimmung* **spazieren gehen** T-Shirt **Nuss** *Albtraum* schnäuzen **Kontrolllicht** im Allgemeinen ~~wie wild~~ Teeei Essstörung *Fast Food* Gämse **in Bezug** heute Früh *dahintergekommen* gefasst

Regelwerk
und
Spezialwörterbuch
zur neuen Rechtschreibung

L E H R E R A U S G A B E

Ein unentbehrliches Nachschlagewerk zur sicheren Orientierung
nach den
Reformänderungen von 2004 und 2006

NEU IN DIESER AUFLAGE:

→ Klare Kennzeichnung, was seit wann gilt oder nicht mehr gilt

→ Didaktische Informationen zu jedem Kapitel

→ Wahlformen-Empfehlungen für die Arbeit im Unterricht

→ Alle (wieder) reformierten Wörter zum raschen Nachschlagen

→ Systematisch sortierte Wortlisten für den perfekten Überblick

8., völlig neu bearbeitete Auflage – Nachdruck, Wien 2007
H F
Verlag

Aus Gründen der leichteren Lesbarkeit der Texte werden nur Wortformen wie „Lehrer" oder „Schüler" verwendet, die ja als grammatikalische Form des sog. *„genus commune"* beide Geschlechter unterschiedslos einbeziehen (vgl. „der Mensch" oder „die Person" = jeweils *genus commune* für weibliche und/oder männliche Wesen). Bitte daher bei der Lektüre ausdrücklich zu berücksichtigen, dass mit solchen grammatikalisch eingeschlechtlichen Wörtern weibliche und männliche Mitmenschen (in dieser Reihenfolge!) bezeichnet werden.

Z e i c h e n e r k l ä r u n g :

Fettdruck:
Im Vergleich zu früheren Gegebenheiten aktuelle **verpflichtende neue Schreibweise**

Magerdruck:
Bei Wahlformen, wenn eine der beiden Formen der Schreibung vor 1996 entspricht

Unterstreichung:
Kennzeichnet eine Wahlformenempfehlung; die Empfehlung wird meist begründet

Senkrechte Doppellinie am linken Rand:
Kennzeichen für seit **2004** geänderte Bereiche oder Wörter

Senkrechte Dreifachlinie am linken Rand:
Kennzeichen für seit **2006** geänderte Bereiche oder Wörter

Einfach durchgestrichene Wortform, z. B.: ~~Gemse~~
= seit 1996 ungültig

Doppelt durchgestrichene Wörter oder Textteile z. B. ~~Eis laufen~~
= seit 2006 ungültige Wortform oder ungültige Regelung

H i n w e i s e :

Bei der Lektüre dieses Buches wird Ihnen auffallen, wie massiv die Regeln für die **zusammengesetzten Verben** im Jahr 2006 geändert wurden. Um Ihnen das Umlernen zu erleichtern, stehen Ihnen als zusätzliches Service auf meiner Homepage Übungen samt Lösungen zu diesem Bereich zur Verfügung. Hier der Link für einen kostenlosen Download: **www.froehler.at/verbenuebungen.pdf**

Informationen über den Autor sowie über alle seine Publikationen und Seminarthemen finden Sie unter **www.froehler.at**

ISBN-13:   978-3-9502198-0-7

© HF-Verlag, Eigenverlag Dr. Horst Fröhler, 1090 Wien, Österreich/Austria
Cover: Claudia Bernhard
Druck: Scribona Druck GmbH, 1090 Wien, Heiligenstädter Straße 2

Anstelle eines Vorworts: Rückblick - Ausblick - Durchblick

Nun sind sie also überstanden, die beiden Reformen von 2004 und 2006, mit denen die Rechtschreibreform von 1996 wieder geändert, ja in einigen Teilen sogar zurückgenommen wurde.

Drei Armutszeugnisse sind vorweg den Verantwortlichen – dem Expertenrat und den politisch Verantwortlichen – auszustellen: Viele Teile der 1996er-Reform waren unausgegoren bis unbrauchbar, vor allem die Getrennt- und Zusammenschreibungsregeln. Das wusste man schon vor der endgültigen Inkraftsetzung 1998. Dass aber damals kein Aussetzen der Reform und kein Neustart erfolgte, ist das Armutszeugnis Nummer 1. Das Armutszeugnis Nummer 2 ist, dass die Verantwortlichen sich nicht schämen, nach 10 Jahren „Rechtschreibunterricht neu" Lehrkräfte wie Schüler zu Leidtragenden und Gefoppten zu machen. Armutszeugnis Nummer 3 ist schließlich, dass man beim leidigen Kapitel „Getrennt- und Zusammenschreibung" wieder keine besseren Ideen hatte, als die – weitgehend ebenfalls schlechten - alten Regeln von vor 1996 wieder aufleben zu lassen. „Zurück in die Vergangenheit" mag eine Lösung für diejenigen sein, die das ausgeheckt haben, weil sie selbst von dort herkommen: Sie kehren damit in ihre liebgewordene alte Rechtschreibwelt zurück. Eine Reform der Rechtschreibung muss aber ein Zukunftsprojekt sein, daran hat offenbar keiner gedacht. Und zukunftstauglich kann eine Rechtschreibung mit scharfem ß, Substantivgroßschreibung und einer Unmenge komplizierter Regeln nie und nimmer sein. Die neue Rechtschreibung hätte für die Jugend geschaffen werden müssen, nicht für das Wohlgefallen der Alten! Auf dem Rücken der Schüler, die nun ein zweites Mal umlernen müssen, holt sich die alte Generation ihr Rechtschreibwohlbehagen zurück. Für wie strapazfähig hält man eigentlich die Gutwilligkeit der Jugend und die Nervenkraft der Lehrer? In den bedrängten Zeiten des schulischen Unterrichts hätten wir mutige, zukunftsorientierte Reformen gebraucht. Aber das ist nun wohl für längere Zeit zu vergessen. Die gleichen Politiker, die über das PISA-Ergebnis jammern, beschließen eine Rechtschreibreform, die verhindert, dass man sich in der Schule wichtigeren Themen zuwenden kann.

Nach diesem wenig ermutigenden Rückblick und dem ebenso wenig erfreulichen Ausblick, wenigstens eine gute Nachricht: Immerhin ist es möglich, in der gegenwärtigen Situation wieder den Durchblick zu bekommen. Hier ein kleiner Leitfaden dafür:

Neue Komplettwörterbücher sind gut und schön. Aber was nützt das beste Wörterbuch, wenn kein klares Problembewusstsein vorhanden ist, w a s man jetzt eigentlich verstärkt nachschlagen muss? Ständiges Herumsuchen, ohne dabei selbst den Durchblick zu haben, ist zudem extrem mühsam und frustrierend.

Wichtig für uns Lehrer ist es also, selbst neue Klarheit zu bekommen:
- Was hat sich an der ursprünglichen Reform konkret geändert?
- Welche seit 1996 neuen Regeln gelten nun nicht mehr?
- Welche Regeln sind an ihre Stelle getreten?

Klarere Antworten auf diese Fragen als im vorliegenden Buch werden Sie nirgends finden. Das REGELWERK liefert bei jeder Regel die Information, wann sie eingeführt wurde, und ob sie noch gilt. Wer bereits eine der früheren Ausgaben dieses Werkes kennt, findet hier die Orientierung rasch wieder, weil die vertraute Systematik beibehalten wurde. Ungültig gewordene Regeln sind durchgestrichen, aber lesbar geblieben. Seit 2004 oder 2006 neue Regeln sind gekennzeichnet. So bekommt die endgültige Reform mit jeder gelesenen Seite mehr Kontur.

Ein weiterer Vorteil: Anders als in anderen Nachschlagewerken, wo jeweils a l l e Regeln der Rechtschreibung dargestellt werden, sind hier nur jene Regeln enthalten, um die es bei der Rechtschreibreform jeweils gegangen ist. Punktgenaue Information ohne lästiges Blättern und Suchen ist die Folge. – Der Durchblick stellt sich ein!

Noch ein Vorteil dieser Zusammenstellung: Sie finden am Ende eines jeden Reformkapitels didaktische Grundinformationen für den Umgang mit den neuen Gegebenheiten sowie zusätzliche nützliche Hinweise.

Schließlich wird dieses REGELWERK – das jetzt mit dem SPEZIAL-WÖRTERBUCH kombiniert ist – ein weiteres Alltagsproblem lösen helfen, nämlich den didaktisch optimalen Umgang mit Wahlformen. Wo es zwei Möglich-keiten gibt, stellt sich die Frage, welcher der beiden Formen im Unterricht der Vorzug gegeben werden sollte. Es ist ja wenig sinnvoll, wenn ich heute an der Tafel „aufwändig" schreibe, und morgen „aufwendig". Zur Lösung dieser Fragen finden Sie in beiden Teilen, im REGELWERK wie im SPEZIALWÖRTERBUCH jeweils an Ort und Stelle Wahlformenempfehlungen (die zu bevorzugende Form ist unterstrichen), und in den didaktischen Hinweisen oder unmittelbar vor Ort Begründungen dazu. Eine gemeinsame Wahlformenrichtlinie sollte an jeder Schule klassenübergreifend festgelegt werden. Dieses Buch kann dabei optimal helfen.

Der Teil SPEZIALWÖRTERBUCH ist und bleibt das beste Nachschlagewerk für die rasche, gezielte Suche reformierter Schreibweisen. Es bietet bei jedem Wort eine klare Deklaration, was der aktuelle Stand ist. Eine zusätzliche Bereicherung stellen die neuen Komplettlisten schwieriger, immer wieder Unsicherheiten auslösender Wortrubriken dar, z. B. „Drachen steigen, Schule spielen, Wasser trinken" im Gegensatz zu „bruchrechnen, rückenschwimmen, bergsteigen".

Bei aller eingeschränkten Freude über die Entwicklungen in der Recht-schreibreform wünsche ich Ihnen wenigstens die kleine freudige Genugtuung, dass Sie durch dieses Buch den verlorengegangenen Durchblick wiedergeschenkt erhalten. („Verlorengegangen" und „wiedergeschenkt" sind übrigens neue Wahlformen – aber da machen Sie sich am besten gleich selbst auf Entdeckungsreise!)

Alles Gute bei der Neuorientierung!

Horst Fröhler

Inhaltsübersicht

TEIL 1 – REGELWERK

➤

TEIL 2 - SPEZIALWÖRTERBUCH

Das als zweiter Teil angeschlossene Spezialwörterbuch umfasst ein

ALPHABETISCHES VERZEICHNIS (Seite 85 bis 175)
mit allen reformierten Wörtern in alphabetischer Reihenfolge – durch
den **grau eingefärbten Buchschnitt** besonders rasch auffindbar

und

SYSTEMATISCHE VERZEICHNISSE (Seite 177 bis 276)
mit allen reformierten Wörtern
nach Regelgruppen bzw. Einzelregeln geordnet.

Das SPEZIALWÖRTERBUCH beschränkt sich auf die von der Reform betroffenen Wörter. Das bringt durch die Dichte der Darstellung einen unschätzbaren Überblick. Diesen Vorteil kann kein Komplettwörterbuch bieten!

Überblick 1: • Abweichungen von der 1996er-Reform
• Menge der Regeln pro Abschnitt
• Verpflichtungscharakter der Änderungen

Diese Übersicht über die 8 Reformbereiche zeigt zugleich die Menge der neuen Regeln und gibt Auskunft über den Verpflichtungskarakter pro Teilkapitel. Am Interessantesten aber ist die Perspektive, wie viele der 1996 inszenierten Reformpunkte im Nachhinein doch wieder geändert wurden:

Durch den dreifachen senkrechten Balken am Rand werden hier jene Bereiche markiert, die anlässlich der **Reformen von 2004 bzw. 2006** mehr oder weniger starke Veränderungen erfahren haben. Detailangaben finden Sie in den einzelnen Kapiteln. Auch dort weisen analoge Markierungen auf alles hin, was im Nachhinein nochmals geändert wurde. (Zeichenerklärung siehe Seite 2!)

1. Anwendung von ss und ß	*Regel 1* ab Seite 13	Änderungen **verpflichtend**
2. Zusammentreffen von 3 gleichen Buchstaben	*Regeln 2 -3* ab Seite 18	Änderungen **verpflichtend**
3. Einzelne Wörter bzw. Wortstämme	ab Seite 21	Änderungen großteils **verpflichtend**
4. Getrennt- und Zusammenschreibung	*Regeln 4 – 15* ab Seite 27	Änderungen teils **verpflichtend**, teils **freigestellt** (Wahlmöglichkeit)
5. Groß- und Kleinschreibung	*Regeln 16 – 24* ab Seite 42	Änderungen größtenteils **verpflichtend**
6. Fremdwortschreibung	*Regeln 25 – 30* ab Seite 55	Änderungen bei engl. Fremdwörtern **verpflichtend**, sonst **freigestellt** (Wahlmöglichkeit)
7. Worttrennung am Zeilenende (= Silbentrennung/ 'Abteilen')	*Regeln 31 – 35* ab Seite 62	Änderungen teils **verpflichtend**, teils **freigestellt** (Wahlmöglichkeit)
8. Zeichensetzung	*Regeln 36 – 47* ab Seite 66	Änderungen großteils **verpflichtend**, z. T. auch **freigestellt** (Wahlmöglichkeit)

Überblick 2:
Der Nutzwert der Reform für Neulernende und Umlernende

Nach dem grundsätzlichen Überblick über den Reformumfang drängt sich die Frage auf **„Was bringt die Reform?"** Dabei sieht es natürlich für Neulernende (Schuleinsteiger und Personen, die Deutsch als Fremdsprache erlernen) anders aus als für diejenigen, die von der bereits erworbenen alten Rechtschreibung auf die neueste neue Version der reformierten Rechtschreibung umlernen müssen (Jugendliche und Erwachsene).

Neulernenden bringen die einzelnen Reformpunkte im Vergleich zum Status vor der Reform Unterschiedliches:

- **deutliche Erleichterungen** bringen die Reformpunkte 1, 2, 7 und 8,
- **geringfügige** (bis vernachlässigbare) **Erleichterungen** bringt Punkt 3,
- **nichts** bringen die Punkte 4 und 6,
- **Erleichterungen und Erschwernisse** in gleicher Weise enthält Punkt 5.

Im Einzelnen: Punkt 1 verringert deutlich die Fehlerzahl schon vom Grundschulalter an. Weniger deshalb, weil die Sache jetzt „logischer" ist, sondern weil der Regelfall -ss- nun so häufig ist, dass einfach weniger Fehlerquellen bestehen. Punkt 2 ist klar und logisch, Neulernende müssen da gar nichts (bis auf die lästige Ausnahme „dennoch") lernen. Punkt 7 macht auch die Worttrennung zu einem Gebiet, das Neulernende nicht eigens erlernen müssen, und Punkt 8 erspart so manche Zeichensetzungshürde von früher; erst die Reform von 2006 hat das wieder ein wenig zunichte gemacht durch einen fatalen Hang zur Kompliziertheit – aber das hat eben der Deutsche so im Blut. – Punkt 3 bringt herzlich wenig, weil von den ca. 40 geänderten Wörtern nur eine Handvoll echten Gebrauchswert hat, und auch die sind nicht alle überzeugend geändert. Punkt 4 bringt nichts im Vergleich zu vor 1996, weil genau diese Verhältnisse (nach 10 Jahren Heulen und Zähneknirschen über das Neue) wiederhergestellt sind. Punkt 6 bringt nichts, weil Fremdwörter, wie schon der Name sagt, fremd sind, und daher sowieso eigens und einzeln gelernt werden müssen. Punkt 5 ist und bleibt ambivalent, weil zwar einige Regelungen erleichternd sind, aber die vielen Spitzfindigkeiten und Sonderfälle dem Schreibenden das Leben unnötig erschweren.

Umlerner haben nur von den Punkten 5 (mit den gleichen Einschränkungen wie oben), 7 und 8 Erleichterungen zu erwarten, die restlichen Punkte sind mehr oder weniger stark gewöhnungsbedürftig und erschweren somit eine Zeit lang den Umgang mit der Rechtschreibung. Glück haben nur diejenigen, die sich bisher noch überhaupt nicht um die Rechtschreibreform gekümmert hatten. Sie haben sich den gesamten Ärger um die Getrennt- und Zusammenschreibung erspart...

Besonders schlimm ist bei allen Reformschritten die Vielteiligkeit/Kleinteiligkeit, die auf eine kleinkarierte Grundstimmung in der Reformergruppe schließen lässt. Klare, große Linien wären eine ungleich bessere Lösung gewesen. Statt mühsam an neuen s-Regeln zu basteln, hätte eine Freigabe des ß zu seinem raschen natürlichen Tod geführt. Dasselbe wäre mit der Freigabe der Großschreibung passiert. – Und all das hätte nicht nur nichts gekostet, es hätte der Schule und den Lernenden viel, viel Plackerei erspart.

Überblick 3:
Aktuelle Terminfragen und Rahmenbedingungen
für den Schulbereich

Das endgültige Inkrafttreten der Reform – so wurde seit Jahren konsequent verkündet – wird mit Schulbeginn 2006/2007 festgesetzt. Das bedeutet, die Übergangszeit ist damit offiziell zu Ende. – Doch in Wahrheit ist das nur graue Theorie, denn zugleich wird laut über eine weitere, wahrscheinlich **dreijährige Übergangsfrist für die neuerlich geänderten Regelbereiche** nachgedacht.

Betrachtet man in diesem Zusammenhang den Überblick 1 auf Seite 7, ist klar zu erkennen, dass **Änderungen in 5 von 8 Reformbereichen** vorgenommen wurden. Daher müsste für diese 5 Bereiche

- Getrennt- und Zusammenschreibung
- Groß- und Kleinschreibung
- Fremdwortschreibung
- Worttrennung
- Zeichensetzung

eine allgemeine Schonfrist gelten, denn eine auf Einzelregeln bezogene Übergangsfrist wäre wohl das Unübersichtlichste. Man darf gespannt sein, was die Behörden dazu endgültig aushecken.

Weil viele der Reformänderungen eine **Rückkehr zur alten Rechtschreibung** bedeuten, wird in der verlängerten Schonfrist jetzt nur der Spieß umgedreht, aber alles bleibt beim Alten, nämlich Alt und Neu gelten nebeneinander: Hat man bisher jemanden vor einem „Fehler" verschont, der „eislaufen"(= Schreibform vor 1996) statt „Eis laufen" (= "richtige", anzustrebende Schreibform zwischen 1996 und 2006) schrieb, und ihn vorschriftsgemäß gnädigerweise nur „verbessern" lassen, so sieht es jetzt umgekehrt aus. Der Schüler, der so dusslig war, schon auf die neue Schreibung umzulernen, bekommt jetzt gnädig drei(?) Jahre Schonzeit, sich wieder auf „eislaufen" einzustellen.

Endgültig als **neue Rechtschreibung** können also **ab Herbst 2006** nur die s-Schreibung, die 3-gleiche-Buchstaben-Regelung und die Einzelregelungen, also Gämse und Konsorten gelten. Nur für diese drei Bereiche gibt es keine Schonfrist mehr.

Teil 1

Regelwerk zur neuen Rechtschreibung

Alle Neuregelungen im Einzelnen

8 Kapitel

mit insgesamt 47 Regeln

Didaktische Hinweise

zu jedem Kapitel

1. Anwendung von ss und ß
*(verpflichtend; **bis auf ein einziges Wort** seit 1996 unverändert)*

In der Rechtschreibung vor 1996 war die „Ausnahme", das „ß", häufiger als der „Regelfall", das „ss". Dieses Missverhältnis sollte beseitigt und zugleich die Regel vereinfacht werden, um sie damit leichter anwendbar zu machen.

Statt der komplizierten Regelung vor 1996 gibt es jetzt nur noch eine einzige Regel:

SEIT 1996 UNVERÄNDERT!

Regel 1   **(verpflichtend)**

Ein stark gesprochenes ('stimmloses') **-s-** wird als **-ss-** geschrieben, wenn **zwei Bedingungen** erfüllt sind:
- **vorher** muss ein **Selbstlaut** stehen
- dieser Selbstlaut muss beim Sprechen **kurz** klingen.

Achtung: **Zwielaute** (au, ei, eu, äu) gelten wie immer als **lang**!

Daraus ergibt sich nun für die s-Schreibung folgendes geänderte Bild:

Beispiele:

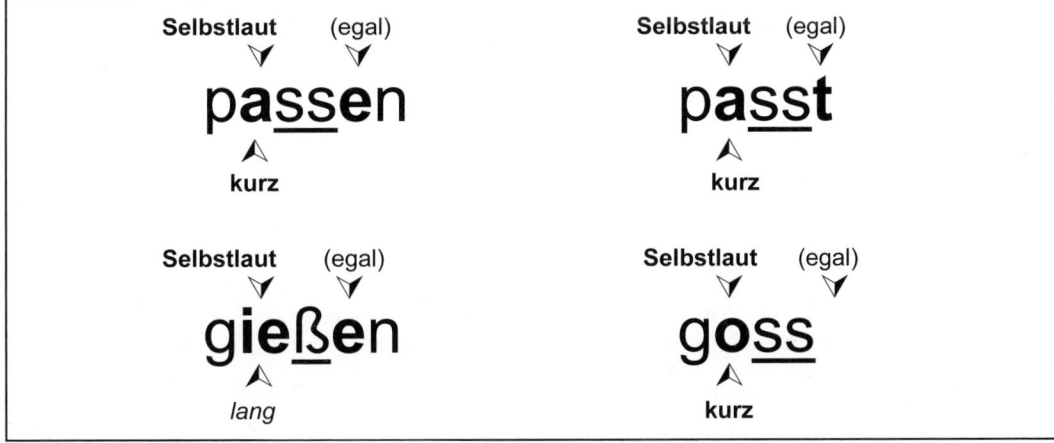

Die Änderung von 1996 hat den **Vorteil**, dass nur noch der Selbstlaut vor dem ss/ß entscheidend ist. Was nach dem s-Laut steht, ist gleichgültig geworden. Es gibt daher nach dieser Regelung auch ss am Wortende und vor t.

Sie hat jedoch den **Nachteil**, dass jeder geübte Schreiber – zumindest für einige Zeit – immer wieder unwillkürlich in die alten Schreibweisen zurückfallen wird.

Weitere Beispiele, wie sich die Regeländerung auswirkt:

Vorausgehender kurzer Selbstlaut führt in jedem Fall zu -ss- :

Gasse, Schluss, Fass, Stress, es passt, gewiss, ...

Bei den Nomen/Namenwörtern (früher: Substantive/ Hauptwörter) hat dies zur Folge, dass Ein- und Mehrzahlformen durch die Regeländerung immer gleich geschrieben werden. Das gilt auch grundsätzlich für alle Wortverwandtschaften (= „Wortfamilien") mit Ausnahme der Verben (siehe nächster Punkt):

Schloss - Schlösser,
Kongress - Kongresse usw.
Russe, russisch, Russland usw.

Bei manchen Verben/Zeitwörtern kann der Stammvokal einmal lang, einmal kurz sein, daher ist hier ein Wechsel zwischen ss und ß möglich:

schließen - schließt - schloss - geschlossen

Nach langem Selbstlaut oder **Zwielaut** folgt **in jedem Fall -ß- :**

Maß, Straße, büßen, scheußlich, heiß, Fuß, ...

Der Regel von 1996 entsprechend ändert sich auch das **Bindewort 'daß':**

Es steht fest, **dass** dieses Wort nun
mit **-ss** zu schreiben ist...

Einige Beispiele für die geänderte Situation in Wortreihen:

Durchgehend -ss- , anders als vor 1996:

müssen - du musst - er muss - musste
Nuss - Nüsse - Nussknacker - Nussschalen

Durchgehend -ß- , unverändert:

grüßen - grüßte - gegrüßt - der Gruß

Wechsel zwischen -ss- und -ß-, anders als vor 1996:

gießen - es gießt - goss - gegossen - der Guss - die Gießerei
beißen - er beißt - biss - gebissen - der Biss
lassen - sie lässt - ließ - gelassen - lass!

Wechsel zwischen -ss- und -ß-, unverändert wie vor 1996:

sitzen - saß - gesessen - der Sessel

→→→   *ACHTUNG: 1 Wort NEU seit 2006 !*

Da die reformierte Regel für -ss- und -ß- die Aussprache der Wörter zum Maßstab macht, aber nicht alle Wörter überall gleich gesprochen werden, ergeben sich bei 3 Wörtern im deutschen Sprachraum unterschiedliche Schreibweisen:

Geschoss	→ in manchen Gebieten **Geschoß**	*(seit 1996 so)*
Löss	→ in manchen Gebieten <u>**Löß**</u>	*(seit 1996 so)*
Spaß	→ in Österreich <u>auch</u> Spass	*(SEIT 2006!)*

Anmerkungen:

- *Die **Schweiz** schließt sich der reformierten s-Schreibung nicht an. Sie bleibt bei ihrer schon seit langem praktizierten Lösung, das scharfe ß generell durch -ss- zu ersetzen.*

- *In der **Blockschrift** bleibt es bei der Regelung, dass ß durch -ss- zu ersetzen ist: Aus „Großbuchstabe" wird „GROSSBUCHSTABE".*

- *Im E-Mail-Verkehr, der heute bereits mehr als 75 % aller ausgetauschten schriftlichen Nachrichten umfasst, ist der Gebrauch des **ß** nicht ratsam. Hier sollte jeweils ss anstelle von ß geschrieben werden.*

- *Menschen mit nichtdeutscher Muttersprache haben keinerlei Lernerleichterung durch die geänderte Regelung, weil die einigermaßen sichere Unterscheidung von Länge und Kürze nur Deutschsprechenden möglich ist.*

Das sind vier gewichtige Argumente, die für die gänzliche Abschaffung dieses überflüssigen Sonderzeichens sprechen würden. Trotzdem hat man sich weder 1996 noch bei den beiden nachträglichen Reformschritten 2004 und 2006 dazu durchgerungen, der Vernunft zum Durchbruch zu verhelfen. Schade.

EINE LISTE ALLER WÖRTER MIT NEUER S-SCHREIBUNG
FINDEN SIE IM TEIL 2, SPEZIALWÖRTERBUCH, AUF SEITE 179 ff.

DIESE LISTE VERSCHAFFT OPTIMALEN ÜBERBLICK UND
ERMÖGLICHT EINE GEZIELTE AUSWAHL FÜRS ÜBEN.

Didaktische Zusatzinformationen zur s-Schreibung:

1. Die s-Schreibung ist das einzige Gebiet der deutschen Rechtschreibung, auf dem man mit **genauem Hören** wenigstens halbwegs zu sicheren Schreibentscheidungen finden kann. (Warum nur halbwegs, siehe weiter unten.) In allen anderen Gebieten unserer Orthographie geht das nicht – das sollte den Lernenden klargemacht werden, da sie sonst falsche Schlüsse hinsichtlich scheinbarer „Regelhaftigkeiten" in unserer Rechtschreibung ziehen. (Näheres dazu siehe in *H. Fröhler, Neue Wege in der Rechtschreib-didaktik*)

2. Die geänderte Regelung für ss und ß hat dazu geführt, dass alle Wörter innerhalb einer Wortfamilie in der **Schreibweise stabil** bleiben und somit auch **Ein- und Mehrzahl immer gleich** geschrieben werden. Das sollte den Lernenden in Übungsreihen klargemacht werden:

> Fass – Fässer, Schloss – Schlösser, Pass – Pässe, Ross – Rösser...
> Nuss – Nüsse – Nüsslein – Haselnuss – nussig – Nusstorte...
> groß – größer – am größten – die Größe – Großmutter...
> nass – die Nässe – nasskalt – Nassrasur – Nassschnee...

Während dieses bewusstseinsbildenden Prozesses sollte immer wieder betont werden, dass diese **Regel NICHT für VERBEN** gilt, weil dort viele in den Stammformen ihre Gestalt wechseln.

3. Die **Verben mit ss/ß, die zwischen ss und ß schwanken**, müssen eigens geübt werden. Dabei ist es nur sinnvoll, **die häufig gebrauchten Verben** und ihre Formen zu erlernen. Bei der passenden Auswahl hilft die Komplettliste aller Verben mit ss oder ß im 2. Teil dieses Buches, siehe Seite Seite 179ff.

4. Ein **Problemgebiet** ist die Schreibentscheidung „**-st oder -sst?**" Hier sollte als erstes geklärt werden, dass sich die Frage ausnahmslos nur bei **Personalformen von Verben** stellt.
Daher sollte der **erste Schritt** zu diesem Problemgebiet eine Vielzahl von Nomen mit gewöhnlichem –st erfassen (z. B. Ast, Mast, Last, Hast, Frost, Pest, Mist, Nest, Bast, Post, Fest, Kost...). Den Abschluss sollte eine Merkregel bilden: „In Nomen schreibt man immer nur st!" (Das ist im Übrigen so konsequent durchgezogen, dass selbst das Wort „Puszta", das man vor 1996 auch „Pußta" schreiben durfte, seit 1996 ausnahmslos als „Puszta" zu schreiben ist. Es hätte sonst durch die Reform ein -ss- zugewiesen erhalten, und das sollte verhindert werden.)

Als **zweiter Schritt** kann nun ein Personalformentraining begonnen werden, in dem das Ableitungsprinzip transparent wird:

passen – es passt

müssen – du musst

lassen – sie lässt...

Die **dritte Schritt** hat nun die **Zweifelsfälle** zum Gegenstand: hast oder hasst, ist oder isst, fast oder fasst, faste oder fasste, Mist oder misst ? – Für diese fraglichen Fälle hilft die sog. „**Nennformprobe**":

Kommt die Form „DU HAS(S)T" von hassen oder von haben? → Kommt es von „hassen", ist schon in der Nennform ein ss, daher bleibt es in der Personalform „du hasst" erhalten. Kommt es von „haben", enthält schon die Nennform KEIN ss, daher schreibt man auch die Personalform „du hast" OHNE ss.

So können alle Zweifelsfälle entschieden werden:

„Sie fasste mich an der Hand." → von fa**ss**en, daher ss.

„Ich faste seit drei Tagen." → von fa**s**ten, daher kein ss!

5. Der Umgang mit dem ß sollte auch in der Blockschrift geübt werden, denn dort wird aus ß ausnahmslos SS. (Die Ersatzschreibweise SZ gibt es nicht, ebensowenig ist der Buchstabe ß innerhalb von Blockbuchstaben vorgesehen, also NICHT→ „GROß" schreiben!) Daher sind Umwandlungsübungen von Druckschrift in Blockschrift und umgekehrt möglichst häufig einzuplanen.

6. Schüler in höheren Schulstufen oder selbst Betroffene sollten folgenden Sachverhalt erfahren: Familiennamen, in denen ein ß enthalten ist, dürfen auf Dokumenten (und nur auf Dokumenten!) nicht verfälscht werden. Steht im Reisepass WEISSMANN, und der Name lautet in Wahrheit „Weißmann", dann stimmen Namensangabe und Unterschrift nicht überein. Das kann im Ausland zu Problemen führen. Auf Dokumenten gilt daher: Namensform nicht verfälschen, also nicht in Blockbuchstaben schreiben, wenn ein ß im Namen vorhanden ist.

7. Schüler in höheren Schulstufen sollten außerdem öfter einmal Texte schreiben, in denen sie bewusst jedes ß als ss auflösen, weil dies in E-Mails die zu empfehlende allgemeine Vorgangsweise ist. Bei dieser Gelegenheit koennte zugleich das Aufloesen von Umlauten geuebt werden.

8. Abschließend kann gesagt werden: Grundsätzlich ist auch bei der s-Schreibung zu empfehlen, weniger über Regelentscheidungen als durch die **oftmalige Anwendung** häufig gebrauchter Wortformen eine gewisse **Routine** zu erzielen. (Auch hierfür finden sich in *H. Fröhler, Neue Wege in der Rechtschreibdidaktik* leicht nachvollziehbare methodische Anregungen.)

2. Zusammentreffen von drei gleichen Buchstaben

a) Zusammentreffen von 3 gleichen Mitlauten

Vor 1996 gab es zwei unterschiedliche Regelungen (Schiffahrt, aber Stoffffleck), eine Sonderregel fürs Abteilen (Schiff-fahrt) und drei Ausnahmen (Mittag, Drittel, dennoch).

Die neue Regelung:

SEIT 1996 UNVERÄNDERT!

Regel 2	**(verpflichtend)**

Treffen in Zusammensetzungen **drei gleiche Mitlaute** aufeinander, werden **immer alle drei geschrieben.**

Beispiele:

Schiff + **F**ahrt	→ **Schifff**ahrt
Stoff + **F**leck	→ **Stofff**leck (unverändert)
dämm(en) + **M**asse	→ **Dämmm**asse
Kongre**s**s + **S**tadt	→ Kongre**ss**tadt

Zur Schreibmöglichkeit mit Bindestrich siehe S. 72.

Die **3 Ausnahmen bleiben** bestehen:

Ausnahme		Trennung	
Mittag	→	**Mit - tag**	Diese Wörter werden weiterhin
Dritte(i)l	→	**Drit - t(e)il**	- egal ob zusammen oder getrennt -
dennoch	→	**den - noch**	nur mit **zwei** Mitlauten geschrieben.

Erläuterung:
Die 3 Wörter sind Ausnahmen, weil „Mittag" eigentlich die „Mitte des Tages" bedeutet (Summe: 3 t !), weil „Drittel" die Kurzform für der „dritte Teil" darstellt (Summe: 3 t !) und weil „dennoch" eine Verbindung aus „denn" und „noch" ist (Summe: 3 n!).

b) Zusammentreffen von 3 gleichen Selbstlauten

SEIT 1996 UNVERÄNDERT!

Regel 3	(freigestellt)

Treffen in Zusammensetzungen **drei gleiche Selbstlaute** aufeinander, können alle drei direkt **zusammengeschrieben** werden.

Es besteht nun nicht mehr die Verpflichtung, in solchen Fällen an der Zusammensetzungsfuge einen Bindestrich zu setzen, doch kann man weiterhin von dieser Möglichkeit Gebrauch machen (siehe Regel 44, Seite 71).

Beispiele:

Zusammensetzung		Reformierte Schreibweise		
Tee + Ei	→	**Teeei**	*oder*	**Tee-Ei**
Hawaii + Inseln	→	**Hawaiiinseln**	*oder*	**Hawaii-Inseln**
Zoo + Orchester	→	**Zooorchester**	*oder*	**Zoo-Orchester**

Eine Liste mit so gut wie allen denkbaren Zusammensetzungen mit drei gleichen Buchstaben finden Sie im Teil 2, siehe Seite 187 ff. Diese Liste verschafft einerseits optimalen Überblick, andererseits ermöglicht sie eine gezielte Auswahl fürs Üben.

Didaktische Zusatzinformationen zur Schreibung von drei gleichen Buchstaben

1. Das **Zusammensetzungsprinzip** dieser Sonderformen ist Lernenden sehr schnell einsichtig zu machen: Die Wörter werden an der Zusammensetzungsstelle unverändert aneinandergefügt. Nur wer schon lange Zeit die alten Schreibweisen gewohnt war, hat beim Anblick der neuen Schreibformen Schwierigkeiten. Für alle, die die Frage stellen: „Warum kann man nicht einfach überall nur zwei gleiche Buchstaben schreiben? Das sieht doch besser aus!" – Hier die Antwort: Die „Kunststofflasche" wäre keine eindeutige Wortform. Ist „Kunststoff-Flasche" gemeint oder „Kunststoff-Lasche"? Ähnlich stünde es mit „Bettruhe" oder „Bettuch".

➢

2. In der **einfachsten Anwendungsform** – der Zusammenschreibung – muss man nur die einzelnen Bestandteile der Zusammensetzungen sicher richtig kennen. Man muss also z. B. vom „Tee" wissen, dass er sich mit „ee" schreibt und vom „Ei", dass es mit „e" beginnt. Weiters muss man das Prinzip der Zusammensetzung von Nomen bereits kennen, nämlich „nur an erster Stelle Großbuchstabe, der nachfolgende Teil wird klein angefügt". Dasselbe gilt für „Schiff" und „Fahrt" usw.

3. Aus Gründen der leichteren **Lesbarkeit** (und der besseren Tastaturschreib-barkeit!) sollten bei allen derartigen Zusammensetzungen die **Bindestrich-varianten** („Schiff-Fahrt", „Tee-Ei", siehe Seite 71f.) bevorzugt und daher auch immer wieder in dieser Form erprobt werden. Wichtig ist dabei die Erkenntnis, dass bei Bindestrichschreibweise der Großbuchstabe des Nomens im zweiten Teil wieder auflebt.

4. Zu den drei **Ausnahmen** „Mittag", „Drittel" und „dennoch": Die beiden erst-genannten Ausnahmen sind im schulischen Bereich kein Problem. Kein Lernender denkt an die Herkunft dieser Wörter. Daher gilt für „Mittag" und „Drittel": Kein Problem erzeugen, wo keines ist. Anders ist es hingegen mit dem Wort „dennoch" bestellt. Hier „hört" jeder Schreibende förmlich das Wort „denn" und anschließend das Wort „noch". Daher ist dieses Wort (leider!) als echte Ausnahme zu lernen. Weil Schüler bald in der Berufspraxis stehen werden, ist in diesem Zusammenhang eine weitere Information wichtig: Die Worttrennung „den-noch" erzeugt eine Irritation beim Leseverständnis, daher sollte sie in der Textverarbeitung vermieden werden. Konsequenz: Das Silbentrennprogramm deaktivieren und nur manuell trennen!

3. Schreibweise einzelner Wortstämme bzw. Wörter
(z. T. verpflichtend, z. T. freigestellt)

Bei einigen **Wortstämmen**, die vor 1996 in verschiedenen Wortarten verschieden zu schreiben waren, wird die Schreibweise vereinheitlicht.

Bei einigen **einzelnen Wörtern** wird - aus jeweils unterschiedlichen Gründen - die Schreibweise des Wortstammes geändert. Einige der Regelungen in diesem Bereich sind verpflichtend, bei anderen handelt es sich um neu eingeführte Wahlmöglichkeiten.

SEIT 1996 UNVERÄNDERT!

GRUPPE 1: VERPFLICHTENDE ÄNDERUNGEN

a) Einzelwörter und Wortstämme

Reformierte Schreibg.	Begründung/Kommentar	Schreibw. vor '96
Alb(e), der	Klare Zuordnung von Bedeutung und Schreibweise: „der Alb(e)" = Bergdämon; „die Alp" = Berglandschaft, 'Alm'	Alp, der *oder* Albe, der
Ass	Gleichschreibung wie die Mehrzahlform „Asse"	As
behände	wegen der Herkunft von „Hand"	behende
belämmert	wegen der landläufigen Zuordnung zu „Lamm"; *aber:* belemmert leitet sich von *niederdeutsch* 'belemmeren' (hemmen, verlegen machen) ab	belemmert
Chauffeur	frz. Fremdwörter mit -eu- bleiben (außer 'Frisör') verpflichtend in Originalschreibung	Schofför
einbläuen	wegen der landläufigen Zuordnung zu „blau"; diese Ableitung ist jedoch sachlich unzutreffend: das niederdeutsche Wort „bliuwen" bedeutet „prügeln, schlagen"	einbleuen
Föhn, föhnen	der Heißlufttrockner soll gleich geschrieben werden wie das Herkunftswort: Föhn = warmer Wind; unverändert bleibt das registrierte Warenzeichen der Firma AEG, „Fön"	Fön, fönen

Reformierte Schreibg.	Begründung/Kommentar	Schreibw. vor '96
frittieren, Frittüre *aber unverändert:* **Pommes frites**	Eindeutschung mit Orientierung an der Aussprache; allerdings: der bleibende Kontrast zu den „Pommes frites" ist unbefriedigend	fritieren, Fritüre
Gämse	wegen „Gamsbart, -bock"	Gemse
Gräuel, gräulich	wegen der Herkunft von „Grauen"; somit hat das Wort „gräulich" in Zukunft zwei Bedeutungen: „leicht grau" und „grauenhaft"	Greuel, greulich oder gräulich
Jähheit	der Entfall von einem -h- war unbegründet	Jäheit
Känguru	Angleichung an die Schreibweise von „Gnu" und „Kakadu"	Känguruh
Karamell, karamellisieren	wegen „Karamellen" und der Gleichschreibung zu analogen Wörtern wie Mamsell, Karussell, ...	Karamel
Mopp	wegen der Parallelität zu analogen Wortformen wie „hopp, Nepp, klapp, ..."	Mop
nummerieren, Nummerierung *Anm.: numerisch, Numero u.a. bleiben unverändert*	Angleichung der Schreibweise an „Nummer"	numerieren
platzieren *Anm.: auch platziert, deplatziert, Platzierung... ändern sich*	Eindeutschung und Zuordnung zu „Platz"	plazieren
Puszta	verpflichtende Wiedereinführung der Originalschreibung, um „-sst-" zu vermeiden	Pußta, österr. auch Puszta
Quäntchen	wegen der häufigen Zuordnung zu „Quantum"; diese Ableitung ist jedoch sachlich unzutreffend: das Quent war ein altes deutsches Handelsgewicht, das Quentchen ein Bruchteil davon	Quentchen
Quickstepp	Eindeutschung; Näheres siehe „Mopp"	Quickstep
rau *daher jetzt:* Raunacht, raue Hände *usw.*	weil es das einzige Wort mit au+h am Wortende war; vgl. „blau, schlau..."; „Rauheit" (ein h!) bleibt daher unverändert	rauh
Rohheit	der Entfall von einem -h- war unbegründet; zur Beachtung: „Hoheit" bleibt unverändert	Roheit

Reformierte Schreibg.	Begründung/Kommentar	Schreibw. vor '96
Schlägel, *so auch* **Trommelschlägel**	neue Unterscheidung: **Schlägel** = Schlagwerkzeug, **Schlegel** = ausgelöste Tierkeule	Schlegel (für Schlagwerkzeug)
schnäuzen	wegen der Herkunft von „Schnauze"; vgl. „Schnauzbart", „anschnauzen"...	schneuzen
Stängel	wegen der Herkunft von „Stange"	Stengel
Stepp(tanz)	Eindeutschung; Näheres siehe „Mopp"	Step(tanz)
Stopp, der	Eindeutschung; Näheres siehe „Mopp" Anm.: Die Aufschrift auf Stopptafeln bleibt „**STOP**"!	Stop
Stuckateur	Gleichschreibung mit „Stuck"	Stukkateur
Tipp	Eindeutschung; Näheres siehe „Mopp"	Tip
Tollpatsch, tollpatschig	Angleichung an „toll"; die Zuordnung ist jedoch sachlich unzutreffend: Wurzel ist ungar. „talpas" (=breitfüßig, ungelenk)	Tolpatsch
Twostepp	Eindeutschung; Näheres siehe „Mopp"	Twostep
überschwänglich	wegen der Herkunft von „Überschwang"	überschwenglich
verbläuen	siehe „einbleuen"	verbleuen
Wechte (Schneewechte)	wegen der Herkunft von „wehen"	Wächte
Zähheit	der Entfall von einem -h- war unbegründet	Zäheit
Zierrat	wegen der landläufigen Deutung als Zusammensetzung aus Zier+Rat, ähnlich „Hausrat", „Unrat"; dies ist jedoch sachlich unzutreffend: -at ist eine alte dt. Nachsilbe mit der Bed. „die Summe von" (vgl. 'Heim-at')	Zierat

b) Verpflichtende neue Mittelwortformen:

Reformierte Schreibweise	Schreibweise vor 1996
geschrien	geschrieen (von schreien)
gespien	gespieen (von speien)
verschrien	verschrieen (von verschreien)

Anmerkung:
Diese Lösung entspricht der schon vor 1996 bestehenden Regelung beim Wort „knien" (trotz knie+en) bzw. bei Mehrzahlformen, z. B.: Harmonie → Harmonien.

SEIT 1996 UNVERÄNDERT!

GRUPPE 2: NEUE WAHLFORMEN

Einige Wörter haben zusätzlich zur Schreibweise vor 1996 **neue Wahlformen** erhalten:

Reformierte S c h r e i b w e i s e			Schreibweise vor 1996
aufwendig	*oder*	**aufwändig** *Anm.:* 'aufwenden' bleibt!	aufwendig
Alptraum	*oder*	**Albtraum**	Alptraum
Blesshuhn	*oder*	**Blässhuhn**	Bleßhuhn
Joghurt	*oder*	**Jogurt**	Joghurt
Ketchup	*oder*	**Ketschup (!)**	Ketchup
Mesner/ Mesmer	*oder*	**Messner**	Mesner (*schweiz.* Mesmer)
Panther	*oder*	**Panter**	Panther
Schenke	*oder*	**Schänke**	Schenke
selbständig	*oder*	**selbstständig**	selbständig
Spaghetti	*oder*	**Spagetti**	Spaghetti
tschüs	*oder*	**tschüss**	tschüs
Thunfisch	*oder*	**Tunfisch**	Thunfisch
Waggon	*oder*	**Wagon**	Waggon

Anmerkungen:

Weiterhin erlaubte Wahlformen	Schon vor 1996 gab es für eine Reihe eingedeutschter Fremdwörter Wahlformen, z. B. **Majonäse, Dränage, Polonäse, Mohär**, u. a. Sie sind daher in der obenstehenden Liste der neuen Wahlformen nicht enthalten. Die häufig verbreitete Darstellung, dass „Majonäse" eine verpflichtende reformierte Schreibweise wäre, ist also falsch.
Keine konsequente Gleichschreibung verwandter Wortstämme	Die Schreibung vieler verwandter Wörter **bleibt** (leider!) **unterschiedlich,** z. B.: blühen – die Blüte glühen – die Glut älter – die Eltern Detail – detailliert Hotel – Hotellerie packen, Päckchen – Paket u.v.a.

Didaktische Zusatzinformationen zur den neu geregelten Wortstämmen und Einzelwörtern

1. Bei den verpflichtenden neuen Wortschreibweisen lohnt es im Unterricht der Pflichtschule nicht, alle Neuerungen systematisch zu erlernen – zu selten ist das Vorkommen der meisten Wörter in der Schreibrealität: Auch wenn wir uns so gut wie täglich „schnäuzen", schreiben tun wir dieses Wort de facto fast nie. Unter dem Aspekt des **Gebrauchswerts** sollten nur die Wörter

 platzieren, rau und **Tipp**

 gezielt erlernt werden. Das Wort **nummerieren** wird meist ohnehin von den Lernenden spontan so geschrieben, daher ist hier kein Handlungsbedarf.

2. Das Wort **Föhn** erfordert eine Sonderüberlegung: Die Schreibweise für „elektr. Haartrockner" wird zwar nun verpflichtend mit dem Fallwind „Föhn" gleichgezogen, aber der Produktname „Fön" kann nicht abgeschafft werden. Es handelt sich dabei um ein registriertes Warenzeichen der Firma AEG. Daher wird es in der Schreibrealität weiterhin beide Formen geben. In der Schule sollten daher **Föhn** und **Fön** als **Wahlformen** behandelt werden!

3. In der Liste „Neue Wahlformen" sind die zu empfehlenden Vorzugsschreibweisen jeweils unterstrichen. (Dieselbe Vorgangsweise wurde auch im SPEZIALWÖRTERBUCH, siehe Teil 2 dieses Buches, gewählt.) Hier eine kurze Angabe der Gründe für die Wahl:

 aufwendig sollte weiterhin der Vorzug gegeben werden, weil es sich von „aufwenden" herleitet. Der Gedanke an den „Aufwand" sollte nicht unbedingt einen Umlaut bewirken, es sei denn, man hätte konsequent auch „aufwänden" ermöglicht. – Man schreibt schließlich auch nicht „denken" mit Umlaut, bloß weil es das Wort „Gedanke" gibt.

 Albtraum sollte v. a. deshalb der Vorzug gegeben werden, weil man in den Medien ausnahmslos diese Schreibform vorfindet – und dort tritt dieses Wort leider massenhaft auf.

 Blesshuhn (wenn es denn je vorkommt) sollte bevorzugt werden, weil sich die Reformer nicht entschließen konnten, den namensgebenden Stirnfleck dieses Tiers, die sog. „Blesse" auf Umlaut umzustellen. Damit verliert auch das „Blässhuhn" seine Plausibilität.

 Joghurt sollte (zumindest in Österreich) unverändert bleiben, weil wir es ohnehin nicht so schreiben dürfen, wie wir es sprechen, nämlich >jokurt<. Dieses Provileg bleibt den Deutschen vorbehalten, die sagen nämlich >jogurt< . In Deutschland hat somit die Schreibweise „Jogurt" durchaus ihre Berechtigung.

Ketchup ist ein ähnlich gelagerter Fall wie „Joghurt". Die Wahlform ist nur in Norddeutschland sinnvoll, denn dort spricht man das „Ketchup" nicht nur mit „sch", sondern auch mit „u"(!).

Mesner sollte ganz einfach deshalb bevorzugt werden, weil es die richtige Schreibweise darstellt (von lat. „mansionarius", Haushüter; über ‚mansnar' zu Mesner geworden) und in Österreich auch immer noch richtig gesprochen wird, nämlich mit nur einem **s**. Für uns liegt also kein Grund vor, auf ss zu wechseln.

Panter ist für Lernende einleuchtender, denn der artverwandte Kater schreibt sich analog. Dass ‚panthera' ein altgriechisches Wort ist, wissen heute nur noch wenige.

Schenke sollte auch eher bevorzugt werden, aus dem gleichen Grund wie die Schreibform „aufwendig".

selbstständig ist für Lernende einleuchtender, es ist dies auch die Spontanschreibung der meisten Menschen.

Spaghetti sollten Spaghetti bleiben, denn in der anderen Schreibform hießen sie auf Italienisch >spadschetti<. Wer italienische Nationalspeisen liebt, sollte sie auch italienisch schreiben.

tschüss wäre wegen der Aussprache der Vorzug zu geben. Wer das Wort nicht recht mag, dem sei gesagt: Es bedeutet wortwörtlich soviel wie „pfüat di". „Tschüss" leitet sich über so manche Umwege vom urchristlichen Gruß „ad deum", frz. „adieu", ab.

Thunfisch sollte als Eigenname durchaus wie ein Eigenname geschrieben werden, nämlich etwas eigen. Immerhin ist die Wurzel das griechische Wort „thynnos", und Schüler essen ihn entschieden öfter als sie ihn schreiben, daher – kein Problem.

Wagon ist nachweislich die Spontanschreibung von Lernenden. Wörter mit -gg- sind eine dermaßen verschwindende Minderheit, dass man sie nicht auch noch fördern sollte.

4. Bei den **Wahlformen** gilt generell: Wenn Kinder Wörter anders schreiben als in der im Unterricht bevorzugten Form, z. B. also „Jogurt" statt „Joghurt", müssen wir die Schreibung trotzdem **gelten lassen**, sofern sie der möglichen Wahlform entspricht. Nur wer „jokurrt" oder Ähnliches schreibt, hat einen anzurechnenden Fehler gemacht.

FAST ALLES NEU SEIT 2006!

4. Getrennt- und Zusammenschreibung

(größtenteils verpflichtende Regelungen)

Betroffen von der Reform sind im Wesentlichen zusammengesetzte **Verben** (= Zeitwörter) und zusammengesetzte **Adjektive** (= Eigenschaftswörter).

Bei den **Verben** wurden in der „Reform der Reform 2006" die Neuregelungen von 1996 ganz massiv verändert. Großteils kann auf diesem Gebiet von einer Rücknahme der 1996er-Reform gesprochen werden.

Bei den **Adjektiven** hat die „Reform der Reform 2004" den größten Teil der der ursprünglich verpflichtend vorgesehenen Neuregelungen auf „Wahlmöglichkeiten" umgestellt. Damit ist in diesem Bereich bei der überwiegenden Zahl der Wörter wieder die alte Schreibung in gleicher Weise richtig wie die „neue". Die Zahl der verpflichtend getrennt zu schreibenden Adjektive ist von mehreren Hundert auf wenige Dutzend zusammengeschrumpft. *(Siehe die Liste im Teil 2 dieses Buches, Seite 231 ff.)*

Die „Reform der Reform 2006" hat diese Zahl nochmals reduziert.

Die Chronologie dieses Reformkapitels mutet wie ein Treppenwitz an. Phase 1: Die alten Regeln (vor 1996) waren kompliziert, inkonsequent und nur beschränkt alltagstauglich. Aber wer sie gelernt hatte, kam damit einigermaßen zurecht. Phase 2: Die „neuen" Regeln (nach 1996) waren noch komplizierter, noch inkonsequenter, aber dafür ganz anders als die alten und nur noch zu sehr geringen Teilen alltagstauglich. Daher kam in der Praxis so gut wie niemand damit zurecht. Phase 3: Die „neuen neuen" Regeln (2006) folgen durch überwiegende Rückkehr zu Phase 1 in allen Punkten der Tradition, sie liefern nur als neues, zusätzliches Leitmotiv, dass nun auch noch allgemeine Orientierungslosigkeit hinzukommt. So bringt jede Entwicklungsphase einen gewissen „Mehrwert"...

Im Folgenden werden nun alle seit 2006 gültigen „neuen neuen" Regeln für die Getrenntschreibung bei Verben dargestellt. Gleichzeitig soll der Überblick gewährleistet werden, welche der „neuen" Regeln (von 1996) noch gelten und welche durch „neue neue Regeln" (2006) ersetzt wurden.

Anmerkungen:

- *Von hier an ist zum Verständnis der Regeln detailliertes **Grammatikwissen** Voraussetzung, vor allem Begriffswissen. Eine **Übersicht** über die wichtigsten grammatischen Fachausdrücke befindet sich auf **Seite 75 f.***

- *Mit den **Zeichen + oder –** neben der Regelnummer wird jeweils die **Alltagstauglichkeit** der Bestimmung eingestuft.*

GRUPPE 1: Getrennt- und Zusammenschreibung beim VERB

a) Nomen + Verb

SEIT 2006 GEÄNDERT!

Regel 4 -	(verpflichtend)
Nomen + Verb werden getrennt geschrieben, wenn das Nomen in der Wendung seine konkrete (= wörtliche) Bedeutung bewahrt hat.	

Die Übersicht, die von 1996 bis 2006 Gültigkeit hatte, ändert sich auf Grund der Reform 2006 folgendermaßen, weil die jetzige Reformergruppe – bei gleichgebliebener Grundregel (!) – einigen Nomen nun ihre wörtliche Bedeutung in den Wendungen abspricht (1996 war das anscheinend noch anders):

Beispiele:

Reformierte Schreibweise		Schreibweise vor 1996	
~~Acht geben~~	*jetzt wieder* →	achtgeben	
Auto fahren		Auto fahren	
~~Eis laufen~~	*jetzt wieder* →	eislaufen	
~~Kopf stehen~~	*jetzt wieder* →	kopfstehen	
Maß halten	*jetzt auch wieder* →	maßhalten	
Rad fahren		radfahren	*Komplettliste zur Orien-*
Schi/Ski laufen		Schi/Ski laufen	*tierung siehe Seite 203 ff.*

Ausnahme 1 zu Regel 4:

Untrennbare Zusammensetzungen von Nomen + Verb bleiben weiterhin in Kleinschreibung erhalten. *(Komplettliste aller betroffenen Wörter siehe Seite 206 f.)*

Beispiele: handhaben, bergsteigen, bruchrechnen, ...

Kennzeichen für die Untrennbarkeit: handhaben → ~~ich habe hand~~ *(Trennung wie bei* 'ich fahre Auto' *nicht möglich)*

Ausnahme 2 zu Regel 4:

Auch **trennbare Zusammensetzungen** von Nomen + Verb bleiben in Zusammenschreibung erhalten, wenn das Nomen seine ursprüngliche, konkrete Wortbedeutung verloren hat.

Beispiel:

preisgeben (trennbar: ich gebe preis; aber: „preis" hat nicht mehr die wörtliche, konkrete Bedeutung im Sinne von „der Preis")

Dazu werden seit der Reform 2006 auch wieder folgende Wörter gerechnet:

eislaufen	→ *daher wieder, wie vor 1996:* **ich laufe eis**
kopfstehen	→ *daher wieder, wie vor 1996:* **ich stehe kopf**
leidtun	→ *daher wieder, wie vor 1996:* **es tut mir leid**
nottun	→ *daher wieder, wie vor 1996:* **es tut not**

Komplettliste aller Wörter siehe Seite 207!

Anmerkung:
Die 2004 vorgesehene Lösung Leid tun *neben* leidtun *gelten zu lassen, ist 2006 eliminiert worden.*

NEU SEIT 2006!

Ausnahme 3 zu Regel 4:

13 Wendungen können sowohl als Zusammensetzung als auch als Wortgruppe aufgefasst werden, woraus sich zwei Schreibmöglichkeiten ableiten, z. B.:

achtgeben	*oder*	Acht geben
danksagen	*oder*	Dank sagen
delfinschwimmen	*oder*	Delfin schwimmen
gewährleisten	*oder*	Gewähr leisten
haltmachen	*oder*	Halt machen
marathonlaufen	*oder*	Marathon laufen
maßhalten	*oder*	Maß halten
staubsaugen	*oder*	Staub saugen

Komplettliste aller Wörter siehe Seite 208.

Für Wendungen mit **Recht / recht** *gilt eine Sonderlösung, siehe ebenfalls Seite 208!*

Zur besonderen Beachtung:
In bestimmten Formulierungen ist jeweils nur e i n e Schreibweise erlaubt:

Beispiele:
Wir müssen sehr achtgeben. → Schreibvariante „Acht geben" hier nicht erlaubt.

Bitte geben Sie allergrößte Acht darauf. → Schreibvariante „geben Sie ... acht" hier nicht erlaubt.

OPTIMALE INDIVIDUELLE PROBLEMLÖSUNG:
Um in dieser komplizierten und unübersichtlichen Gesamtsituation trotzdem gut durchzukommen, empfiehlt es sich, individuelle Wortbedarfslisten zu erstellen: Markieren Sie aus den Komplettlisten von Seite 203 bis 208 die Verben, die Sie selbst am häufigsten gebrauchen. Erfassen Sie diese in einem persönlichen Wörterverzeichnis.

b)   Adjektiv + Verb

REGEL VON 1996 WURDE ERSETZT!

Regel 5   - ~~——————————————————~~ **(verpflichtend)**

~~Steht ein~~ (im Sinnzusammenhang) **steigerbares** ~~(oder durch „sehr", „viel" oder „ganz"~~ ~~erweiterbares)~~ **Adjektiv bei einem Verb, dann ist getrennt zu schreiben.**

~~Ist keine Steigerungs- oder Erweiterungsmöglichkeit gegeben, wird~~ ~~zusammengeschrieben.~~

~~Beispiele:~~

~~Bisherige Schreibweise~~	**N e u e S c h r e i b w e i s e**
~~leichtfallen~~	~~**leicht fallen** → Probe: leichter fallen~~
~~fernliegen~~	~~**fern liegen** → Probe: **sehr** fern liegen~~
~~bessergehen~~	~~**besser gehen** → Probe: **viel** besser gehen~~
~~offenbleiben~~	~~**offen bleiben** → Probe: **ganz** offen bleiben~~

NEU SEIT 2006!

Regel 5   +   **(verpflichtend)**

Wenn eine Fügung aus Adjektiv und Verb eine **neue Gesamtbedeutung** ergibt (sog. übertragene Bedeutung), wird sie **zusammengeschrieben.**

Beispiele:

Neue Gesamtbedeutung

kaltstellen	= politisch/strategisch ausschalten
krankschreiben	= für arbeitsunfähig erklären
nahelegen	= nachdrücklich eine bestimmte Entscheidung vorschlagen
richtigstellen	= berichtigen
schwerfallen	= Mühe bereiten
gutschreiben	= als Guthaben anrechnen

Komplettliste aller Wörter zu dieser Regel siehe Seite 209 ff.

REGEL VON 1996 WURDE ERSETZT!

~~**Regel 6 +** _____ **(verpflichtend)**~~

~~**Ableitungen mit der Endung –ig, werden vom Verb getrennt geschrieben** (wie schon bisher Wörter auf -isch und -lich).~~

~~Beispiele: richtig stellen, übrig bleiben, flüssig machen, ...~~
~~(schon bisher: kritisch denken, freundlich grüßen...)~~

NEU SEIT 2006!

Regel 6 + **(verpflichtend)**

Wenn in einer Fügung aus Adjektiv und Verb beide Teile ihre **wörtliche Bedeutung** beibehalten, werden sie **getrennt geschrieben**.

Beispiele:

auswendig lernen	**näher kommen**
barfuß gehen	**schadlos halten**
geheim bleiben	**tot stellen**
leer stehen	**wichtig nehmen**

gut schreiben (im wörtlichen Sinn, also „in guter Qualität" schreiben; vgl. bei Regel 5 „gutschreiben")

Komplettliste aller Verben zu dieser Regel siehe Seite 213.

Sonderbestimmung zu den Regeln 5 und 6:

Lässt sich keine klare Entscheidung treffen, ob die wörtliche oder eine übertragene Bedeutung vorliegt, bleibt es dem Schreibenden überlassen, ob er sich für Getrennt- oder Zusammenschreibung entscheidet.

Beispiele:

bekannt geben	*oder*	bekanntgeben
klar werden	*oder*	klarwerden
lieb haben	*oder*	liebhaben
schlecht gehen	*oder*	schlechtgehen
übrig bleiben	*oder*	übrigbleiben

Komplettliste aller Verben zu dieser Regel siehe Seite 217 f.

e)   Partizip + Verb

REGEL VON 1996 WURDE ERSETZT!

Regel 7   -   **(verpflichtend)**

Partizip + Verb werden immer getrennt geschrieben.

Beispiele: geltend machen,   (*bisher:* geltendmachen)
                     verloren gehen, ...   (*bisher:* verlorengehen)

NEU SEIT 2006!

Regel 7   -   **(freigestellt)**

Wenn das beim Verb stehende Adjektiv das Resultat der im Verb ausgesagten Tätigkeit darstellt, kann immer wahlweise getrennt oder zusammengeschrieben werden.

Beispiele:

blank polieren	*oder* <u>blankpolieren</u>	(= so lange polieren, bis alles blank ist)
glatt hobeln	*oder* <u>glatthobeln</u>	(= so lange hobeln, bis es glatt ist)
leer essen	*oder* <u>leeressen</u>	(= so lange essen, bis der Teller leer ist)
satt trinken	*oder* <u>satttrinken</u>	(= das Baby solange trinken lassen, bis es satt ist)
voll tanken	*oder* <u>volltanken</u>	(= so lange tanken, bis der Tank voll ist)

Komplettliste aller Verben zu dieser Regel siehe Seite 218 ff.

Anmerkung:
Die Bevorzugung der Zusammenschreibung (daher unterstrichen) erklärt sich aus der Tatsache, dass der Gesamtbegriff doch mehr enthält als die Einzelteile (siehe die jeweilige Erläuterung). Die Einfachbetonung der Fügung spricht zusätzlich dafür.

c)   Verb + Verb

REGEL VON 1996 WURDE ERSETZT!

Regel 8   +   **(verpflichtend)**

Verb + Verb werden immer getrennt geschrieben.

Beispiele:

kennen lernen   (*bisher:* kennenlernen)
sitzen bleiben   (*bisher auch:* sitzenbleiben)
spazieren gehen   (*bisher:* spazierengehen)

GEÄNDERT SEIT 2006!

Regel 8 +	**(verpflichtend)**
Verb + Verb werden grundsätzlich **getrennt geschrieben**.	

Beispiele:

> spazieren gehen   lesen üben
> laufen lernen   vergessen machen

Ausnahmen zur Regel 8:

Wenn als zweites Verb „bleiben" oder „lassen" steht, kann man die Fügung wahlweise auch zusammenschreiben, wenn dabei eine übertragene Bedeutung vorliegt. Zusammenschreibung ist generell auch für den Einzelfall „kennen + lernen" möglich.

Beispiele:

fallen lassen *oder* fallenlassen   sitzen bleiben *oder* sitzenbleiben
laufen lassen *oder* laufenlassen   hängen bleiben *oder* hängenbleiben

kennen lernen *oder* kennenlernen *(uneingeschränkt frei wählbar)*

> *Komplettliste aller Verben zu dieser Regel siehe Seite 221 ff.*

Anmerkung:
Die Bevorzugung der Getrenntschreibung erklärt sich daher, dass es einfacher ist, sich eine Regel ohne jede Ausnahme einzuprägen als bestimmte einzelne Ausnahmefälle in Evidenz zu halten.

d) Verbindungen mit „sein"

SEIT 1996 UNVERÄNDERT!

Regel 9 +	**(verpflichtend)**
Verbindungen mit „sein" werden immer getrennt geschrieben.	

Beispiele:

Reformierte Schreibweise	Schreibweise vor 1996
bereit sein	bereitsein
da sein	dasein
fertig sein	fertigsein
sicher sein	sichersein

> *Komplettliste aller Verben zu dieser Regel siehe Seite 224 ff.*

e) Adverb + Verb

REGEL VON 1996 WURDE ERSETZT!

> **Regel 10 -   (verpflichtend)**
>
> ~~Zusammengesetzte Adverbien (Umstandswörter) werden vom Verb getrennt
> geschrieben - außer sie sind in der nachfolgenden Liste der Ausnahmen verzeichnet.~~
> ~~Einteilige Adverbien werden demzufolge vom Verb nicht getrennt.~~

~~*Beispiele für die Getrenntschreibung mehrteiliger Adverbien:*~~

~~**aufwärts** gehen,~~   ~~*(bisher: aufwärtsgehen)*~~
~~**abhanden** kommen,~~ ~~*(bisher: abhandenkommen)*~~
~~**beiseite** legen,~~   ~~*(bisher: beiseitelegen)*~~
~~**zunichte** machen, ...~~ ~~*(bisher: zunichtemachen)*~~

NEU SEIT 2006!

> **Regel 10   -   (verpflichtend)**
>
> Adverb + Verb werden <u>zusammengeschrieben</u>, wenn die Betonung
> ausschließlich auf dem ersten Bestandteil liegt.
>
> Adverb + Verb werden <u>getrennt geschrieben</u>, wenn beide Wörter
> gesondert betont werden oder die Betonung nur auf dem zweiten
> Bestandteil liegt.
>
> Diese Regel gilt auch für die Bauform „Präposition + Verb".

Erläuterung:

Adverbien („Umstandswörter") sind Wörter wie abwärts, durcheinander, zurück...
Präpositionen („Vorwörter") sind Wörter wie mit, zu, entgegen, gegenüber...

Beispiele:

Ich will dich endlich **wiedersehen**.
Seit der Operation kann sie **wieder sehen**.

Wir werden schon noch **dahinterkommen**.
An der Spitze wird der Sarg getragen, **dahinter kommen** die Angehörigen.

Hier darf man nichts **durcheinanderbringen**.
Wollen wir **miteinander spielen**?

*Hinweis: Die Zahl der seit 2006 neu geregelten Wörter ist sehr groß. Eine
Komplettliste dazu finden Sie im Teil 2 dieses Buches, siehe Seite 226 ff.*

Wichtige Hinweise:

Alle nominalisierten Infinitive (= alle hauptwörtlich gebrauchten Nennformen) werden – wie vor der Rechtschreibreform – groß und zusammengeschrieben.

Beispiele:

das Radfahren	← *trotz Regel 4,* Rad fahren
das Auswendiglernen	← *trotz Regel 6,* auswendig lernen
beim Volltanken	← *trotz Regel 7,* voll tanken
beim Spazierengehen	← *trotz Regel 8,* spazieren gehen
das Beisammensein	← *trotz Regel 9,* beisammen sein

Nennformen mit zu sind entweder einteilig oder dreiteilig!

Beispiele:

eiszulaufen	← wegen eislaufen
Rad zu fahren	← wegen Rad fahren
krankzuschreiben	← wegen krankschreiben
auswendig zu lernen	← wegen auswendig lernen

aber:

<u>bekanntzugeben</u> *oder* bekannt zu geben   ← weil Wahlformen gegeben sind

Anmerkung zur neuen Situation bei der Getrennt- und Zusammenschreibung:

Die „neuen" Regeln sind zwar eindeutiger als die von 1996 bis 2006 gültigen, aber sie sind immer noch viel zu fachspezifisch grammatikbetont ausgefallen. Kein Schreibender denkt an Detailfragen der Grammatik, um seine Schreibentscheidung danach auszurichten. Wer Wörter in selbst gewählten inhaltlichen Zusammenhängen schreibt, will nicht – neben seinen eigenen inhaltsbezogenen Gedanken – zusätzlich über grammatische Zusammenhänge meditieren müssen, um zu einer richtigen orthographischen Lösung für die von ihm gewählten Worte gelangen zu können.

Ein Beispiel: Wer nicht ganz sicher die Bauformen „Adjektiv + Verb" (z. B. schön + färben) von „Personaladverb + Verb" (z. B. durcheinander + bringen) unterschieden kann, wird immer wieder Entscheidungsprobleme bei der Getrennt- und Zusammenschreibung haben. Wer dann darüber hinaus nicht fix gespeichert hat, dass bei der erstgenannten Bauform das Entscheidungskriterium „Wörtliche oder übertragene Bedeutung?" lautet, bei der zweitgenannten hingegen „Hauptakzent auf dem ersten Teil?", wird chancenlos bleiben. Dazu kommt noch – ganz ehrlich betrachtet – ein weiteres Problem: Wer hört schon die hauchzarten Betonungsnuancen zwischen „durcheinanderbringen" (eine Betonung) und „miteinander spielen" (zwei Betonungen)?

GRUPPE 2: GETRENNTSCHREIBUNG BEI ADJEKTIV UND PARTIZIP

Die „Reform 2006" hat erneut in die Getrennt-/Zusammenschreibungsregeln für Adjektive eingegriffen, obwohl dieser Bereich schon im Jahr 2004 „nachgebessert" worden war. So ist jetzt auch hier (analog zu den Verben) die „Steigerbarkeitsregel" gefallen und im Wesentlichen der Zustand von vor 1996 wiederhergestellt.

a)   Adjektiv/Partizip + Adjektiv/Partizip

DIE REGEL VON 1996 WURDE ERSETZT!

Regel 11 -	(verpflichtend)
Adjektiv + Adjektiv/Partizip werden getrennt geschrieben, wenn der erste Bestandteil steigerbar (oder durch „sehr" bzw. „ganz" erweiterbar) ist.	

Beispiele:

Frühere Schreibweise	N e u e S c h r e i b w e i s e
dichtgedrängt	dicht gedrängt → Probe: dichter gedrängt
reingolden	rein golden → Probe: ganz rein golden
fettgedruckt	fett gedruckt → Probe: sehr fett gedruckt

NEU SEIT 2006 = WIE VOR 1996!

Regel 11 -	(verpflichtend)

Folgende Bestimmungen für mehrteilige Adjektive/Partizipien werden nun aus der althergebrachten Orthographie wieder vollinhaltlich übernommen:

- Zusammengeschrieben wird, wenn einer der beiden Bestandteile in dieser Form **nicht selbständig** vorkommt (*z. B.* halbherzig, mehrdeutig, handelseins, aschfahl, altersschwach...)
- Zusammengeschrieben werden **gleichrangige** Adjektive (*z. B.* blaugrau, nasskalt, dummdreist...)
- Zusammengeschrieben wird, wenn der erste Teil **bedeutungsverstärkend** oder -abschwächend ist; hier sind auch Reihenbildungen möglich (*z. B.* bitterkalt, brandneu, grundfalsch, todlangweilig, megageil, ursupercool...)
- Zusammengeschrieben werden mehrteilige **Kardinalzahlen** (= eins, zwei, drei...) unter einer Million, ebenso **alle Ordinalzahlen** (= erster, zweiter, dritter...), die in Worten geschrieben werden (*z. B.* achthundert, neunzehnhundertfünfundvierzig; der einhundertfünfzigste Todestag, der zweimillionste Besucher...)

Regel 12   -   (verpflichtend)

Partizip + Adjektiv werden getrennt geschrieben.

Beispiele:
> kochend heiß, blendend weiß, gestochen scharf, leuchtend blau…

Regel 13   -   (verpflichtend)

Partizipien werden vom ersten Teil **getrennt, wenn** das **Verb,** von dem es sich herleitet, **getrennt** geschrieben wird.

Beispiele: *Grundform* ↓
auswendig gelernt   *wegen* auswendig lernen   (Regel 6)
spazieren gegangen   *wegen* spazieren gehen   (Regel 8)
gefangen genommen   *wegen* gefangen nehmen   (Regel 6)

Zusatzregel zu Regel 13:   *NEU SEIT 2004!*

Werden mehrteilige Partizipien **jedweder Bauform** adjektivisch verwendet, können sie wahlweise getrennt- oder zusammengeschrieben werden.

Beispiele:
das auswendig gelernte / <u>auswendiggelernte</u> Gedicht
die Rad fahrenden / <u>radfahrenden</u> Kinder
die leer stehenden / <u>leerstehenden</u> Wohnungen

Aber:
Ich habe das Gedicht auswendig gelernt. *(Nur so, weil keine adjekt. Verwendung!)*

Regel 14   +   (verpflichtend)

Ableitungen, die auf -ig enden, werden vom zweiten Bestandteil getrennt geschrieben (wie schon vor 1996 Wörter auf -isch und -lich).

Beispiele:
> win**zig** klein, schmut**zig** grau, rie**sig** groß, ...
> (*immer schon:* mikrosko**pisch** klein, herr**lich** frisch...)

b)   Nomen + Adjektiv/Partizip

NEU SEIT 2004!

Regel 15	**(freigestellt)**
Nomen + Partizip <u>können</u> getrennt geschrieben werden.	

Beispiele:

Leid tragend	*oder wie vor 1996:*	<u>leidtragend</u>
Erdöl exportierend	*oder wie vor 1996:*	<u>erdölexportierend</u>
Holz verarbeitend	*oder wie vor 1996:*	<u>holzverarbeitend</u>
Krebs erregend	*oder wie vor 1996:*	<u>krebserregend</u>
Kosten sparend	*oder wie vor 1996:*	<u>kostensparend</u>

UNVERÄNDERT SEIT 1996!

Ausnahme zu Regel 15:   **(verpflichtend)**

Steht der **erste Bestandteil für eine Wortgruppe**, dann muss **zusammengeschrieben** werden.

Beispiele:

jahrelang	(= **mehrere Jahre** lang)
kostendeckend	(= **alle Kosten** deckend)
hitzebeständig	(= **gegen Hitze** beständig)
freudestrahlend	(= **vor Freude** strahlend)
eiskalt	(= so kalt **wie Eis)**
milieubedingt	(= **durch das Milieu** bedingt)
artverwandt	(= **der Art nach** verwandt)

Anmerkung:

Die Probleme bei zusammengesetzten Adjektiven/ Partizipien, die 1996 verpflichtend für eine Getrenntschreibung vorgesehen waren, sind durch die weitgehende Freigabe seit der „Reform der Reform (2004)" stark entschärft.

Da auch hier weiterhin nur wenige der neuen Regeln wirklich unmittelbar und unkompliziert anwendbar sind, ist zu empfehlen, nur auf die Regeln 12 und 14 konsequent zu achten und sich im Übrigen an der Zusammenschreibung (wie vor 1996) zu orientieren. Siehe auch Seite 40 f. !

Komplettliste aller Wörter zu dieser Regel siehe Seite 231 ff.

FAST ALLES SEIT 1996 UNVERÄNDERT!

GRUPPE 3: SONSTIGE NEUE GETRENNT- BZW. ZUSAMMEN-SCHREIBUNGEN

Aus der Vielzahl einzelner Änderungen hier nur die markantesten:

- „wie viel" und „wie viele" wird gleichgezogen, ebenso Ähnliches:

wie viel – wie viele   **so viel** – so viele   **zu wenig** – zu wenige…
   (neu)   (neu)   (neu)

- **Verbindungen mit „allzu"** werden getrennt:

allzu bald   **allzu gerne**   **allzu oft**   **allzu viel**

Ausnahme: allzumal bleibt in Zusammenschreibung

- **Verbindungen mit „Mal"** werden getrennt, Mal ist immer großzuschreiben:

jedes Mal	(neu seit 1996)
ein paar Mal	(neu seit 1996)
Millionen Mal	(unverändert, wie vor 1996)
das nächste Mal	(unverändert, wie vor 1996)
unendliche Mal(e)	(unverändert, wie vor 1996)
zum ersten Mal	(unverändert, wie vor 1996)

Ausnahmen: einmal, zweimal, dreimal, …
              manchmal, diesmal, allzumal

- **Verbindungen mit „irgend"** werden nun ausnahmslos zusammengeschrieben:

irgendetwas (neu)   irgendeiner
irgendjemand (neu)   irgendwer …

NEU SEIT 2004!

- **so genannt** kann wahlweise auch wieder **sogenannt** (neu = alt) geschrieben werden. Die Abkürzung dazu bleibt **sog.**

Eine vollständige Liste aller Neuerungen bei den zusammengesetzten Adjektiven ist im Teil 2 dieses Buches enthalten, siehe Seite 240 ff.

Didaktische Zusatzinformationen zur Getrennt- und Zusammenschreibung

1. Im **Bereich der Grundschule** wird sich der Problemkreis der Getrennt- und Zusammenschreibung im Wesentlichen auf die zwei Phänomene **Nomen+Verb** und **Verb+Verb** beschränken. Statt Regeln zu erarbeiten, ist es in dieser Altersgruppe zielführender, anhand analoger Reihen die Schreibprinzipien zu vermitteln.

Bei der Bauform **Nomen+Verb** ist mittlerweile wieder eine Beschränkung der Großschreibung auf Fortbewegungsarten eingetreten. **Auto fahren** und **Rad fahren** sollten daher analog erweitert werden: **Schi/Ski fahren, Bob fahren, Inlineskates fahren, Boot fahren, Roller/Scooter fahren, Gokart fahren, Carvingschi fahren, Drachen steigen, Fallschirm springen...**

Bei der Bauform **Verb+Verb** kommen grundschulbezogen nur wenige Wörter in Betracht, die man aber doch auch als gleichartige Schreibungen zusammenstellen sollte: **spazieren gehen, reiten lernen**, (Drachen) **steigen lassen, lesen üben, kennen lernen...** Hier kann auch abschließend die Erkenntnis fixiert werden, dass man zwei Zeitwörter (Verben) nicht zusammenschreiben soll. – Diese Form der Regel vernachlässigt zwar die Wahlformen, ist aber in der Realität praktikabler.

Alle anderen sporadisch vorkommenden Einzelfälle bei Verben oder Adjektiven sollten zwar in den Schülerheften richtiggestellt, aber in der Grundschule noch nicht in die Leistungsbeurteilung einbezogen werden. Dieser Teil der Fehlerbenotung möge nicht an die Schüler gehen, sondern an die Reformer: Wer komplizierte Regeln schafft, darf sich nicht wundern, wenn sie dann kaum jemand einhalten kann.

2. Wo es **Wahlformen** gibt, sollte man sich in der Anwendung im Unterricht am besten an die hier im REGELWERK oder im Teil 2, SPEZIAL-WÖRTERBUCH, angegebene Vorzugsform halten. Sie ist jeweils an der Unterstreichung erkennbar. Hier wird etwa im Bereich der Verben jeweils der Zusammenschreibung der Vorzug gegeben, weil die **Einfachbetonung** stets nahelegt, dass die Fügung als **ein Wort** geschrieben werden kann (z. B. achtgeben, klarwerden, übrigbleiben). Bei den Adjektiven überwiegen seit den Reformänderungen von 2004 und 2006 ebenfalls grundsätzlich die Zusammenschreibungen, daher wird bei Vorliegen von Wahlformen auch hier jeweils die Zusammenschreibung empfohlen.

3. Im Bereich der **10- bis 14-Jährigen** sollte langsam ein differenziertes Regelverständnis aufgebaut werden. Ausgangspunkt sollte sein, dass den Lernenden ein **Überblick** geboten wird über die möglichen Arten der Fügungen und die damit verbundenen Grundregeln:

- **Nomen + Verb** → nur Verben der Bewegung in Getrenntschreibung
- **Adjektiv + Verb** → nur übertragene Bedeutung in Zusammenschreibung
- **Verb + Verb** → Getrenntschreibung immer richtig
- **Adverb + Verb** → als zwei Wörter nur bei zweimaliger Betonung zu schreiben, bei Einfachbetonung zusammen
- **Hilfszeitwort „sein"** → immer allein! (= Merkregel!)

Vor allem die beiden Gruppen **Adjektiv+Verb** und **Adverb+Verb** werden zusätzlich intensive Übungen erfordern. Allerdings sollte auch in dieser Altersstufe Bedacht darauf genommen werden, dass der zu Übungszwecken herangezogene Wortschatz aus dem Bedarfswortschatz der Lernenden stammt, also hohen Alltags-Gebrauchswert aufweist. Ganz allgemein gilt: „Exotische Wörter" zu üben, ist Zeitverschwendung, weil alles, was man nicht oft benötigt, bald wieder in Vergessenheit gerät – also nicht „hintanstellen" oder „zuwiderhandeln" üben, sondern „durcheinanderreden", „entgegenhalten" oder „hinübergehen". (Näheres dazu findet sich in *H. Fröhler, Neue Wege in der Rechtschreibdidaktik.*)

4. Die **systematischen Wortlisten** im Teil 2 dieses Buches helfen dabei, passendes Wortmaterial für Übungen bereitzustellen. Sie verschaffen auch einen guten **Überblick** über die einzelnen Wortkategorien; siehe Seite 196ff.

5. Für die **Fehlerbewertung** sollte ganz allgemein folgende pragmatische Regel gelten: Wo wir uns – als geschulte Erwachsene selbst immer wieder schwertun (oder schwer tun?), dort sollte für Lernende absolute Fehleramnestie gelten. Es ist der bessere Weg, den Lernenden gegenüber einzugestehen, dass mit manchen Bereichen der Orthographie j e d e r seine Probleme hat. Die **bessere Lösung als Fehlerzählen ist, eine Haltungsänderung** zu bewirken: Mit möglichst optimalem Problembewusstsein und geduldiger Wörterbucharbeit an der Korrektheit der eigenen Texte feilen.

6. Eine der einfachsten Lösungen für die Praxis ist es, sich eine **Liste häufig gebrauchter**, aber unsicherer **Wörter** anzulegen und am Arbeitsplatz in Sichtweite zu halten. Bei der Auswahl helfen wieder am besten die Wörtersammlungen im Teil 2, siehe Seite 196 ff.

5. Groß- und Kleinschreibung
(Änderungen größtenteils verpflichtend)

Vorbemerkung:

Die Neuregelungen seit 1996 zielen einerseits auf eine vermehrte Großschreibung ab - vor allem im Bereich der Zweifelsfälle - , andererseits wurde aber eine Reihe ehemaliger Großschreibungen nun der Kleinschreibung zugewiesen.

Komplettliste aller Neuerungen siehe Seite 243 ff.

a) Schreibung von Anredepronomen

GEÄNDERT SEIT 2006!

Regel 16	**(freigestellt)**

Die **Anredepronomen du** und **ihr** (sog. vertraute Anrede) sowie die dazugehörenden Pronomen **dein und euer** kann man **auch in** Briefen und anderen persönlichen Mitteilungen **kleinschreiben.**

Anmerkung:
Die Reform 1996 hatte noch eine verpflichtende Kleinschreibung vorgesehen.

Beispiele:

Vor 1996 in Briefen und persönlichen Mitteilungen	**Jetzt möglich in Briefen und persönlichen Mitteilungen**
Liebe Ingrid, danke für Deinen netten Brief ... Wie Du sicher schon weißt, ... – Macht Euch Eure Katze noch immer Sorgen? ... – Wollt Ihr uns im Sommer besuchen?	Liebe Ingrid, danke für deinen netten Brief ... Wie du sicher schon weißt, ... – Macht euch eure Katze noch immer Sorgen? ... – Wollt ihr uns im Sommer besuchen?

Achtung:

Die **Höflichkeitsformen Sie, Ihr, ...** sind unverändert **immer großzuschreiben.**

➤

Beispiel:

> *Liebe Frau Buchner,*
>
> *danke für Ihren netten Brief. Wie Sie sicher schon wissen, ... –*
>
> *Macht Ihnen Ihre Katze noch immer Sorgen? ... –*
>
> *Wollen Sie uns im Sommer besuchen?*

Merkregel:

Höflichkeitsformen	→	**Sie, Ihr, ...**	→ i m m e r **groß.**
Vertraute Anrede	→	**du, dein ...**	→ passt auch **klein.**

b) Nomen in festen Fügungen

REGEL SEIT 1996 UNVERÄNDERT!

Regel 17	**(verpflichtend)**
Nomen als **Bestandteile fester Fügungen werden** generell <u>**großgeschrieben.**</u>	

Achtung:

Trotz des unveränderten Regelwortlauts ergeben sich hier Änderungen, weil die drei in der nachfolgenden Tabelle durchgestrichenen Schreibweisen sei 2006 nicht mehr als Verbindung von Nomen+Verb mit wörtlicher Nominalbedeutung aufgefasst werden (siehe Regel 4).

Beispiele:

Reformierte Schreibweise	Schreibweise vor 1996
in **A**cht nehmen außer **A**cht lassen	in **a**cht nehmen außer **A**cht lassen
Angst machen **A**ngst haben	**a**ngst machen **A**ngst haben
in **B**ezug auf mit **B**ezug auf	in **b**ezug auf mit **B**ezug auf

➢

~~Eis laufen~~	*seit 2006 wieder* →	eislaufen
~~Kopf stehen~~	*seit 2006 wieder* →	kopfstehen
~~Maß halten~~	*seit 2006 wieder* →	maßhalten

Recht haben *seit 2006 auch*→ im **R**echt sein	**r**echt haben *(siehe Sonderlösung 2, S.45)* im **R**echt sein
von **S**eiten auf **S**eiten	von **s**eiten auf **S**eiten

UNVERÄNDERT SEIT 1996!

Ausnahme 1 zur Regel 17:

Für einige Wendungen, für die schon bisher Zusammenschreibung möglich war, gibt es weiterhin **Wahlmöglichkeiten** (klein und zusammen oder groß und getrennt):

auf Grund	aufgrund
zu Grunde gehen/liegen	zugrunde gehen/liegen
mit Hilfe*	mithilfe (*aber:* die Mithilfe!)
auf Seiten	aufseiten
von Seiten	vonseiten *(klein und zusammen!)*
an Stelle*	anstelle
zu Gunsten*	zugunsten
zu Lasten*	zulasten
nach Hause	nachhause
zu Hause	zuhause

NEU seit 2006:
→ *Für* „~~an Hand~~" *ist jetzt nur noch die Kleinschreibung vorgesehen:* „**anhand**"

Hinweis: Bei dieser Gruppe von Wörtern folgt die Empfehlung keiner einheitlichen Linie: Einerseits drängt sich die Kleinschreibung auf, weil die Parallelfälle „anstatt" und „anhand" nur so vorgesehen sind. Andererseits ist bei den vier mit Stern* gekennzeichneten Wendungen eine attributive Einfügung möglich, daher ist dort die Großschreibung empfehlenswerter (mit [seiner] Hilfe, an [deiner] Stelle…).

UNVERÄNDERT SEIT 1996!

Ausnahme 2 zur Regel 17:

Feste aus anderen Sprachen entlehnte Fügungen bleiben unverändert in Kleinschreibung erhalten.

Beispiele: ad acta, in flagranti, de facto, coram publico, in petto, pro forma…

SEIT 2006 UMFASSENDER DEFINIERT UND ERWEITERT!

Ausnahme 3 zur Regel 17:

Nomen als Bestandteile fester Fügungen mit „bleiben", „sein" und „werden" sind generell <u>klein</u>zuschreiben.

Es handelt sich dabei um Wendungen mit den Wörtern

angst	**<u>feind</u>**	**<u>klasse</u>**	**schuld**	**weh**
bange	**<u>freund</u>**	**leid**	**<u>spinnefeind</u>**	
bankrott	**gram**	**pleite**	**<u>spitze</u>**	

Die genannten Wörter werden in fixen Wendungen stets nur prädikativ gebraucht. Charakteristisches Merkmal dafür ist, dass sie immer nur in der fixen Form erscheinen, nie jedoch in einer ihrer nominalen Abwandlungsformen (Ängste, Feindes, Klassen...)

Beispiele:

mir **wird angst** und bange   *aber:* ich habe Angst/ Bange

ich **bin bankrott**   *aber:* er macht Bankrott

er **bleibt pleite**   *aber:* sie macht Pleite

Sonderlösung 1:
     bankrott + gehen =   **bankrottgehen** (!)   ← *nur so!*
     pleite + gehen =   **pleitegehen** (!)   ← *nur so!*
Sonderlösung 2:
     <u>Recht</u> *oder* recht bekommen/geben/haben/tun
     <u>Unrecht</u> *oder* unrecht bekommen/geben/haben/tun

Anmerkung:
Wer diese Klippen immer goldrichtig meistern will, muss sich die drei Ausnahmen „bleiben", „sein" und „werden" einprägen. Ein kleines Problem wird dabei sein, dass wir schon „haben", „sein" und „werden" als die drei Hilfszeitwörter auf Erden abgespeichert haben. Der Psychologe Paul Ranschburg könnte uns einiges über das Problem des Behaltens von verwechslungsgefährdeten Wörtern erzählen...

Anmerkung 2:
An dieser Stelle kann ich mir eine weitere Anmerkung nicht verkneifen. Beim Anblick dieser komplizierten Materie spendete mir ein (exzellent deutschsprechender) Amerikaner – kopfschüttelnd, schmunzelnd und mitleidig zugleich – folgende Worte: „Sorgen habt Ihr Deutschsprachigen! Darüber machen wir uns unser ganzes Leben lang keine Gedanken. Wie schafft ihr es dann überhaupt, bei jedem Wort den richtigen Anfangsbuchstaben zu wählen? – Sophisticated!"
Dazu muss man wissen: Wir sind weltweit die einzige(!) Sprache, die sich den Luxus (Unfug?!) einer Großschreibung von Nomen leistet...

ALTER REGELBESTAND VON VOR 1996

Ausnahme zur Ausnahme 3 zur Regel 17:

Es gibt Einzelfälle, in denen dennoch das Nomen bei „bleiben", „sein" oder „werden" großzuschreiben ist.

Eindeutige Klarheit darüber verschaffen die Fragen

> WAS ? → echter nominaler Gebrauch → Großschreibung
>
> WIE ? → verblasstes Nomen bei
> **bleiben, sein** oder **werden** → Kleinschreibung

Beispiele:

> Es ist ihr **recht** (WIE?), wenn du kommst.
> Es ist ihr **Recht** (WAS?), dazu zu schweigen.
> (Vgl. dazu auch „Sonderlösung für Recht/recht auf Seite 45)
>
> Es ist **not** (WIE?), die Probleme aufzuarbeiten.
> Es ist **Not** am Mann (WAS?) - wir benötigen jede verfügbare Kraft.
>
> Er ist **schuld** (WIE?) an unserem Misserfolg.

Anmerkung 1:

Die hier beschriebenen Regelsachverhalte sind weder 1996 noch später Gegenstand der Reform gewesen. – Leider. – Sie könnten also streng genommen unerwähnt bleiben. Trotzdem sollen sie hier nicht fehlen, weil sie immer noch Gültigkeit haben und weil sie deutlich machen, wie spitzfindig die Regelungen auf diesem Gebiet sind. Vielleicht sollten wir uns doch lieber mit dem bereits weltweit erfolgreich praktizierten Modell der Kleinschreibung anfreunden?- Fragen Sie Ihre Schüler!

Hier ein paar Problemfälle zum Nachdenklichwerden:

Die neue Rechtschreibung ist spitze! (prädikativer Gebrauch)
Das nimmt der Rechtschreibung die Spitze. (nominaler Gebrauch)
Ich spitze auf eine bessere Reform. (verbaler Gebrauch)
Wirklich eine spitze Angelegenheit. (adjektivischer Gebrauch)

Anmerkung 2:

Zum Glück hat mein Amerikaner von Seite 45 nicht bis hierher gelesen. Er hätte mir wahrscheinlich erklärt, dass er überhaupt nicht verstehen kann, warum man ständig in den Tiefen der Grammatik wühlen muss, wenn man eigentlich nur ganz harmlos einen Inhalt zu Papier bringen will. Ich gestehe, ich hätte es ihm auch nicht erklären können.

c)   Großschreibung bei Tageszeiten

SEIT 1996 UNVERÄNDERT!

Regel 18	(verpflichtend)

Angaben von **Tageszeiten nach** (vor-)**gestern, heute,** (über-)**morgen werden großgeschrieben.**

Beispiele:

Reformierte Schreibweise	Schreibweise vor 1996
gestern **Abend** heute **Mittag** morgen **Früh** vorgestern **Nachmittag**	gestern abend heute mittag morgen früh vorgestern nachmittag

Anmerkung:
Bei der Wendung „heute Früh" herrscht immer wieder Unsicherheit, weil im Duden hier Kleinschreibung propagiert wird. Das Problem liegt darin, dass man in Norddeutschland nicht „heute Früh", sondern „heute Morgen" sagt. In Österreich wird „Früh" als Tageszeitenangabe verwendet, daher ist in diesem Fall die Großschreibung korrekt, nicht aber bei „Du bist aber heute früh dran." – („Sorgen habt ihr!", höre ich meinen Amerikaner schon wieder sagen...)

SEIT 1996 UNVERÄNDERT!

Regel 19	(verpflichtend)

Die Verbindung von **Wochentag und Tageszeitangabe** ist **zusammenzuschreiben.**

Beispiele:

Reformierte Schreibweise	Schreibweise vor 1996
Das Treffen findet **Dienstagabend** statt.	Das Treffen findet Dienstag abend statt.
(Am) Mittwochnachmittag entfällt die Vorstellung.	(Am) Mittwoch nachmittag entfällt die Vorstellung.

Achtung:
Die Kleinschreibung von Wendungen wie **dienstags** (= jeden Dienstag) oder **abends** (= jeden Abend) bleibt unverändert aufrecht.

Komplettliste zu beiden Regeln siehe Seite 243 f.

d)   Groß-/Kleinschreibung bei Nominalisierungen

SEIT 1996 UNVERÄNDERT!

Regel 20	(verpflichtend)

Wenn **Wörter aus anderen Wortarten wie Nomen verwendet** werden, sind sie <u>**groß**</u>**zuschreiben,** sofern nicht die nachfolgenden Regeln etwas anderes bestimmen.

Kennzeichen für den Gebrauch als Nomen sind,

dass ein Wort im Satz einen bestimmten Fall einnimmt → **Gleiches** gilt auch für...
(Gleiches = 1. Fall, WER/WAS?)

dass ihm ein Artikel vorausgeht → **das** Gleiche gilt ...

oder dass es ein Attribut bei sich hat (z. B. ein Adjektiv oder Wörter wie etwas, alles, nichts...) → das **ewige H**in und Her
alles Übrige

Durch diese Regelung werden viele Zweifelsfälle ausgeräumt und konsequent der Großschreibung zugeordnet.

Beispiele für einfache feste Fügungen:

das Übrige	im Übrigen	alles Übrige	
das Weitere	im Weiteren	alles Weitere	des Weiteren
	im Wesentlichen	alles Wesentliche	
das Besondere	im Besonderen		
das Folgende	im Folgenden	alles Folgende	
der Einzelne	im Einzelnen		
das Beste			aufs Beste
das Gleiche			
das Ganze			
das Mindeste	im Mindesten		
das Übliche			
das Wenigste			
	im Voraus		
	im Nachhinein		
	im Allgemeinen (**neue Abkürzung**: im Allg. !)		

Großschreibung gilt auch für verneinte Fügungen:

nicht im Entferntesten, nicht im Geringsten, nicht das Geringste verstehen...

Weitere Wendungen, die nach der Neuregelung von 1996 großgeschrieben werden:

und Ähnliches (**neue Abkürzung** u. Ä. !);
es aufs Neue versuchen, alles Mögliche überlegen, das Möglichste tun, das Richtige tun, das Neueste berichten, es kommt des Öfteren vor, etwas auf Deutsch sagen, wie heißt das auf Spanisch?;
als Erster weggehen, der Erste werden, fürs Erste genug haben, jeder Zehnte; im Dunklen tappen, im Argen liegen, sich im Klaren sein, auf dem Laufenden halten.

Beispiele für paarige feste Fügungen:

des Langen und Breiten diskutieren, im Großen und Ganzen in Ordnung sein, Alt und Jung waren gekommen, das Für und Wider überlegen, ein ewiges Hin und Her, vom Hundertsten ins Tausendste kommen,...

NEU SEIT 2004!

Regel 21   (freigestellt)

Die folgenden unbestimmten Zahladjektive können <u>wahlweise klein- oder großgeschrieben</u> werden:

    viel, wenig, der/die/das **eine,** der/die/das **andere.**

Anmerkung:
Bis 2004 war für diese Wörter verpflichtende Kleinschreibung vorgesehen.

Beispiele:
Für viele / die meisten war das neu.
<u>Für Viele / die Meisten</u> war das neu.

Nur **wenige / die wenigsten** wussten davon.
Nur **<u>Wenige / die Wenigsten</u>** wussten davon.

Die einen glaubten es, **die anderen** nicht.
<u>Die Einen</u> glaubten es, **<u>die Anderen</u>** nicht.

Alle anderen stimmten dagegen. .
<u>Alle Anderen</u> stimmten dagegen.

Anmerkung: Der Großschreibung wird hier der Vorzug gegeben. Nicht, weil sie prinzipiell so eine tolle Sache ist, sondern weil sie angesichts der neuen Häufigkeitsverteilung die lerntechnisch weniger aufwendige Schreibvariante darstellt.

Die sog. Indefinitpronomen bleiben hingegen wie vor 1996 der Kleinschreibung zugeordnet:

> Es war mit **allen** so vereinbart.
> Das sollte **jeder** wissen.
> Das konnte **keiner** ahnen.
> Die **beiden** waren sich sofort einig.

Anmerkung:
Weil die sichere Unterscheidung von Indefinitpronomen und unbestimmtem Zahladjektiv höheres Grammatikwissen voraussetzt, ist dieser Bereich vom Alltags-Sprachverwender kaum jemals zweifelsfrei beherrschbar. Schreibregelungen, die an diffizile grammatische Entscheidungen gebunden sind, sind und bleiben praxisfern.

UNVERÄNDERT!

Regel 22   **(verpflichtend)**

Superlative mit „am" (= sog. dritte Steigerungsstufe) **werden <u>kleingeschrieben</u>,** wenn man nach ihnen mit **„WIE?"** fragen kann, aber **<u>großgeschrieben</u>,** wenn man nach ihnen mit **„WORAN?"** fragt.

Anmerkung:
*Diese Regel ist **nicht neu**, sondern bestand in dieser Form bereits vor 1996. Sie muss hier jedoch zur Abgrenzung der ähnlich gelagerten Fälle in den Regeln 20 und 21, weiters wegen der 1996 neu eingeführten Zusatzregel zu dieser Bestimmung angeführt werden.*

Beispiele:

Diese Gruppe hat **am besten** abgeschnitten.	← WIE?
Am nötigsten wäre nun rasche Hilfe.	← WIE?
Es mangelt **am Nötigsten**.	← WORAN?

➤

SEIT JEHER UNVERÄNDERT!

Zusatzregel zur Regel 22:	**(z. T. freigestellt)**

Superlativische Wendungen mit „aufs/ auf das" <u>können</u> wahlweise <u>groß- oder kleingeschrieben</u> werden, wenn man nach ihnen mit „**WIE?**" fragen kann, <u>**müssen**</u> aber <u>**großgeschrieben werden,**</u> wenn man nach ihnen mit „**WORAUF?**" fragen kann.

Beispiele:

aufs herzlichste begrüßen *oder*
aufs Herzlichste begrüßen   ← WIE?

aufs schändlichste zugerichtet *oder*
aufs Schändlichste zugerichtet   ← WIE?

aber: **aufs Äußerste** gefasst sein   ← WORAUF?
aufs Schlimmste vorbereitet sein ← WORAUF?

NEU SEIT 2004!

Regel 23	**(verpflichtend)**

Feste Verbindungen von Präposition + nichtdekliniertem (= ungebeugtem) Adjektiv <u>ohne Artikel</u> werden kleingeschrieben.

Beispiele:

für gewöhnlich	von klein auf
nach außen	durch dick und dünn
von fern her	über kurz oder lang

NEU SEIT 2004!

Zusatzregel zur Regel 23:	**(freigestellt)**

Steht in solchen Verbindungen **ein dekliniertes (= gebeugtes) Adjektiv, kann wahlweise groß- oder kleingeschrieben werden.**

Beispiele:

seit **k**urzem/**l**angem	*oder*	seit **K**urzem/**L**angem	*Anmerkung: Groß-*
von **n**euem	*oder*	von **N**euem	*schreibung hier und*
von **w**eitem	*oder*	von **W**eitem	*oben aus denselben*
bei **w**eitem	*oder*	bei **W**eitem	*Gründen zu bevor-*
bis auf **w**eiteres	*oder*	bis auf **W**eiteres	*zugen wie auf S. 49.*

e) Groß-/Kleinschreibung bei mehrteiligen Begriffen

SEIT 1996 UNVERÄNDERT!

Regel 24   (verpflichtend)

Adjektive in **mehrteiligen Begriffen** werden **großgeschrieben**, wenn der Begriff ein **Eigenname im engeren Sinn** ist (z. B. das Rote Kreuz, die Vereinigten Staaten, Naturhistorisches Museum) oder wenn es sich um eine der folgenden Kategorien handelt:

- **Ehrentitel** (z. B. der Heilige Vater),
- **Funktionsbezeichnungen** (z. B. der Erste Geiger),
- **fachsprachl. Begriffe** (z. B. der Rote Milan, die Echte Kamille),
- **besondere Kalendertage** (z. B. der Internationale Frauentag),
- **historische Ereignisse und Epochen** (z. B. der Zweite Weltkrieg)
- **geographische/geopolitische Bezeichnungen** (z. B. das Tote Meer, die Dritte Welt).

NEU SEIT 2004, NOCHMALS GEÄNDERT 2006!

Zusatzregel zur Regel 24:   (z. T. verpflichtend)

Fachsprachlich ist auch Großschreibung möglich, wo im Normalfall Klein-schreibung vorgesehen wäre. Das führt in einigen Bereichen zu Wahlformen, in anderen Bereichen zu verpflichtenden fachsprachlichen Sonderschreibungen.

Beispiele:

die **Gelbe** Karte, die **Erste** Hilfe (nur so, weil „fachsprachlich")
die **Grüne** Lunge *oder* die **grüne** Lunge (= große Grünfläche in einer Stadt)
die **eiserne** Lunge (nur so, weil „fachsprachlich")

Anmerkung:
*Neben den fachsprachlichen Begriffen und den Eigennamen gibt es auch eine Rubrik von fixen Wendungen, die man ebenfalls für Eigennamen halten könnte (z. B. das autogene Training, der eiserne Vorhang [im Theater], die große Pause usw.). Daher wird dringend empfohlen, die neuen **Komplettlisten** aller betroffenen Wendungen im Teil 2 dieses Buches zu Rate zu ziehen, siehe Seite 254 ff.*

Nicht zu den Eigennamen, auch nicht als fachsprachlicher Begriff, zählt die zum Jahreswechsel häufig gebrauchte Wendung:

... alles Gute im **neuen Jahr** ...

Didaktische Zusatzinformationen zur Groß- und Kleinschreibung

1. Im **Bereich der Grundschule** kommen im Wesentlichen nur 3 Regelbereiche zum Tragen, nämlich das „du" im Brief (Regel 16), die Großschreibung von Tageszeiten nach gestern heute und morgen (Regel 18) und fixe Verbindungen mit bloßer Präposition (Regel 23).

Das **„du" im Brief** sollte bei den grundschulaltrigen Kindern gar nicht thematisiert werden. Sie lernen das Wort von Anfang an in Kleinschreibung und sollten auch dabei bleiben dürfen. Mit wem Kinder per du sind, der wird das mit Sicherheit aushalten.

Die Kleinschreibung des „du" im Brief hatte genau die Problemlage von Grundschülern im Visier. Sie sollten nach den alten Regeln mit ihrem noch bescheidenen Schreibwissen ein überforderndes Kunststück schaffen: Das „du" im Aufsatz kleinschreiben, im Brief groß. Ein Beispiel: In einer Erzählung schreibt ein Kind: ... Ich fragte meine Freundin Susanne: „Hast **du** das gestern auch gesehen...?" In einem Brief an dieselbe Freundin muss dasselbe Kind denselben Satz plötzlich so schreiben: .... Liebe Susanne! Hast **Du** das gestern auch gesehen...? – Das einem Grundschulkind plausibel zu machen und dafür zu sorgen, dass dabei keine Fehler passieren, ist der Grundschule bis dato noch nie wirklich geglückt. Das war Motiv 1 für die Änderung. Motiv 2 ist das Faktum, dass man alle Pronomen klein schreibt: ich - du - er - sie - es ... Die Zwitterform des „du" ist auch systematisch gesehen nicht gerade eine gute Lösung. Anders steht es da mit der Höflichkeitsform „Sie", die ja immer und ausnahmslos großgeschrieben wird.

Die **Tageszeitenregel** stellt nur für uns Erwachsene eine Umstellung dar, Kinder hingegen haben einfach nur ein Lernproblem weniger. Denn jedes Kind, das das Wort „Abend" gelernt hat, schreibt ohnehin spontan auch „heute Abend" analog.

Die **präpositionalen Wendungen** sind im Grundschulalter auch kein Problem, weil am ehesten der flektierte Bautyp vorkommen wird (vor kurzem, seit langem). Hier ist seit 2004 die Lage entschärft, weil Groß- und Kleinschreibung in gleicher Weise richtig sind.

➤

2. Im Bereich der **10- bis 14-Jährigen** sollte das Hauptaugenmerk auf der **Großschreibung von Nominalisierungen** liegen (Regel 20). Eine Zusammenstellung in analogen Gruppen ist dabei empfehlenswert:
im Übrigen, im Wesentlichen, im Folgenden, im Allgemeinen,
das Übrige, das Wesentliche, das Folgende...

Zu achten sein wird auch auf orthographische Unterschiede bei: ...im Folgenden finden Sie ... und: ... im folgenden Abschnitt ...

Wichtig ist in diesem Zusammenhang auch, den Lernenden klar zu machen, dass das Rechtschreibprüfprogramm am PC rund 2/3 aller häufig auftretenden Fehler weder findet noch behebt. Die meisten fehlerhaften Stellen in Texten Erwachsener betreffen nämlich die Groß- und Kleinschreibung (gefolgt von „dem / den" und „das / dass").

Alle sonstigen, teils sehr kleinkarierten Regeln und Ausnahmen sollten eher nicht systematisch in Angriff genommen werden. Beim realen Vorkommen eines solchen Falles: Einen knappen Hinweis geben, die Sache geräuschlos richtigstellen lassen und zur Tagesordnung übergehen.

3. Das größte Problem ist in diesem Kapitel, selbst den Überblick zu bewahren und das Regeldickicht halbwegs zu durchschauen. Vor allem ist es wichtig, über alle **Wahlmöglichkeiten** Bescheid zu wissen, denn bei der Korrektur muss alles als richtig gelten, was eine gültige Wahlform ist. Ein Beispiel: Man hat zwar neben „von neuem" auch „von Neuem" gelten zu lassen, aber nur „vor allem", weil für Indefinitpronomen ausnahmslos Kleinschreibung gilt. Lang lebe die Spitzfindigkeit!

4. Bei der **Leistungsbeurteilung** sollte man in allen Regelbereichen, die nicht zu den oben genannten Kernpunkten zählen, ein weites Herz zeigen, ähnlich wie bei der Getrennt- und Zusammenschreibung.

5. Zum Schluss doch noch ein Satz ins Stammbuch der Reformer und der verantwortlichen Politiker: Wie viel sinnlos **vergeudete Zeit** wäre der Schule von heute zu ersparen, würde man endlich die Kleinschreibung freigeben – niemanden dazu verpflichten, aber sie wenigstens für ebenfalls korrekt erklären!

6. Fremdwortschreibung
(Änderungen teils verpflichtend, teils freigestellt)

GRUPPE 1: NEUERE FREMDWÖRTER
(hauptsächlich englischsprachige Begriffe)

SEIT 1996 UNVERÄNDERT!

Regel 25	(verpflichtend)

Mehrzahlformen englischer Fremdwörter auf -y müssen (abweichend von der Schreibweise im Englischen!) **mit –ys geschrieben werden.**

Beispiele:

Baby	→	**Babys**	*(in Österr. vor 1996:* Babies*)*
Hobby	→	**Hobbys**	*(in Österr. vor 1996:* Hobbies*)*
Party	→	**Partys**	*(in Österr. vor 1996:* Parties*)*

Anmerkungen:

- Auch das – nichtenglische (!) – Wort „Handy" ist so geregelt.
- Die gesamte Regelung ist anachronistisch, lernt doch heutzutage jeder Englisch. Wozu also partout eine abweichende Schreibform im Deutschen vorschreiben?

PUNKT 1 SEIT 2006, PUNKT 2 SEIT 2004 GEÄNDERT!

Regel 26	(größtenteils verpflichtend)

NEU SEIT 2006!!

1. Zweiteilige englischsprachige Begriffe, die aus **Adjektiv + Nomen** gebildet sind, werden in der Regel getrennt und ohne Bindestrich geschrieben. Der erste Teil ist dann – als Beginn des Gesamtbegriffs – großzuschreiben, der zweite Teil, weil er ein Nomen ist, ebenfalls.

   Beispiele: *im deutschsprachigen Textzusammenhang:*

   new + economy   → **New Economy**
   high + society   → **High Society**
   electronic + banking   → **Electronic Banking**

➢

Sonderfall zu Punkt 1: Wenn beim Gesamtbegriff die Betonung auf dem ersten Teil liegt, kann auch zusammengeschrieben werden.

Beispiele: *Anmerkung: Vorzug für Zu-*
fast + food → **Fast Food** oder **Fastfood**   *sammenschreibung wegen der*
hot + dog → **Hot Dog** oder **Hotdog**   *Einfachbetonung der Fügung.*

2. Alle anderen zweiteiligen englischsprachigen Begriffe, die im Deutschen ein Nomen repräsentieren, werden in der Regel groß- und zusammengeschrieben.

Beispiele: home + page = (die) **Homepage**
                 count + down = (der) **Countdown**

Achtung:

• Wörter, deren problemlose Lesbarkeit bei Zusammenschreibung nicht gewährleistet ist, **müssen** getrennt geschrieben werden, z. B.:

(das) Make-up *(nicht: Makeup!)*
(das) Sit-in *(nicht: Sitin!)*

• Zur Verdeutlichung der einzelnen Wortteile können Bindestriche gesetzt werden, z. B.:

Count-down, Sex-Appeal, Desktop-Publishing,...

3. Mehrteilige Begriffe können zusammengeschrieben werden, auch wenn es sich um gemischtsprachige Begriffe handelt.

Beispiele: after + shave + lotion   = **Aftershavelotion**
                 open + end + Diskussion = **Openenddiskussion**

4. Mehrteilige Begriffe können durch Bindestriche gekoppelt werden. Dabei sind der erste Buchstabe des Gesamtbegriffs und jeder nominale Einzelteil großzuschreiben.

Beispiele: **After-Shave-Lotion**
              Open-End-Diskussion
              Duty-free-Shop

UNVERÄNDERT SEIT 1996!

5. <u>Aneinanderreihungen</u> (d. h., Wortgruppen, die zu einem Nominalbegriff gemacht werden, oder Kombinationen von Buchstabe + Wort) **müssen** gekoppelt geschrieben werden. Dabei gelten dieselben Grundsätze wie bei Punkt 4.

Beispiele: das **Know-how**   das **T-Shirt**
             der **Break-even-Point**   der **E-Commerce**
             der **Stop-and-go-Verkehr**   die **E-Mail**

Zusammenfassung der reformierten Regelung für englische Fremdwörter:

Zweiteilige Begriffe

→ zusammenschreiben   Homepage
→ Bauform Adjektiv + Nomen getrennt schreiben   New Economy
→ liegt der Ton nur auf dem Adjektiv,
                      ist Zusammenschreibung möglich   Hotdog
→ zur Verdeutlichung der Teile ist Koppelung möglich   Come-back

Mehrteilige Begriffe

→ zusammenschreiben   Nofuturegeneration
→ bei Unübersichtlichkeit getrennt schreiben   No-Future-Generation

Aneinanderreihungen

→ Koppelungspflicht   T-Bone-Steak
                                 Stop-and-go-Verkehr

Folge: Wer diese Regeln im Kopf hat, wird für im Deutschen gebrauchte englische Fremdwörter kaum mehr ein Wörterbuch benötigen.

GRUPPE 2: ALTEINGESESSENE FREMDWÖRTER

a)   Französische Fremdwörter

SEIT 1996 UNVERÄNDERT!

Regel 27	**(freigestellt)**

- Französische Fremdwörter mit **-nn-** können wahlweise auch mit **-n-** geschrieben werden.

- Französische Fremdwörter, die auf **-é** enden, können auch eingedeutscht mit **-ee** geschrieben werden.

➢

Beispiele:			Anmerkung:

Bonbonniere *oder* Bonboniere

Ordonnanz *oder* Ordonanz

Exposé *oder* Exposee

Frappé *oder* Frappee

Kommuniqué *oder* Kommunikee (!)

Pappmaché *oder* Pappmaschee (!)

Die Originalschreibung sollte bevorzugt werden, weil hier jedem die französische Herkunft der Wörter klar ist. Fremde Wörter haben nun einmal fremde Schreibweisen.

b) Griechische Fremdwörter

SEIT 1996 UNVERÄNDERT!

Regel 28	**(freigestellt)**

1. Die Möglichkeit, das **-ph-** in griechischen Fremdwörtern durch **-f-** zu ersetzen, wird für die die Wortstämme **-graph-** und **-phon-** generell freigestellt.

2. Der Wortstamm **Delphin** kann wahlweise auch **Delfin** geschrieben werden.

3. Die Schreibweise **Fantasie** kann auch für die Vorstellungskraft (*vor 1996 nur* „Phantasie") gewählt werden

4. **Drei** aus dem Griechischen stammende **Wörter mit -rrh-** können auch **wahlweise mit -rr-** geschrieben werden. Sie sind in der folgenden Liste der Beispiele angeführt.

Beispiele zu 1.:

Biographie *oder* Biografie

Diktaphon *oder* Diktafon

Graphiker *oder* Grafiker

Phonetik *oder* Fonetik

Bei alten Fremdwörtern fehlt weitgehend das Herkunftsbewusstsein. Daher ist die vereinfachte Schreibung zu bevorzugen.

Orthographie *oder* Orthografie

←In dieser Form ist das Wort nur halb reformiert! Die alte Schreibweise ist ist daher zu bevorzugen.)

Beispiele zu 2.:

Delphin *oder* Delfin

Delphinfang *oder* Delfinfang

Delphinschwimmen *oder* Delfinschwimmen

Erläuterung zu 3.:

vor 1996:	Vorstellungskraft	= Phantasie
	Musikstück	= Fantasie
seit 1996:	Vorstellungskraft	= **Phantasie** *oder* <u>**Fantasie**</u>
	Musikstück	= **Fantasie** *(nur so!)*

(Anmerkung: Es ist daher das Einfachste, Fantasie immer mit -F- zu schreiben.)

Die **drei Wörter** zu 4.:

Hämorrhoiden *oder* Hämorriden (hier entfällt auch ein -o-!)
Katarrh *oder* Katarr
Myrrhe *oder* Myrre

Achtung:

- Die Regelung bei **Foto**/Photo und den entsprechenden Ableitungen bleibt wie schon seit Jahrzehnten gehandhabt aufrecht: Die Schreibweise mit -f- ist zu bevorzugen.

- Alle anderen Wörter mit **-ph-** müssen unverändert geschrieben werden, z.B.: Alphabet, Asphalt, Katastrophe, Strophe...

- Alle Wörter mit **-rh-** bleiben unverändert, z.B.: Rhabarber, Rheuma, Rhombus, Rhythmus, ...

- Auch alle Fremdwörter mit **-th-** (außer Panther und Thunfisch, siehe bei den Wahlformen einzelner Wörter, Seite 24) bleiben unverändert, z.B.: Apotheke, Bibliothek, Theater, Thema ...

c) Lateinische Fremdwörter

SEIT 1996 UNVERÄNDERT!

Regel 29	**(freigestellt)**
• Lateinische Fremdwörter, die auf **-tiell, -tial** oder **-tiat** enden, können wahlweise auch mit den Endungen **-ziell, -zial** oder **-ziat** geschrieben werden..	
• Lateinische Fremdwörter mit der Pluralendung **-ces** können wahlweise auch mit der Endung **-zes** geschrieben werden.	

Beispiele:	existen**tiell**	*oder*	<u>existen**ziell**</u>	*Weil es Wörter gibt, bei denen*
	Poten**tial**	*oder*	<u>Poten**zial**</u>	*z sogar verpflichtend ist (z. B.*
	Lizen**tiat**	*oder*	<u>Lizen**ziat**</u>	*bei „offiziell"), sollte eher*
	Cod**ices**	*oder*	<u>Cod**izes**</u>	***immer z gewählt werden.***

d) Einzelfestsetzungen von Wahlformen bei bestimmten Fremdwörtern

SEIT 1996 UNVERÄNDERT!

Regel 30	**(freigestellt)**
Bei einzeln festgelegten Wörtern kann zwischen der ursprünglichen Wortform und einer eingedeutschten Schreibweise **gewählt** werden.	

Beispiele:

Bravour	*oder neu:*	Bravur
Ginkgo	*oder neu:*	Ginko
Necessaire	*oder neu:*	Nessessär
Platitude	*oder neu:*	Plattitüde

Empfehlung:

Wenn Sie die althergebrachte Schreibweise solcher Wörter beherrschen, lohnt ein Umlernen nicht.
Für die Korrektur von Schülerarbeiten ist im Zweifelsfall das Wörterbuch zu Rate zu ziehen.

Anmerkung:

Das Wort **Bravour** *oder* **Bravur**
ist – neben dem schon vor 1996 wahlweise möglichen
Nougat *oder* **Nugat** –
das einzige französische Fremdwort, das von nun an auch wahlweise mit **-u-** statt **-ou-** geschrieben werden kann.

Alle anderen Wörter mit **-ou-** bleiben unverändert, z. B.
Tourist, Route, ...

Anmerkung:
Es ist auffällig, dass in Österreich offenbar die „vereinfachten" Schreibungen nicht so gut ankommen, denn wir verwenden z. B. die seit 1941 (!) mögliche Schreibvariante „Majonäse" bis auf den heutigen Tag noch immer nicht. So werden wir wohl auch mit Bravur die Schreibweise für Nugat spurlos an uns vorübergehen lassen. Einzig „Nessessär" hat vielleicht eine Schangse, weil es gar so spassig aussieht...

Didaktische Zusatzinformationen zur Fremdwortschreibung

1. Im **Bereich der Grundschule** sollte es ausschließlich darum gehen, die häufigsten der derzeit in dieser Altersgruppe gebräuchlichen englischen Wörter richtig schreiben zu können, z. B. Computer, Jeans, Handy (Letzteres ist pseudoenglisch)...

2. Für **10- bis 14-Jährige** sind umfassende Fremdwortschreibkenntnisse unverzichtbar, weil seit vielen Jahren der **englischsprachige Alltagswortschatz** ins Uferlose wächst. Ein Ende dieser Entwicklung ist nicht abzusehen.

   Für diese Altersgruppe sollte daher spätestens ab der 7. Schulstufe ein systematischer Regel-Erwerb für den Umgang mit englischsprachigen Fremdwörtern erfolgen. Die Reihenfolge könnte dabei etwa analog zu dieser Regeldarstellung gewählt werden.

   Die Regeln für die Verwendung englischsprachiger Wörter im Deutschen sind zwar nicht einfach, aber es wären auch kaum einfachere denkbar gewesen. Sie haben zudem den Vorteil, dass sie mit anderen Regeln parallelisiert sind. Darauf sollten die Lernenden dezidiert hingewiesen werden. Zwei Beispiele: Die Schreibung von E-Commerce, T-Shirt und E-Mail ist ein Parallelfall zu Wörtern wie 4-Zylinder, 13-Jährige usw.; die Schreibung von Desktop-Publishing ist ein Parallelfall zu den deutschsprachigen unübersichtlichen Wortbildungen wie Fußball-Weltmeisterschaft oder Schlamm-Massen.

   Wörtersammlungen von Begriffen, die aus der Interessens- und Bedürfnislage der Lernenden kommen, sollten nicht nur als Quelle für regelmäßiges Wiederholen und Festigen dienen, es könnte durch beigefügte Erklärungen zugleich auch zu einem kleinen „Begriffslexikon" werden. Man denke nur an die vielen Begriffe aus der IT-Welt: Hotspot, Wireless Lan, Website, Homepage, E-Mail usw. Was man selbst nicht weiß, kann man ja googeln...

3. Bei den **althergebrachten Fremdwörtern** sollte – mit Maßen – ebenso ein gezielter Erwerb ins Auge gefasst werden. Wortbezogene Vorgangsweise, gekoppelt mit dem Vorschlagsrecht der Schüler, welche Wörter ihnen selbst wichtig erscheinen, sichern die Lernmotivation. Hier einige Beispiele für wichtige Wörter: Thema, Mathematik, Nation, Ration, finanziell, Bibliothek, Theater, Diskothek, Apotheke, korrigieren...

7. Worttrennung am Zeilenende
(teils verpflichtend, teils freigestellt)

Die Worttrennung am Zeilenende („Silbentrennung", „Abteilen") ist einfacher geworden: Es ist erlaubt, aber nicht vorgeschrieben, Wörter **generell nach Sprech-silben** zu trennen, d. h. so, wie sich Wörter beim langsamen Sprechen in Teile zerlegen lassen. Davon ausgenommen sind nun wieder – seit 2006 – Einzelbuchstaben.

Dass Zusammensetzungen und Wörter mit Vorsilben in erster Linie zwischen den Einzelteilen zu trennen sind, bleibt unverändert aufrecht:

> Schul-hof, Bei-spiel, ver-liert, er-ar|bei|ten, voll-en|den...

Wichtiger Hinweis:
Als Abteilungszeichen ist der (kurze) Bindestrich einzusetzen. *Das „Istgleich"-zeichen (=) ist ein (irrtümliches) Relikt aus der Zeit der Frakturschrift und der dazugehörenden Schreibschrift, der Kurrentschrift.*

Folgende Regelungen sind – aus der Sicht früherer Gegebenheiten – **neu** (Kinder müssen hier nichts Neues lernen!):

a)   Trennung von -st-

Regel 31	**(verpflichtend)**
Wenn -st- beim langsamen Sprechen getrennt gesprochen wird, ist am Zeilenende **zwischen s und t zu trennen**.	

Beispiele:

Mus- ter	Pos- ten	meis- tens
Leis- tung	Gäs- te	has- tig
Wüs- te	tas- ten	lus- tig
Os- tern	(←vor 1996 nicht trennbar!)	

Aber:

An Wortgrenzen bleibt -st- beim langsamen Sprechen beisammen; daher wird in diesen Fällen auch beim Schreiben nicht getrennt:

fest- lich	ein- steigen	Gast- haus,
ver- stehen	Mast- baum	...

b) Trennung bei -ck-

SEIT 1996 UNVERÄNDERT!

Regel 32	**(verpflichtend)**
Die Buchstabenverbindung **ck wird nicht getrennt.**	

Obwohl es sich bei **-ck-** um die Schreibweise des **Doppelkonsonanten für k** handelt, wird es nun wie -ch- oder -sch- als **e i n Laut** gewertet und daher nicht mehr getrennt.

Beispiele:

> We **- ck**er, ba **- ck**en, ni **- ck**en, ... (*wie* Ra-che, Wä-sche...)

Aber:

-tz- und alle anderen **Doppelmitlaute** bleiben, wenn sie zwischen Selbstlauten stehen, trennbar:

> wi**t-z**ig, Ro**l-l**e, Schü**s-s**el, We**t-t**er, schli**m-m**e ...

Nur an Konsonanten grenzende Doppelmitlaute bleiben untrennbar:

> es kna**ll**-te, am schli**mm**-sten

c) Trennung von Einzelbuchstaben

VERPFLICHTEND NEU SEIT 2006!

Regel 33	**(verpflichtend)**
Einzelbuchstaben dürfen nicht getrennt werden, auch wenn sie beim langsamen Sprechen trennbar sind. Das gilt auch innerhalb zusammengesetzter Wörter.	

Beispiele:

Bei Wörtern wie

> **A**bend, **E**ber, **I**gel, **O**ma, **U**hu, **Y**sop, **Ö**sen, **ü**ben, ... *oder*
>
> Di**a**, Klei**e**, Hau**e**

sind **keine Trennungen** möglich.

Auch in Zusammensetzungen dürfen Einzelbuchstaben nicht vom übrigen Wort getrennt werden, z. B.

> NICHT ~~Reisea- potheke~~,   sondern → Reise- apotheke
>
> NICHT ~~Hausü- bung~~,   sondern → Haus- übung

d) Trennung von Fremdwörtern und Wörtern mit verblassten Zusammensetzungsteilen

Für Fremdwörter galten vor 1996 zum Teil andere Silbentrennungsregeln als für deutsche Wörter: Zusammensetzungen mussten nach den Trennregeln und Sprachbestandteilen der Herkunftssprache getrennt werden. In der reformierten Rechtschreibung kann man wählen, ob man sie nach Sprechsilben oder wie bisher abteilen will. Dasssselbe gilt auch für deutsche Wörter mit verblassten Zusammensetzungsteilen.

SEIT 1996 UNVERÄNDERT!

Regel 34	**(freigestellt)**

Fremdwörter und Wörter mit Zusammensetzungsteilen, deren Wortbedeutung verblasst ist (z. B. dar- oder wor-), können nach Sprechsilben oder nach ihren Sprachbestandteilen getrennt werden.

Beispiele:

Pädagogik:	*entweder* **Pä - da - go - gik**	*oder*	**Päd - ago - gik**
Hydrant:	*entweder* **Hyd - rant**	*oder*	**Hy - drant**
parallel:	*entweder* **pa - ral - lel**	*oder*	**par - allel**
herein:	*entweder* **he - rein**	*oder*	**her - ein**
hinaus:	*entweder* **hi - naus**	oder	**hin - aus**
worüber:	*entweder* **wo - rüber**	*oder*	**wor - über**
daran:	*entweder* **da - ran**	*oder*	**dar - an**

e) Generelle Trennungsrichtlinie

VERPFLICHTEND NEU SEIT 2006!

Regel 35	**(verpflichtend)**

Sinnstörende oder irreführende Worttrennungen sind zu vermeiden.

Beispiele:

NICHT	Oster- weiterung,	SONDERN	**Ost- erweiterung**
NICHT	Gene- sender,	SONDERN	**Genesen- der**
NICHT	Holzfuß- boden,	SONDERN	**Holz- fußboden**
NICHT	Tee- nager,	SONDERN	**Teen- ager**

Didaktische Zusatzinformationen zur Worttrennung

1. Im **Bereich der Grundschule** ist auf dem Gebiet der Worttrennung wenig bis gar nichts mehr zu lernen. Langsam sprechen – und an jeder Stelle, wo man eine Pause einlegen kann, kann das Wort abgeteilt werden.

Ein Lug-und-Trug-Sachverhalt muss allerdings hier doch beim Namen genannt werden: Das „Hören" trennbarer Doppelmitlaute funktioniert in Kinderohren und Kinderköpfen nicht wirklich. Das zeigt die geänderte ck-Regel, bei der man früher das k-k hören sollte, und jetzt auf einmal muss man, nein, darf man da gar nichts mehr hören. Das „Hören" in der Rechtschreibung wird schon seit jeher in der Rechtschreibdidaktik nach Belieben zu Lasten der Kinder „gebogen" (vgl. *H. Fröhler, Neue Wege in der Rechtschreibdidaktik*). Wer noch beim Trennen von „Rol-le" oder „Schüs-sel" die Doppelmitlaute „hören" soll, der hört bei „stell-te" oder „wuss-te" gar nichts mehr, muss aber doch den Doppelbuchstaben berücksichtigen usw.

2. Für **10- bis 14-Jährige** sind genaue Trennregelkenntnisse wichtig. Vor allem die Einzelbuchstabentrennung, die (jetzt wieder) nicht mehr erlaubt ist, hat im Wortinneren durchaus seine Tücken. Bewusstseinsbildung hinsichtlich der sprachlichen Bauelemente ist die Vorarbeit, die geleistet sein will, richtige Trennung dann die zweite. Nur so wird ein Problembewusstsein bei Trennungen wie „Feiera-bend" oder „Maule-sel" entstehen. Was bei „Aro-ma" sein darf, darf man mit der „Uro-ma" noch lange nicht machen.

Die Schüler müssen aber auch noch etwas Wichtiges lernen: Die Verant-wortung für die Richtigkeit eines Textes – inklusive Worttrennung – liegt nicht bei irgendeinem PC-Programm, sondern immer beim Schreibenden selbst. Die neue Trennungsrichtlinie (Regel 35) hat auf dem PC eine ganz klare Konsequenz: Die automatische Silbentrennung ist zu deaktivieren. Sinngerecht trennen kann nur der Mensch, nie aber die Maschine. Wer dem Programm die Arbeit überlässt, die er selbst durchführen sollte, muss sich oft anschließend für seine eigenen Texte genieren, weil Urin-stinkt oder Altbauer-haltung, Star-torte oder das Grab am Busen-to halt keine gelungenen Worttrennungen sind.

8. Änderungen bei der Zeichensetzung
(z.T. verpflichtend, z.T. freigestellt)

GRUPPE 1: REGELUNGEN BEI DER BEISTRICHSETZUNG

a) Der Beistrich vor „und", „oder", „weder-noch"...

TEILWEISE NEU SEIT 2006!

Regel 36	**(freigestellt)**

Bei der **Reihung von selbständigen Sätzen** (= „Hauptsätzen"), die durch **„und"**, **„oder"**, **„beziehungsweise (bzw.)"** oder durch **„weder – noch"** verbunden sind, **kann** zusätzlich ein Beistrich gesetzt werden, um die Gliederung des Ganzsatzes deutlich zu machen.

Beispiele:

Die Tür war versperrt**(,) und** niemand hatte einen Schlüssel.

Dem Täter ist (entweder) die Flucht ins Ausland gelungen **(,) oder** er hält sich in den Bergen versteckt.

Die Häuser sind **weder** bewohnbar **(,) noch** können sie in absehbarer Zeit saniert werden.

VERPFLICHTEND NEU SEIT 2006!

Zusatzregel zur Regel 36:

In **gleichrangigen Nebensatzreihen** mit den oben genannten Bauformen darf **kein zusätzlicher Beistrich** gesetzt werden.

Beispiele:

Wir wussten, dass Tür versperrt war **und** niemand einen Schlüssel hatte.

Es stellte sich heraus, dass dem Täter (entweder) die Flucht ins Ausland gelungen war **oder** dass er sich in den Bergen versteckt hält.

Die Situation ist deshalb so schlimm, weil die Häuser **weder** bewohnbar sind **noch** in absehbarer Zeit saniert werden können .

b) Der Beistrich vor satzwertigen Nennform- oder Mittelwortgruppen

SEIT 2006 GEÄNDERT (NEUE ZUSATZREGEL)!

Regel 37 (freigestellt)

Der **Beistrich bei satzwertigen Nennformgruppen und Mittelwortgruppen** ist freigestellt.

Soll die Satzstruktur für den Leser besser hervorgehoben werden, kann ein Beistrich gesetzt werden. Ist der Satz vom Aufbau her klar genug, kann der Beistrich entfallen.

---

*Beispiele für **satzwertige Nennformgruppen**:*

> Sie bemühte sich(**,**) die Angelegenheit **zu vergessen**.

> Sie bemühten sich den ganzen Tag(**,**) den unangenehmen Zwischenfall so rasch wie möglich wieder **zu vergessen**.

Anmerkung:
Beim ersten Beispielsatz wäre das Fehlen des Beistrichs nicht störend, beim zweiten hingegen schon.

*Beispiele für **satzwertige Mittelwortgruppen**:*

Wie telefonisch **vereinbart**(**,**) erhalten Sie heute das Veranstaltungsprogramm.

Durch die gute Nachricht **entzückt**(**,**) fiel sie ihm vor Freude um den Hals.

Anmerkung:
Auch hier liegt der Fall ähnlich wie bei den vorherigen Beispielen.

VERPFLICHTEND NEU SEIT 2006!

Zusatzregel zur Regel 37:
Nennformgruppen mit „**um ... zu**", „**ohne ... zu**", „**(an)statt ... zu**", „**außer ... zu**" und „**als ... zu**" müssen durch Beistrich(e) vom übergeordneten Satz getrennt werden.

Beispiele:

> Wir werden noch intensiver trainieren**, um** diesmal **zu** gewinnen.

➢

Ohne einen Augenblick **zu** zögern**,** stellte er sich schützend vor sie.

Er vertiefte sich**,** **statt** den Bericht fertig**zu**stellen**,** in ein Computerspiel.

Es gibt keinen Grund das zu ändern**, außer** damit andere **zu** verärgern.

Es wäre besser gewesen nichts mehr zu ändern**, als** die Sache noch komplizierter **zu** machen.

Hinweis:

Ein Beistrich muss auch gesetzt werden, wenn der Satz sonst nicht eindeutig wäre:

~~Er befahl ihm zu helfen.~~ →   Er befahl, ihm zu helfen.
Er befahl ihm, zu helfen.

c)   Beistrich nach Datumsangaben

Bei Datumsangaben war **vor 1996** zwischen zwei Formen mit unterschiedlicher Kommasetzung zu unterscheiden:

> Die Ziehung findet Freitag**, den** 6. Juli statt. – *oder:*
> Die Ziehung findet am Freitag**, dem** 6. Juli**,** statt.

Die **reformierte Regelung** lautet:

SEIT 1996 UNVERÄNDERT!

Regel 38	(freigestellt)
Bei allen Formen von **Datumsangaben** nach der Anführung eines Wochentages ist es **freigestellt, ob man** am Ende dieser Datumsangabe **ein Komma setzt oder nicht.**	

Beispiele:

Die Ziehung findet Freitag **,** den 6. Juli **(,)** statt.

Die Ziehung findet am Freitag **,** dem 6. Juli **(,)** statt.

GRUPPE 2: REGELUNG BEIM DOPPELPUNKT

SEIT 1996 UNVERÄNDERT!

Regel 39	(verpflichtend)

Ein **ganzer Satz** nach einem Doppelpunkt **wird groß begonnen**.

Beispiel:

Die Regel besagt: **B**eginne groß, wenn ein ganzer Satz folgt.

Achtung:

Bei **Aufzählungen** *bleibt es bei der Kleinschreibung, z. B.:*
Unser Angebot: **k**eine Grundgebühr, keine Freischaltkosten…

GRUPPE 3: REGELUNGEN BEI DER WÖRTLICHEN REDE

SEIT 1996 UNVERÄNDERT!

Regel 40	(verpflichtend)

Vor dem **nachgestellten Begleitsatz** ist **immer ein Beistrich** zu setzen.

Beispiele:

„Das war alles", meinte er.
ohne Punkt! ↑ *(wie vor 1996)*

„Hör auf damit!", sagte sie.
Neu: Beistrich ↑

„Wer sagt das?", fragte ich.
Neu: Beistrich ↑

Anmerkung:

Unverändert bleibt, dass am Ende der wörtlichen Rede zwar **Rufzeichen und Fragezeichen** zu setzen sind, **nicht aber ein Punkt**.

➤

Regel 41 (verpflichtend)

Beide Teile des Gesamtsatzes, also Begleitsatz **und** wörtliche Rede, erhalten das entsprechende Satzzeichen „Rufzeichen" oder „Fragezeichen".

Das kann dazu führen, dass zwei (gleiche) Satzzeichen knapp hintereinander auftreten! Wenn etwa der Gesamtsatz eine Frage ist, und innerhalb des Satzes in der wörtlichen Rede wieder eine Frage gestellt wird, erhält jeder Teil sein eigenes Satzzeichen:

Beispiele:

Hast du wirklich gesagt: „Was geht dich das an**?**"**?**

⇧   ⇧   ⇧   ⇧

Fragesatz + Fragesatz → daher **Fragezeichen + Fragezeichen**

Sag ihm wörtlich: „Du musst unbedingt kommen**!**"**!**

⇧   ⇧   ⇧ ⇧

Auffforderung + Aufforderung → daher   **Rufzeichen + Rufzeichen**

Auch Kombinationen sind möglich:

Hast du gesagt: „Komm zu mir**!**"**?**

GRUPPE 4:   REGELUNGEN BEIM BINDESTRICH

Regel 42 (verpflichtend)

Zusammensetzungen aus Ziffern und Wörtern müssen **mit Bindestrich** versehen werden.

Beispiele: 4-Zylinder, 8-Tonner, 2-Takter...

ein 30-Jähriger, die 60-Jährigen, …

30-jährig, 100-prozentig, 3-silbig, 8-mal, …

5:3-Sieg, ¾-Takt,...

SEIT 1996 UNVERÄNDERT!

Regel 43	**(verpflichtend)**

Werden **Ziffern nur mit Suffixen** (= „Nachsilben") **zusammengesetzt**, dann ist **kein Bindestrich** zu setzen.

Beispiele:

> die 68er Generation, alles Gute zum 70er,
> 100%ig, ...

NEU SEIT 2004!

Zusatzregel zur Regel 43:	**(freigestellt)**

Zusammensetzungen aus Ziffer + „-fach" können wahlweise **mit oder ohne Bindestrich** erfolgen.

Beispiele:

ein 3facher Sieg	*oder*	ein 3-facher Sieg
in 6facher Ausfertigung	*oder*	in 6-facher Ausfertigung

Anmerkung: *Grund für die Empfehlung der zweiten Schreibform: Die Lernenden haben eher die Vorstellung eines angeschlossenen Wortes als einer Nachsilbe.*

SEIT 1996 UNVERÄNDERT!

Regel 44	**(freigestellt)**

Beim Zusammentreffen von **3 gleichen Selbstlauten** kann ein **Bindestrich gesetzt werden**.

Beispiele:

Kaffeeersatz	*oder*	**Kaffee-E**rsatz	*Anmerkung*: *Die Bindestrich-*
Teeei	*oder*	**Tee-E**i	*variante ist ungleich besser les-*
Hawaiiinseln	*oder*	**Hawaii-I**nseln	*bar, daher die Bevorzugung.*
Zooorchester	*oder*	**Zoo-O**rchester	

Anmerkung:
Vor 1996 war in solchen Fällen der Bindestrich verpflichtend.

SEIT 1996 UNVERÄNDERT!

Regel 45	(freigestellt)
Beim Zusammentreffen von **3 gleichen Mitlauten** kann ein **Bindestrich** gesetzt werden.	

Beispiele: Kunststo**ff-F**enster   *oder*   Kunststo**fff**enster   ***Anmerkung:***
Sauersto**ff-F**lasche   *oder*   Sauersto**fff**lasche   *Bevorzugung*
Nu**ss-S**chokolade   *oder*   Nu**sss**chokolade   *wie bei R 44.*

(vgl. dazu auch Seite 19f.)

Anmerkung:
Vor 1996 war in solchen Fällen kein Bindestrich erlaubt.

GRUPPE 5: REGELUNGEN BEIM APOSTROPH

Der Apostroph (= das Auslassungszeichen) erhält nun zwei Funktionen, bei denen nicht eine Auslassung, sondern anderes signalisiert werden kann:

SEIT 1996 UNVERÄNDERT!

Regel 46	(zwei neue Schreibformen zur Wahl)
In **adjektivischen Ableitungen von Personennamen** auf -(i)sch kann durch **Apostroph** eine Hervorhebung des Namens erfolgen. Er bleibt dann in **Großschreibung** erhalten.	

Achtung:
Aus dieser Regel folgt zugleich, dass immer dann, wenn **keine Hervorhebung des Personennamens** beabsichtigt ist, für die Adjektivableitung **Kleinschreibung** gilt!

Beide reformierten Schreibweisen sind im Vergleich zur Form vor 1996 neu. Hier eine entsprechende Übersicht:

Reformierte Schreibweisen	Schreibweise vor 1996
ein **Freud'scher / freudscher** Versprecher	ein Freudscher Versprecher
der **Ohm'sche / ohmsche** Widerstand	der Ohmsche Widerstand
die **Kepler'schen / keplerschen** Gesetze	die Keplerschen Gesetze

SEIT 1996 UNVERÄNDERT!

Regel 47	(freigestellt)

Bei **Personennamen** mit Genitivendung (2. Fall) auf -s kann durch **Apostroph** eine Hervorhebung der Grundform des Namens erfolgen.

Beispiele:

Maria's Boutique	*oder*	**Marias** Boutique
Karli's Saftladen	*oder*	**Karlis** Saftladen

Anmerkung:
Es handelt sich dabei um eine Angleichung an englische Gegebenheiten, vgl. „Charly's Cafe", „Mary's Bar", ... Die Grenzen waren schon vor 1996 zum Teil fließend, z. B. bei „Onkel Tom's Hütte".

Didaktische Zusatzinformationen zur Zeichensetzung

1. Für den Bereich **der Grundschule** ist im Wesentlichen nur die Neuregelung bei der wörtlichen Rede von Belang. Die generelle Einführung des Beistrichs vor dem nachgestellten Begleitsatz hat für Kinder den Vorteil, dass sie nicht mehr unmittelbar nach einem Ruf- oder Fragezeichen mit Kleinschreibung fortsetzen müssen, sondern ein Beistrich als Kleinschreibezeichen dazwischentritt. Die Setzung von doppelten Fragezeichen oder Rufzeichen folgt der inhaltlichen Logik des Gesamtsatzes und ist so für Kinder unmittelbar einsichtig.

2. Das Zusammentreffen von 3 gleichen Buchstaben kann in jeder Altersstufe zur Schreibherausforderung werden. Für Lernende ist die Neuregelung plausibel, weil nicht mehr nach kompliziertem Reglement Buchstaben entfallen, wieder aufleben, oder gleich gar nicht entfallen. Machen Sie auch bei Ihren Schülern den „Geschmackstest": Was gefällt dem Auge besser, die zusammengeschriebene Form oder die Version mit Bindestrichen? – So gut wie immer wird die Lösung „Bindestrichversion" lauten, daher hier die entsprechende Bevorzugung als Wahlform (unterstrichene Wortform).

3. Den anderen Zeichensetzungsdetails wird man sich wohl erst in der 5. bis 8. Schulstufe Stück um Stück (und auch da nur fallweise) zuwenden.

Anhang
Begriffserklärungen

Die wichtigsten Fachbegriffe aus der Grammatik

Fachausdruck	Deutsche Bezeichnung	Beispiele
Substantiv Nomen	**„Hauptwort"** **Namenwort**	(das) Büro, (die) Arbeitszeit, (der) Sessel ...
nominaler Gebrauch	**hauptwörtlicher Gebrauch**	das Übrige (von „übrig") das Lesen (von „lesen")
Artikel	**Begleiter**	der, die, das; ein, eine,
Verb	**Zeitwort**	arbeitet, verstehst, ...
Infinitiv nominalisierter Infinitiv	**Nennform** (Grundform des Zeitworts) hauptwörtlich gebrauchte Nennform	arbeiten, verstehen, nominalisiert: das Arbeiten, ...
Partizip	**Mittelwort** (Form des Zeitworts, die wie ein Adjektiv gebraucht werden kann)	arbeitend, dankend,... verstanden, gesendet ...
Adjektiv	**Eigenschaftswort** („Wie-Wort")	pünktlich, genau, sicher
adjektivisch (gebraucht)	**wie ein Eigenschaftswort** (gebraucht)	laufende Kosten (vom Zeitwort „laufen")
Superlativ	**3. Steigerungsstufe / Vergleichsform**	am pünktlichsten, am genauesten ...
Anredepronomen (Personalpronomen) (Possessivpronomen)	**2. Person des persönlichen** (Personalpronomen) **und des besitzanzeigenden Fürworts** (Possessivpron.)	du, deiner, ... dein, deine ...

➢

Fachausdruck	Deutsche Bezeichnung	Beispiele
Indefinitpronomen	**unbestimmte Fürwörter**	einige, alle, beide ...
unbestimmte Zahladjektive		kein, viel, wenige, einzelne...
Präposition	**Vorwort**	für, mit, bei ..
Adverb	**Umstandswort** (unterschieden nach Ort, Zeit, Art, Grund)	da (einteilig) hinüber (zweiteilig)
(Konjunktion)	**Bindewort**	und, oder, weil, wenn, ob, ...
Subjekt	**Satzgegenstand** (WER?/WAS?)	**Sie** nahm sich Zeit für ...
Attribut	**Beifügung** (nähere Bestimmung zu einem Satzglied; Frage: WAS FÜR EIN ...?)	ein **kleiner** Hund WAS FÜR EIN HUND? → ein kleiner
Vokal	**Selbstlaut**	a - e - i - o - u - ä - ö - ü
Konsonant	**Mitlaut**	b, d, l, m, r, s, w, ...
(Diphthong)	**Zwielaut**	au, äu, ei, eu, ...
	Wortstamm (bedeutungstragender 'Kern' eines Wortes)	Wortstamm **-fahr-**: **fahr**en, **Fahr**er, **Fahr**t, abge**fahr**en
	Stammwechsel	**fahr**en → **fuhr** → ge**fahr**en

Teil 2

Spezialwörterbuch zur neuen Rechtschreibung

Alle Neuschreibungen, gekennzeichnet nach den
Festsetzungsjahren 1996, 2004 und 2006

Alphabetisches Verzeichnis

mit allen reformierten Wörtern in alphabetischer Reihenfolge

Systematisches Verzeichnis

mit nach Regelgruppen geordneten Wörtersammlungen

SPEZIALVERZEICHNISSE
zur Situation bei den zusammengesetzten Verben

Inhaltsübersicht

ALPHABETISCHES VERZEICHNIS

SYSTEMATISCHES VERZEICHNIS

➤

ANHANG

Erläuterungen zum Wörterverzeichnis

Grundsätzliches

Diese Sammlung ist **kein Komplettwörterbuch** der gesamten Rechtschreibung, sondern eine detaillierte Übersicht über alle von der Rechtschreibreform betroffenen Wörter. Wegen der beiden Reformänderungen in den Jahren 2004 und 2006 ist eine aktuelle Zusammenstellung, in der **alle reformierten Wörter** auf dem letzten Stand ausgewiesen werden, besonders hilfreich.

Diese **Lehrerausgabe** ist somit vorwiegend für all jene gedacht, die mit den bisherigen Änderungen von der „alten" zur „neuen" Rechtschreibung (gültg von 1996 bis 2004 bzw. 2006) bereits vertraut waren, aber jetzt durch die Reformänderungen dringend neue Orientierung benötigen.

Das **Spezialwörterbuch** umfasst zwei Teile:

- einen **alphabetischen Teil** mit allen von der Reform betroffenen, aber auch vielen weiteren Wörtern und Wortgruppen, bei denen sich durch das Hin und Her bei den einzelnen Reformschritten Unsicherheiten eingestellt haben; weiters
- einen **systematischen Teil**, in dem zu jeder Regelgruppe – bei den Verben sogar zu jeder einzelnen Regel – alle betroffenen Wörter aufgelistet sind. Das bringt in kürzester Zeit maximale Transparenz und maximalen Durchblick.

Die Zusammenstellung im **alphabetischen Teil** erfüllt mehrere Funktionen.

- **Fett gedruckte Stichwörter** sind Schreibformen, die sich seit 1996 verpflichtend geändert haben. *Wann* diese Änderung erfolgte (1996, 2004 oder 2006), das weisen die senkrechten Linien aus, siehe dazu weiter unten. Somit verschafft das Verzeichnis bei selektiver Betrachtung der fett gedruckten Teile einen klaren Überblick, wo man seine Schreibweise anpassen **m u s s** .

- **Mager gedruckte Stichwörter** informieren darüber, dass es neben der althergebrachten Schreibform nunmehr eine weitere, gleichwertige Alternative gibt. Ein selektives Betrachten des Verzeichnisses mit Blick nur auf diese Wörter zeigt gezielt die Möglichkeiten auf, wo man das eigene Schreibverhalten ändern **k a n n** .

- **Alle angeführten Wortformen** zusammen genommen, also sowohl fett- als auch magergedruckte, sind **zuverlässige Hilfen beim (Korrektur-)Lesen** fremder Arbeiten (z. B. Schülerarbeiten), weil sämtliche erlaubten Schreibvarianten (Wahlformen) angeführt sind.

- **Klare Orientierung** hinsichtlich der **Änderungen der Reform**: Durch die beiden Reform-„Nachbesserungen" in den Jahren 2004 und 2006 ist die Orientierung verloren gegangen, was von der ursprünglichen Reform 1996 noch gilt und was nicht. Hier verschafft das gleiche System wie im Regelwerk schnell den Durchblick:

➢

Eine **doppelte** senkrechte **Linie** am linken Rand zeigt an, dass die ursprünglich Reform dieser Wörter im Jahr **2004** wieder geändert wurde. Bei den meisten dieser Wörter wurden im Jahr 2004 Wahlmöglichkeiten geschaffen, wobei die „neu" erlaubten Wahlformen meist jenen Formen entsprechen, die schon vor 1996 gültig waren.

Ein **dreifache** senkrechte **Linie** am linken Rand zeigt an, dass die ursprüngliche Reform von 1996, aber auch die Änderungen von 2004 im Jahr **2006** neuerlich geändert wurden. War die Reform von 2004 noch von Toleranz geprägt, weil alt und neu als Alternativen nebeneinandergestellt wurden, so zeigt die Reform von 2006 autoritäre Züge unter dem Motto: Mit Gewalt zurück zur alten Rechtschreibung vor 1996. Das macht die Situation für alle, die pflichtgemäß umgelernt hatten, besonders ärgerlich.

Zum Aufbau im Einzelnen

Alphabetisches Verzeichnis

Das **alphabetische Verzeichnis** ist auf Grund der aktuellen Entwicklungen im Jahr 2006 völlig neu gestaltet worden. Die bis zur 7. Auflage im „Spezialwörterbuch" eingehaltene Zweispaltigkeit mit der Gegenüberstellung der neuen und der alten Schreibweisen wurde fallen gelassen. Neben den schon bisher gegebenen Informationswert, welches Wort seit wann wie zu schreiben ist, treten nun weitere wichtige Details, die eine rasche Eingewöhnung in die zum dritten Mal reformierte Rechtschreibsituation erleichtern:

Wo immer es sinnvoll erschien, wurde nun bei den einzelnen Wörtern jeweils ein **direkter Regelbezug** hergestellt. So verweist z. B. der Vermerk *„R4 / A2"* auf die Ausnahme 2 zu Regel 4. Durch diese Vorgangsweise kann man bei jedem Wort rascher den aktuellen regelsystematischen Standort nachvollziehen. Durch ein prägnantes Stichwort, z. B. „übertragene Bed." wird der **Regelsachverhalt** charakterisiert, der von 2006 an nun die Schreibform bestimmt. Diese Zusatzinformationen sind ganz besonders bei den Verben wichtig, weil hier seit der Reformänderung 2006 von der ursprünglichen Neuregelung (1996) kaum etwas geblieben ist.

Um angesichts einer unüberschaubar gewordenen Flut von **Wahlformen** dennoch so etwas wie eine konsequente Linie in die **Rechtschreibarbeit im Unterricht** bringen zu können, wurde bei den meisten Wörtern durch Unterstreichung eine der beiden Wahlmöglichkeiten favorisiert. Daneben findet man meist auch eine Begründung für die Entscheidung.

➢

Problem am Rande: Auch wenn man sich im Unterricht für eine bestimmte Schreibform entscheidet, indem z. B. konsequent „Joghurt" geschrieben wird, muss die andere erlaubte Form („Jogurt") in Schülerarbeiten unkorrigiert bleiben. Eine Situation, die bei den Lernenden den Eindruck der Beliebigkeit in der Rechtschreibung hinterlässt und bei den Lehrkräften unzumutbare Gedächtnisakrobatik erforderlich macht, weil sie lückenlos alle Wahlformen präsent haben müssen: Übrigens: Niemandem sonst im deutschen Sprachraum wird das zugemutet!

Das alphabetische Verzeichnis enthält seit dieser Neubearbeitung auch **Verben**, die zwar in keiner Weise je reformiert wurden, bei denen aber durch Reformen in artverwandten Bereichen starke **Verunsicherung** herrscht. Vor allem die Gruppe „Nomen + Verb" ist nun im Verzeichnis so gut wie lückenlos repräsentiert. Dort ergaben sich immer wieder starke Unsicherheiten – man vergleiche z. B. nur „eislaufen", „segelfliegen", „Rad fahren" und „Ball spielen".

Dass an manchen Stellen die **streng alphabetische Reihung verlassen** wird, möge der Benutzer verzeihen. Die Absicht dahinter war, Parallelfälle (z. B. Verben, die alle mit dem gleichen Wortteil beginnen) unmittelbar aufeinander folgen zu lassen, damit sich bessere Vergleichs- und Einprägemöglichkeiten ergeben. Diese bewusst in Kauf genommenen „Systemfehler" wirken sich jeweils nur sehr kleinräumig aus und sollten daher beim Suchvorgang nicht stören.

Systematische Verzeichnisse

Hier wurde das seit vielen Auflagen bewährte Prinzip des „Spezialwörterbuchs" beibehalten, zu jeder Regelgruppe die entsprechenden Wörter aufzulisten, also alle Wörter mit geänderter s-Schreibung, alle Wörter mit 3 gleichen Buchstaben usw.

Bei den Verben wurde nun wegen der sehr umfangreichen Änderungen 2006 – es handelt sich in Summe um mehrere hundert verpflichtend geänderte Schreibweisen! – zu jeder einzelnen neu gültigen Regel eine gesonderte Übersichtsliste zusammengestellt.

Allgemeine Grundsätze der Zitierweise

- Die angeführten **Wortgruppen sind** jeweils **nur** als **Beispiele** zu verstehen. So gilt die Schreibweise bei „ins Volle greifen" auch für das nicht eigens angegebene „ins Volle treffen".

- **Alte Schreibweisen** sind **nur dann als eigene Stichwörter** eingereiht, **wenn** sie **an einer anderen alphabetischen Stelle** zu stehen kommen als die Neuschreibung. Sie sind in diesem Fall als ~~durchgestrichene Stichwörter~~ kenntlich gemacht.

➢

- Die **Systematik entspricht** in der Gesamtanlage dem **„Regelwerk".** Werden im „Regelwerk" unter Kapitel 1 die neuen Regeln für die ss-Schreibung angeführt, so findet man hier im **„Spezialwörterbuch"** dementsprechend unter Kapitel 1 alle Wörter, deren s-Schreibung sich geändert hat usw.

- Der **alphabetische Teil**, der für das alltägliche rasche Nachschlagen am meisten benötigt wird, ist durch den **grauen Buchschnitt** besonders leicht auffindbar.

Zeichenerklärung

Erläuterungen bei den Stichwörtern sind *kursiv* gedruckt.

Ein kursives *„oder"* zwischen zwei Schreibvarianten bedeutet, dass beide wahlweise verwendet werden können.

<u>Unterstreichung</u> markiert bei Wahlmöglichkeiten die im Unterricht zu bevorzugende Wortform. Eine Begründung für die Entscheidung wird entweder an Ort und Stelle oder im didaktischen Kommentar des „Regelwerks" gegeben.

Zeichen

...   **Fortsetzungspunkte** bei Stichwörtern weisen darauf hin, dass auch andere gleichartige Fälle so geregelt sind wie die angeführten Beispiele.

/   Ein **Schrägstrich** trennt mehrere zum Stichwort gehörende Bestandteile voneinander, z. B. anheim fallen / stellen → anheim fallen, anheim stellen

( )   **Klammern** innerhalb von Wörtern bezeichnen mögliche Doppelformen, z. B. die Dein(ig)en → die Deinen *und/oder* die Deinigen.

‖   seit **2004** geändert

‖‖   seit **2006** geändert

Abkürzungen

Anm.	Anmerkung
ARW	„Amtliches Regelwerk" in der Fassung vom März 2006
Bed.	Bedeutung
österr.	österreichisch
Pl.	Plural
s.	siehe
schweiz.	schweizerisch
sprachwiss.	sprachwissenschaftlich
wörtl.	wörtlich
Zshg.	Zusammenhang
z. T.	zum Teil

Alphabetisches Wörterverzeichnis

**Alle von der Reform betroffenen Wörter
von**

A – Z

mit vielen Zusatzinformationen wie

**Regelhinweise
Regelcharakteristika
Querverweise
Wahlformenempfehlungen
Anmerkungen**

Die durch die Reformänderung von **2004** geänderten Wörter sind durch senkrechte **Doppellinien** gekennzeichnet,

die durch die Reformänderung von **2006** geänderten Wörter durch senkrechte **Dreifachlinien**.

A

Abend: **heute Abend;** (am) **Dienstagabend ; Abend-Make-up**

abends: **dienstagabends**

aberhundert/e *oder* Aberhundert/e; abertausend/e *oder* Abertausend/e *(bei adjektivischer Verwendung eher kleinschreiben)*

Abfluss; Abflussschlauch *oder* **Abfluss-Schlauch** *(eher mit Bindestrich → Lesbarkeit)*

Abflussstopfen *oder* **Abfluss-Stopfen**

‖ **abhandenkommen** *R10 – („Einfachbetonung") – (1996-2006 Getrenntschreibung!)*

Ablass; Ablassschraube *oder* **Ablass-Schraube** *(eher mit Bindestrich → Lesbarkeit)*

Abriss

Abschluss

Abschuss; Abschussstelle *oder* **Abschuss-Stelle** *(eher mit Bindestrich → Lesbarkeit)*

abseitsstehen/-sitzen *R10 – („Einfachbetonung")*

abspenstig machen *R6 – („wörtliche Bed.") – aber:* das Abspenstigmachen *(nie geändert!)*

Abszess

‖ **abwärtsgehen/-fahren/-laufen** *R10 – („Einfachbetonung") – (1996-2006 Getrennt-*
‖ ·   *schreibung!)*

Achlaut *oder* Ach-Laut

‖ **A/acht:** achtfach, 8fach *oder* 8-fach, **8-mal** *oder* achtmal*; betont:* acht Mal; **acht Millionen Mal; sich in Acht** nehmen, **außer** (aller) **Acht** lassen; **8-Tonner, 8-Zylinder** *(Anm.: Ganzwortschreibweise unverändert: Achttonner, Achtzylinder. Bei 8-fach ist der Schreibweise mit Bindestrich der Vorzug zu geben, weil der normale Sprachverwender keine „germanistische Apothekerwaage" bei sich hat, mit der er feststellen kann, ob „fach" nun eine Nachsilbe oder ein Wort sei.)*

‖ achtgeben *oder* Acht geben *R4 / A3 („Wortgruppe oder Zusammensetzung") – (eher zusammenschreiben → Einfachbetonung) – (1996-2006 nur getrennt mit Groß-schreibung des Nomens!)*

‖ achthaben *oder* Acht haben *R4 / A3 („Wortgruppe oder Zusammensetzung") – (eher zusammenschreiben → Einfachbetonung) – (1996-2006 nur getrennt mit Groß-schreibung des Nomens!)*

acht: der/die **8-Jährige** *(als Ganzwort:* der/die Achtjährige); *aber:* **8-jährige** Kinder

achte: **der/die/das Achte**

‖ Achtung gebietend *oder* achtunggebietend *(eher zusammenschreiben → Einfachbetonung) – (1996-2004 nur getrennt mit Großschreibung des Nomens!)*

achtzig: Mitte der **achtzig,** der Mensch über **achtzig,** in die **achtzig** kommen

Achtzigerjahre *oder* achtziger Jahre *oder* 80er-Jahre *oder* 80er Jahre *(eher zusammen-schreiben bzw. bei Ziffernschreibweise mit Bindestrich koppeln → Einfachbetonung; auch die Vorstellung von einem Gesamtbegriff überwiegt)*

Ackerbau treibend(e) *oder* <u>ackerbautreibend(e</u> Völker) *(eher zusammenschreiben →
     Einfachbetonung) – (1996-2004 nur getrennt mit Großschreibung des Nomens!)*

Actionpainting *oder* **Action-Painting** *(eher mit Bindestrich schreiben → Lesbarkeit)*

Ade sagen *oder* ade sagen

Aderlass

Adieu sagen *oder* adieu sagen

Adressbuch

Adressstempel *oder* **Adress-Stempel** *(eher mit Bindestrich schreiben → Lesbarkeit)*

Afro-Amerikaner *oder* Afroamerikaner

Afrolook *oder* Afro-Look

Aftershave *oder* **After-Shave**

Aftershavelotion *oder* **After-Shave-Lotion** *(eher mit Bindestrichen → Lesbarkeit)*

Afterworkparty *oder***After-Work-Party** *(eher mit Bindestrichen schreiben → Lesbarkeit)*

ähnlich: **Ähnliches, und Ähnliches** →*Abkürzung:* **u. Ä.** *(Anm.: Das ARW kennt keine
     Abkürzungsschreibweisen wie uÄ, zB, ua. Diese Formen kommen ausschließlich im
     Österreichischen Wörterbuch vor und sind ein nicht zu rechtfertigender Alleingang
     der dortigen Redaktion. Sie sind daher im eigenen Schreibgebrauch zu vermeiden.
     Korrekt sind nur „u. Ä.", „z. B.", „u. a.". – Zusätzlich rätselhaft bleibt, warum das ÖWB
     „d. h." im Gegensatz zu den anderen genannten korrekt beibehalten hat.)*

Aircondition(er), Airconditioning *oder* **Air-Condition(er), Air-Conditioning**

Alarm schlagen *R4 – aber:* das Alarmschlagen *(nie geändert!)*

Alb(e) *(Naturgeist, Bergdämon; aber:* Alp(e) *= Almlandschaft)*

<u>Albdruck</u> *oder* Alpdruck; <u>Albtraum</u> *oder* Alptraum *(eher mit -b- schreiben, weil diese
     Schreibform in den Medien vorherrscht)*

allein erziehen/gehen/sitzen *R6 – („wörtliche Bed.")*

<u>alleinerziehend</u> *oder* allein erziehend *(eher zusammenschreiben → Einfachbetonung) –
     (1996-2004 nur getrennt!)*

<u>alleingültig</u> *oder* allein gültig *(eher zusammenschreiben → Einfachbetonung) – (1996-2004
     nur getrennt!)*

allein sein *R9 – aber:* das Alleinsein *(seit 1996 unverändert)*

allein selig machend *oder* <u>alleinseligmachend</u> *(Anm.: die am sinnvollsten erscheinende
     Schreibform „allein seligmachend" fehlt leider im ARW)*

<u>alleinstehend</u> *oder* allein stehend *(eher zusammenschreiben → Einfachbetonung) –
     (1996-2004 nur getrennt!)*

<u>Alleinstehende</u>, der/die *oder* der/die allein Stehende *(eher zusammenschreiben →
     Einfachbetonung) – (1996-2004 nur getrennt mit Großschreibung des nominal
     gebrauchten Partizips!)*

Allerbeste, der/die/das

Allerletzte, der/die/das

all-inclusive, All-inclusive-Urlaub

All-in-one-Produkt

alles: **alles Sonstige / Übrige / Weitere / Wesentliche;** *aber:* alles andere *oder* alles Andere ; etwas anderes *oder* etwas Anderes; unter anderem *oder* unter Anderem; *aber:* **vor allem** *(Anm.: Diese Kleinschreibung ist nicht neu, aber wegen der Verwechslungsgefahr mit den dominant gewordenen Großschreibungen und mit der neuen Möglichkeit „vor Kurzem" hier erwähnt. Ruhe kann und wird erst einkehren, wenn die generelle Kleinschreibung kommt! – Die hier gegebene Empfehlung, die Großschreibung zu bevorzugen, erklärt sich daraus, dass dadurch wenigstens so etwas wie eine einheitliche Linie entsteht und nur „vor allem" als Ausnahme bleibt.)*

allgemein: allgemein bildend/gültig/verständlich *oder* allgemeinbildend, allgemeingültig, allgemeinverständlich *(eher zusammenschreiben → Einfachbetonung) – (1996-2004 nur getrennt!)*; **im Allgemeinen** *→ Abk. seit 1996 neu:* **im Allg.**

allliebend *oder* **all-liebend** *(eher mit Bindestrich schreiben → Lesbarkeit)*

allzu bald / oft / sehr / viel ... *aber:* allzumal *(unverändert)*

Alma Mater

Alp: *neue Bedeutungszuordnung →* **die Alp** *(nur für „Alm");* aber: der **Alb(e)**, s. dort

Alpdruck *oder* Albdruck; Alptraum *oder* Albtraum (eher mit -b- schreiben, weil diese Schreibform in den Medien vorherrscht)

als: als ganzes *oder* als Ganzes; als nächstes *oder* als Nächstes *(Großschreibungen hier bevorzugen, weil auch im Umfeld dominant:* **das Ganze, im Ganzen, ein Ganzes** *usw.)*

Amboss – Ambosse

amen: zu allem Ja und Amen *oder ...* ja und amen sagen

ander: die anderen *oder* die Anderen; alles andere *oder* alles Andere; etwas anderes *oder* etwas Anderes; unter anderem *oder* unter Anderem *(Großschreibungen hier bevorzugen, analog zu verpflichtenden Parallelfällen, z. B. die Übrigen, alles Weitere...)*

anders denkend/ geartet/ lautend *oder* andersdenkend, andersgeartet, anderslautend *(eher zusammenschreiben → Einfachbetonung) – (1996-2004 nur getrennt!)*

aneinander denken/vorbeigehen... *R10 – („Doppelbetonung")*

aneinandergeraten/-grenzen/-stoßen *R10 – („Einfachbetonung") (1996-2006 Getrenntschreibung!)*

angepasst, Angepasstheit

Angloamerikaner *oder* Anglo-Amerikaner *(eher mit Bindestrich schreiben → Lesbarkeit)*

Angst haben/machen *R4 – aber:* das Angstmachen *(nie geändert!)*

anhand *(nur noch so; die Möglichkeit „~~an Hand~~" wurde abgeschafft!) →* **NEU 2006!** ←

anheimfallen/-stellen *R10 – („Einfachbetonung") – (1996-2006 Getrenntschreibung!)*

anheischig machen *R6 – („wörtliche Bed.")*

Anlass – Anlässe

anlässlich

Anschiss *(derb)*

Anschluss

Anschlussstelle *oder* **Anschluss-Stelle** *(eher mit Bindestrich schreiben → Lesbarkeit)*

Anschlussstrecke *oder* **Anschluss-Strecke** *(eher mit Bindestrich schreiben → Lesbarkeit)*

Anschlussstutzen *oder* <u>**Anschluss-Stutzen**</u> *(eher mit Bindestrich schreiben → Lesbarkeit)*

Arbeit suchend *oder* <u>**arbeitsuchend**</u> *(eher zusammenschreiben → Einfachbetonung)*

arbeiten kommen *R8 - („Verb+Verb") – (seit 1996 unverändert)*

arbeiten lassen *R8 - („Verb+Verb") – (seit 1996 unverändert)*

Archimedes: der **archimedische Punkt**

arg: **im Argen liegen**

arm: **Arm und Reich**

armeeeigen *oder* <u>armee-eigen</u> *(eher mit Bindestrich schreiben → Lesbarkeit)*

Armeeeinheit *oder* <u>Armee-Einheit</u> *(eher mit Bindestrich schreiben → Lesbarkeit)*

❚ **Artdirector** *oder* **Art-Director**

ASCII-Code

Ass – Asse

attachen, attacht

Attachment

aufeinander achten/hören/zugehen *R10 – („Doppelbetonung")*

❚ **aufeinanderbeißen/-folgen/-legen/-prallen/-stapeln/-treffen** *R10 – („Einfachbetonung") – (1996-2006 Getrenntschreibung!)*

<u>aufgrund</u> *oder* auf Grund *(eher klein- und zusammenschreiben, analog zu den sehr zahlreichen verpflichtenden Parallelfällen, z. B.* anhand, infolge, zuliebe, zugute...*)*

Aufguss

aufrauen, aufgeraut

aufrecht gehen/sitzen *R6 – („wörtliche Bed.")* aber: das Aufrechtgehen *(nie geändert)*

aufrechterhalten *(unverändert) R5 – („übertragene Bed.")*

Aufriss

<u>aufs Beste/Genaueste</u> *oder* aufs beste/genaueste *(Großschreibung hier bevorzugen, analog zu verpflichtenden Parallelfällen, z. B.* das Beste, zum Besten...*)*

Aufschluss

❚ Aufsehen erregend *oder* <u>aufsehenerregend</u> *(eher zusammenschreiben → Einfachbetonung) – (1996-2004 nur getrennt mit Großschreibung des Nomens!)*

auf sein *R9 – (seit 1996 unverändert)*

aufseiten *oder* **auf Seiten** *(eher klein- und zusammenschreiben, analog zu den sehr zahlreichen verpflichtenden Parallelfällen, z. B.* anhand, infolge, zuliebe, zugute...*) – (vor 1996 nur* auf seiten!*)*

❚ Aufsicht führend / habend *oder* <u>aufsichtführend</u>, <u>aufsichthabend</u> *(eher zusammenschreiben → Einfachbetonung) – (1996-2004 nur getrennt mit Großschreibung des Nomens!)*

<u>aufwändig</u> *oder* <u>aufwendig</u> *(Näheres siehe „aufwendig")*

❚ **aufwärtsfahren/-gehen/-streben** *R10 („Einfachbetonung") – (1996-2006 Getrenntschreibung!)*

<u>aufwendig</u> *oder* aufwändig *(Vorzugsform wegen „aufwenden"; das Verb sollte die erste Bezugsgröße bei Ableitungen bleiben: „aufwenden – Aufwand" ist parallel zu „denken – der Gedanke"; die Wahlform „aufwändig" ist daher überflüssig.)*

Aupairmädchen oder <u>Au-pair-Mädchen</u> *(eher mit Bindestrichen schreiben → Lesbarkeit)*

auseinander ableiten *R10 – („Doppelbetonung")*

auseinandergehen/-laufen/-setzen *– R10 („Einfachbetonung")*

Ausguss

Auslass

Auspuffflamme *oder* <u>Auspuff-Flamme</u> *(eher mit Bindestrich schreiben → Lesbarkeit)*

Ausschluss – Ausschlüsse

Ausschuss – Ausschüsse; **Ausschusssitzung** *oder* <u>**Ausschuss-Sitzung**</u> *(eher mit Bindestrich schreiben → Lesbarkeit)*

außen liegend / gelegen *oder* <u>außenliegend</u> / <u>außengelegen</u> *(eher zusammenschreiben → Einfachbetonung) – (1996-2004 nur getrennt!)*

außer Acht lassen

äußerst: aufs äußerste *oder* <u>aufs Äußerste</u> erschrecken *(Großschreibung hier bevorzugen, analog zu verpflichtenden Parallelfällen, z. B. das Äußerste, zum Besten...)*

<u>außerstand(e)</u> *oder* außer Stand(e) *(eher klein- und zusammenschreiben, analog zu den sehr zahlreichen verpflichtenden Parallelfällen, z. B. anhand, infolge, zuliebe, zugute...)*

aus sein *R9 – (seit 1996 unverändert)*

auswärtsgehen *R10 – („Einfachbetonung") – (1996-2006 Getrenntschreibung!)*

auswendig lernen *R6 – („wörtliche Bed.") aber:* das Auswendiglernen *(nie geändert)*

Autocross *oder* Auto-Cross

Autodrom fahren *R4 – aber:* das Autodromfahren *(nie geändert!)*

Auto fahren *R4 – aber:* das Autofahren *(nie geändert!)*

autogen: das **autogene Training** *R24 – (nicht zur Großschreibung mehrteiliger Eigennamen zu zählen)*

Autograph *oder* <u>Autograf</u> *(-f- sollte als die modernere Schreibform bevorzugt werden)*

B

B/bankrott: bankrott bleiben/ sein/ werden; **Bankrott machen;**
   → ***NEU 2006*: bankrottgehen (!)** ← *[Anm.: Drei verschiedene Schreibweisen rund um das Wort „bankrott". – Das überzeugt wohl auch den letzten Zweifler, wie es mit der Qualität dieser Rechtschreibreform(en) bestellt ist.]*

Baby: Pl. **Babys**, *ebenso Gen. Sg.*

baden gehen *R8 - („Verb+Verb") – (seit 1996 unverändert) – aber:* das Badengehen *(nie geändert!)*

Bahn fahren *R4 – aber:* das Bahnfahren *(nie geändert!)*

Ball spielen *R4 – aber:* das Ballspielen *(nie geändert!)*

Balletttanz / -tänzer/in *oder* **Ballett-Tanz / -Tänzer/in** *(eher mit Bindestrich schreiben →
Lesbarkeit)*

Balletttheater *oder* **Ballett-Theater** *(eher mit Bindestrich schreiben → Lesbarkeit)*

Balletttruppe *oder* Ballett-Truppe *(eher mit Bindestrich schreiben → Lesbarkeit)*

Balllokal *oder* **Ball-Lokal** *(eher mit Bindestrich schreiben → Lesbarkeit)*

Ballon fahren *R4 – aber:* das Ballonfahren *(nie geändert!)*

Bamigoreng (indones. Speise)

Bange: jemandem **Bange machen** (*aber:* bange sein!)

barfuß gehen *R6 –* („wörtliche Bed.")

Baroness – Baronessen

Bass – Bässe

bass (erstaunt)

Basssänger *oder* **Bass-Sänger** *(eher mit Bindestrich schreiben → Lesbarkeit)*

Bassstimme *oder* **Bass-Stimme** *(eher mit Bindestrich schreiben → Lesbarkeit)*

bauchreden *R4 / A1 - („untrennbar")*

bausparen *R4 / A1 - („untrennbar")*

‖ **Beatgeneration** *oder* **Beat-Generation**

bedeutend: **um (ein) Bedeutendes**

bedienen lassen (sich) *R8 – („Verb+Verb") – (seit 1996 unverändert)*

beeinflussbar

beeinflussen – **beeinflusste** – **beeinflusst**

befasst

befleißen (sich) – **befliss** – beflissen

begießen – **begoss** – begossen

beginnen lassen *R8 – („Verb+Verb") – (seit 1996 unverändert)*

beglaubigen lassen *R8 – („Verb+Verb") – (seit 1996 unverändert) aber:* das
Beglaubigenlassen *(nie geändert!)*

begründen lassen *R8 – („Verb+Verb") – (seit 1996 unverändert)*

behände, Behändigkeit *(Umlaut wegen der Herkunft von Hand)*

~~behende~~ *seit 1996 geändert auf* **behände,** *ebenso* **Behändigkeit**

beichten gehen *R8 – („Verb+Verb") – (seit 1996 unverändert)*

beieinander aushalten/ausharren *R10 – („Doppelbetonung")*

beieinander bleiben *(getrennt nur, wenn „bleiben" betont wird)* *R10 – („Doppelbetonung")*

‖ **beieinanderbleiben/-stehen** *R10 – („Einfachbetonung") – (1996-2006 Getrennt-
schreibung!)*

beieinander sein *R9 – (seit 1996 unverändert) – aber:* das Beieinandersein *(nie
geändert!)*

‖ beifallheischend *oder* Beifall heischend *(eher zusammenschreiben → Einfachbetonung) –
(1996-2004 nur getrennt mit Großschreibung des Nomens!)*

beisammen sein *R9 – (seit 1996 unverändert) – aber:* das Beisammensein *(nie geändert!)*

beisammenstehen *R10 („Einfachbetonung")*

beiseitelegen/-nehmen/-schaffen/-stellen/-treten *R10 („Einfachbetonung")*

beißen – **biss** – gebissen; **der Biss**

bei weitem *oder* bei Weitem *(Großschreibung zu bevorzugen, analog zu verpflichtenden Parallelfällen, z. B. im Guten, fürs Erste ...)*

bekanntgeben *oder* bekannt geben *R5+6 / „Zweifelsfall" – (eher zusammenschreiben → Einfachbetonung) – (1996-2006 nur getrennt!)*

bekanntmachen *oder* bekannt machen *R5+6 / „Zweifelsfall" – (eher zusammenschreiben → Einfachbetonung) – (1996-2006 nur getrennt!)*

bekanntwerden *oder* bekannt werden *R5+6 / „Zweifelsfall"– (eher zusammenschreiben → Einfachbetonung) – (1996-2006 nur getrennt!)*

bekannt sein *R9 – (seit 1996 unverändert)*

belämmert *(ugs.)*

beleidigen lassen *R8 – („Verb+Verb") – (seit 1996 unverändert)*

~~belemmert~~ *(ugs.) geändert auf* **belämmert** *(ugs.) (Anm.: Rätselhaft bleibt, warum ein Wort, das im schriftlichen Sprachgebrauch gar nicht „salonfähig" ist, einer Reform unterzogen wurde.)*

beliebig: **alles/jeder Beliebige**

Benchmarking

benehmen lernen *R8 – („Verb+Verb") – (seit 1996 unverändert)*

beraten lassen *R8 – („Verb+Verb") – (seit 1996 unverändert)*

bereit sein *R9 – (seit 1996 unverändert)*

bereiterklären *oder* bereit erklären *R5+6 / „Zweifelsfall" – (eher zusammenschreiben → Einfachbetonung) – (1996-2006 nur getrennt!)*

bereithaben/-halten (= verfügbar haben/halten) *R5 – („übertragene Bed.")*

bereitmachen *oder* bereit machen *R5+6 / „Zweifelsfall" – (eher zusammenschreiben → Einfachbetonung) – (1996-2006 nur getrennt!)*

bereitstehen/-stellen (= verfügbar sein/machen) *R5 – („übertragene Bed.")*

bergab fahren *R6 – („wörtliche Bed.")*

bergsteigen *R4 / A1 - („untrennbar")*

berichten lassen *R8 – („Verb+Verb") – (seit 1996 unverändert)*

berichtigen lassen *R8 – („Verb+Verb") – (seit 1996 unverändert)*

beruhigen lassen *R8 – („Verb+Verb") – (seit 1996 unverändert)*

bescheiden sein *R9 – (seit 1996 unverändert)*

bescheinigen lassen *R8 – („Verb+Verb") – (seit 1996 unverändert)*

Beschluss

beschwichtigen lassen *R8 – („Verb+Verb") – (seit 1996 unverändert)*

besondere: **im Besonderen**

Besorgnis erregend *oder* besorgniserregend *(eher zusammenschreiben → Einfach- betonung) – (1996-2004 nur getrennt mit Großschreibung des Nomens!)*

besser: **das Bess(e)re** / eines Bess(e)ren

‖ <u>bessergehen</u> *oder* besser gehen *R5+6 / „Zweifelsfall" – (eher zusammenschreiben* → *Einfachbetonung) – (1996-2006 nur getrennt!)*

‖ **besserstellen** (sozial verbessern) *R5 („übertragene Bed.")*

bestätigen lassen *R8 – („Verb+Verb") – (seit 1996 unverändert)*

beste: **der/die/das Beste, zum Besten,** <u>auf das/ aufs Beste</u> *oder* auf das/aufs beste *(Großschreibung hier bevorzugen, analog zu verpflichtenden Parallelfällen, z. B. das Beste, zum Besten, im Wesentlichen...)*

bestehen bleiben/lassen *R8 – („Verb+Verb") – (seit 1996 unverändert)*

Bestellliste *oder* **<u>Bestell-Liste</u>** *(eher mit Bindestrich schreiben* → *Lesbarkeit)*

bestimmen lassen *R8 – („Verb+Verb") – (seit 1996 unverändert)*

bestplatziert, Bestplatzierung

beträchtlich: **um ein Beträchtliches**

Betreff: **in Betreff**

betresst (= mit Tressen [= Borten] versehen)

betreuen lassen *R8 – („Verb+Verb") – (seit 1996 unverändert)*

betrunken machen *R6 – („wörtliche Bed.")*

betrunken sein *R9 – (seit 1996 unverändert)*

betteln gehen *R8 – („Verb+Verb") – (seit 1996 unverändert)*

Betttruhe *oder* <u>Bett-Truhe</u> *(eher mit Bindestrich schreiben* → *Lesbarkeit)*

Betttuch *oder* **<u>Bett-Tuch</u>** *(eher mit Bindestrich schreiben* → *Lesbarkeit)*

bevormunden lassen *R8 – („Verb+Verb") – (seit 1996 unverändert)*

bevormunden, bevorstehen *R10 („Einfachbetonung")*

bewachen lassen *R8 – („Verb+Verb") – (seit 1996 unverändert)*

beweisen lassen *R8 – („Verb+Verb") – (seit 1996 unverändert)*

bewenden lassen *R8 – („Verb+Verb") – (seit 1996 unverändert)*

bewundern lassen (sich) *R8 – („Verb+Verb") – (seit 1996 unverändert)*

bewusst

‖ **bewusst machen** *(getrennt nur in der Bed. „absichtlich machen") R6 – (wörtl. Bed.)*

‖ <u>bewusstmachen</u> *oder* bewusst machen *(nur in der Bed. „vergegenwärtigen") R5+6 / „Zweifelsfall" – (eher zusammenschr.* → *Einfachbetonung) – (1996-2006 nur getrennt!)*

‖ **bewusst sein**, sich *R9 – aber:* das Bewusstsein *(seit 1996 unverändert)*

‖ <u>bewusstwerden</u> *oder* bewusst werden *R5+6 / „Zweifelsfall" – (eher zusammenschreiben* → *Einfachbetonung) – (1996-2006 nur getrennt!)*

bewusstlos

bewusstlos schlagen *R6 – („wörtliche Bed.")*

bewusstlos sein *R9 – (seit 1996 unverändert)*

Bewusstsein

Bezug: **in Bezug/** mit Bezug auf

Bezug nehmend *oder* bezugnehmend *(eher zusammenschreiben → Einfachbetonung) –
(1996-2004 nur getrennt mit Großschreibung des Nomens!) – (Die Zusammen-
schreibung ist analog zu* aufsehenerregend, gewaltverherrlichend *u. a. zu sehen) –
[Anm.: Stilistisch ist diese Fügung ein Indiz für unzeitgemäßes Bürokratendeutsch:
Fast immer ist im Brieftext nicht nur die Wendung selbst, sondern auch der gesamte
nachfolgende Teilsatz entbehrlich.]*

Bibliographie *oder* Bibliografie *(-f- sollte als die modernere Schreibform bevorzugt werden)*

Bigband *oder* Big Band

Big Business *(Anm.: Zusammenschreibung seit 2006 nicht mehr möglich)*

Big Point *(Anm.: Zusammenschreibung seit 2006 nicht mehr möglich)*

Bild gebende *oder* bildgebende Medien *– (eher zusammenschreiben → Einfachbetonung) –
(1996-2006 nur getrennt!)*

Bilder malen *R4 – aber:* das Bildermalen *(nie geändert!)*

Bildschnitttechnik *oder* **Bildschnitt-Technik** *(eher mit Bindestrich schr. → Lesbarkeit)*

Biographie *oder* Biografie *(-f- sollte als die modernere Schreibform bevorzugt werden)*

bis: bis auf weiteres *oder* bis auf Weiteres *(Großschreibung hier bevorzugen, analog zu
verpflichtenden Parallelfällen, z. B.* das Weitere, alles Weitere...) –
(1996-2004 nur Kleinschreibung der Wendung!)*

bisherig: beim/ **im Bisherigen**

Biss, das **Bisschen** (= kl. Bissen)

bisschen: **ein bisschen , das bisschen** (= diese geringe Menge) – [Anm.: inkonsequentes
Relikt, das im Widerspruch zu anderen Parallelfällen liegt, z. B. ein Gleiches, das
Beste...]

Bissstelle *oder* **Biss-Stelle** *(eher mit Bindestrich schreiben → Lesbarkeit)*

bitte sagen *oder* Bitte sagen

bitterkalt

Bitttage *oder* **Bitt-Tage** *(eher mit Bindestrich schreiben → Lesbarkeit)*

Blackbox *oder* Black Box

Blackout *oder* Black-out

Black Power *(Anm.: Zusammenschreibung seit 2006 nicht mehr möglich)*

blankliegen *oder* blank liegen *R5+6 / „Zweifelsfall" – (eher zusammenschreiben →
Einfachbetonung) – (1996-2006 nur getrennt!)*

blankpolieren *oder* blank polieren *R7 – (eher zusammenschreiben → Einfachbetonung) –
(1996-2006 nur getrennt!)*

blankputzen *oder* blank putzen *R7 – (eher zusammenschreiben → Einfachbetonung) –
(1996-2006 nur getrennt!)*

blass

blass sein *R9 – (seit 1996 unverändert)*

Blässhuhn *oder* **Blesshuhn**

Blatttang *oder* **Blatt-Tang** *(eher mit Bindestrich schreiben → Lesbarkeit)*

Blatttrieb *oder* Blatt-Trieb *(eher mit Bindestrich schreiben → Lesbarkeit)* blau: *Großschreibung nach R24 in folgenden Begriffen:* das **Blaue** Band (Name eines Ordens); die **Blaue** Grotte (Grotte auf Capri); die **Blaue** Moschee (Moschee in Istanbul); der **Blaue** Nil (geografischer Begriff); der **Blaue** Planet (= Erde; geografischer Begriff); der **Blaue** Portugieser (Name einer Weinsorte); *Groß- oder Kleinschreibung nach R24 in folgendem Begriff:* der **blaue** Brief *oder* der **Blaue** Brief (= Kündigungs- oder Versetzungsschreiben); *Kleinschreibung nach R24 in folgenden Begriffen:* die **blaue** Blume (Symbol der Romantik); ein **blaues** Wunder (erleben).

blau gestreift / getupft… *oder* <u>blaugestreift</u>, <u>blaugetupft</u>... *(eher zusammenschreiben → Einfachbetonung) – (1996-2004 nur getrennt!)*

<u>blaufärben</u> *oder* blau färben *R7 – (eher zusammenschreiben → Einfachbetonung) – (1996-2006 nur getrennt!)*

bläulich grün

<u>bleiben lassen</u> *oder* bleibenlassen (*zusammen nur in der Bed.* „etw. nicht tun") *R8 - („Verb+Verb") – Konsequente Getrenntschreibung zweier Verben ist zu empfehlen, weil das Auseinanderhalten einzelner Sonderfälle nur mühsam ist, aber keine Vorteile bringt! – (1996-2006 nur getrennt!)*

Bleistift spitzen *R4 aber:* das Bleistiftspitzen *(nie geändert!)*

blendend weiß

Blesshuhn *oder* **Blässhuhn**

blind fliegen / schreiben *R6 – („wörtliche Bed.") aber:* das Blindschreiben *(nie geändert!)*

blindfliegen (= ohne direkte Sicht fliegen) *R5 – („übertragene Bed.")*

blindschreiben (= ohne Blick auf die Tastatur schreiben) *R5 – („übertragene Bed.")*

blind sein *R9 (seit 1996 unverändert) – aber:* das Blindsein *(nie geändert!)*

blind vertrauen *R6 – („wörtliche Bed.")*

blond gefärbt / gelockt *oder* <u>blondgefärbt</u>, <u>blondgelockt</u> *(eher zusammenschreiben → Einfachbetonung) – (1996-2004 nur getrennt!)*

bloßlegen (= aufdecken) *R5 – („übertragene Bed.")*

<u>bloßlegen</u> *oder* bloß legen (= Mauerwerk freilegen) *R7 – (eher zusammenschreiben → Einfachbetonung) – (1996-2006 nur getrennt!)*

bloß liegen / strampeln *(getrennt nur in der Bedeutung* „abgedeckt sein") *R6 – („wörtliche Bed.")*

<u>bloßliegen</u> *oder* bloß liegen *R5+6 / „Zweifelsfall" – (eher zusammenschreiben → Einfachbetonung) – (1996-2006 nur getrennt!)*

bloßstellen (= blamieren) *R5 – („übertragene Bed.")*

Bluebox *oder* Blue Box

Bluechip *oder* **Blue-Chip**

Bluejeans *oder* Blue Jeans

Blumen gießen *R4 – aber:* das Blumengießen *(nie geändert!)*

Blut bildend / saugend *oder* <u>blutbildend</u>, <u>blutsaugend</u> *(eher zusammenschreiben → Einfachbetonung) – (1996-2004 nur getrennt mit Großschreibung des Nomens!)*

Bluterguss

Boatpeople *oder* **Boat-People**

Bock springen *R4 – aber:* das Bockspringen *(nie geändert!)*

Boden wischen *R4 – aber:* das Bodenwischen *(nie geändert!)*

Bonbonniere *oder* Bonboniere *(die Originalschreibung ist eher zu bevorzugen, weil eine „echte" Eindeutschung als „Bonboniër" geschrieben werden müsste)*

Boot fahren *R4 – aber:* das Bootfahren *(nie geändert!)*

böse sein *R9 – (seit 1996 unverändert)*

böse: sich **im Bösen** trennen; **im Bösen wie im Guten**

Boss – Bosse

‖ Bottleparty *oder* Bottle-Party

Bouclé *oder* Buklee

‖ Boyscout *oder* Boy-Scout

brach liegen *R6 – („wörtliche Bed.") – aber:* das Brachliegen *(nie geändert!)*

‖ Braindrain *oder* Brain-Drain

‖ Braintrust *oder* Brain-Trust

brandmarken *R4 / A1 - („untrennbar")*

‖ braun gebrannt / scheckig *oder* braungebrannt, braunscheckig *(eher zusammenschreiben → Einfachbetonung) – (1996-2004 nur getrennt!)*

bravo rufen *oder* Bravo rufen

Bravour *oder* Bravur *(Bei Fremdwörtern, die noch deutlich als solche empfunden werden, sollte eher die Originalschreibung beibehalten werden.)*

bravourös *oder* bravurös *(Bei Fremdwörtern, die noch deutlich als solche empfunden werden, sollte eher die Originalschreibung beibehalten werden.)*

Break-even-Point

‖ breit: **des Langen und Breiten;** breit gefächert/ gemacht / gestreut *oder* breitgefächert, breitgemacht, breitgestreut *(eher zusammenschreiben → Einfachbetonung) – (1996-2004 nur getrennt!)*

‖ **breitmachen** (= sich ausbreiten) *R5 – („übertragene Bed.")*

‖ breitmachen *oder* breit machen *R7 – (eher zusammenschreiben → Einfachbetonung) – (1996-2006 nur getrennt!)*

breitschlagen (= jemd. überreden) *R5 – („übertragene Bed.")*

‖ breitschlagen *oder* breit schlagen (etwas) *R7 – (eher zusammenschreiben → Einfachbetonung) – (1996-2006 nur getrennt!)*

Brennnessel *oder* **Brenn-Nessel** *(eher mit Bindestrich schreiben → Lesbarkeit)*

Briefe schreiben *R4 – aber:* das Briefeschreiben *(nie geändert!)*

Brot schneiden *R4 – aber:* das Brotschneiden *(nie geändert!)*

bruchlanden/-rechnen *R4 / A1 - („untrennbar")*

Brücken bauen *R4 – aber:* das Brückenbauen *(nie geändert!)*

brünett gefärbt/ gelockt *oder* <u>brünettgefärbt</u>, <u>brünettgelockt</u> *(eher zusammenschreiben → . Einfachbetonung) – (1996-2004 nur getrennt!)*

<u>brustschwimmen</u> *oder* Brust schwimmen *R4 / A3 („Wortgruppe oder Zusammensetzung") – (eher zusammenschreiben → Einfachbetonung)*

brütend heiß

Buch führend *oder* <u>buchführend</u> *(eher zusammenschreiben → Einfachbetonung) – (1996-2004 nur getrennt!)*

Bücher lesen *R4 – aber:* das Bücherlesen *(nie geändert!)*

Buklee *oder* <u>Bouclé</u> *(Bei Fremdwörtern, die noch deutlich als solche empfunden werden, sollte eher die Originalschreibung beibehalten werden. Bei diesem Wort kommt hinzu, dass man es bei eingedeutschter Schreibweise als Kleesorte missverstehen könnte.)*

bunt: ein **bunter** Hund *R24 – (zählt nicht zu den mehrteiligen Eigennamen)*

bunt gestreift / gefiedert ... *oder* <u>buntgestreift</u>, <u>buntgefiedert</u> ... *(eher zusammenschreiben → Einfachbetonung) – (1996-2004 nur getrennt!)*

<u>buntfärben</u> *oder* bunt färben *R7 – (eher zusammenschreiben → Einfachbetonung) – (1996-2006 nur getrennt!)*

Business

Buy-out

C

Café au Lait

Call-by-Call; Call-by-Call-Einwahl

Callcenter *oder* **Call-Center**

Campagne *oder* Kampagne

<u>Canossagang</u> *oder* Kanossagang (Canossa schreibt sich nun eben mal nicht mit -k-!)

Captatio Benevolentiae

Cargo *oder* Kargo

Carnet de Passages

Carvingski *oder* **Carving-Ski**

Carvingski/-schi fahren *R4 – aber:* das Carvingskifahren/ Carvingschifahren

Cashflow *oder* **Cash-Flow**

Casus Belli

Centrecourt *oder* **Centre-Court**

Cevapcici *oder* Čevapčići

Chansonnier *oder* Chansonier

Chauffeur

chatten, gechattet; der Chatter; *vgl. aber* jetten

‖ **Cherrybrandy** *oder* **Cherry-Brandy**

‖ **Chewinggum** *oder* **Chewing-Gum**

Chopsuey (chines. Speise)

Choreograph(ie) *oder* Choreograf(ie)

Chronograph *oder* Chronograf

Cleverness

Codex: *Pl.* <u>Codizes</u> *oder C*odices (*eher -z- wegen Einheitlichkeit mit Parallelfällen; vgl. „Patrizier"; „offiziell"...*)

Coffeeshop *oder* **Coffee-Shop**

Coldcream *oder* Cold Cream

Collicokiste® *oder* Collico-Kiste®

Comeback *oder* Come-back

Comicstrip *oder* **Comic Strip**

Commedia dell'Arte

Commonsense *oder* **Common Sense**

‖ **Compact Disc** (CD) (*Anm.: Zusammenschreibung seit 2006 nicht mehr möglich*)

‖ **Conceptart** *oder* <u>**Concept-Art**</u> (*eher mit Bindestrich schreiben → Lesbarkeit*)

Consecutio Temporum (sprachwiss.)

Consilium Abeundi

Cooljazz *oder* Cool Jazz

Cornedbeef *oder* **Corned Beef**

Corps de Ballet

Corpus Delicti

Corpus Iuris

Countdown *oder* Count-down

‖ **Countryman, Countrymusic, Countrysong** *oder* **Country-Man, Country-Music, Country-Song**

‖ Crosscountry *oder* Cross-Country (*eher mit Bindestrich schreiben → Lesbarkeit*)

Crossover *oder* <u>Cross-over</u> (*eher mit Bindestrich schreiben → Lesbarkeit*)

‖ Cruisemissile *oder* <u>Cruise-Missile</u> (*eher mit Bindestrich schreiben → Lesbarkeit*)

Csardas *oder* Csárdás

Curriculum Vitae

D

dabei sein *R9 – (seit 1996 unverändert) aber:* das Dabeisein (*nie geändert!*)

dabei sitzen (= bei einer Tätigkeit sitzen) *R10 – („Doppelbetonung")*

dabeisitzen (= mit dabei sein) *R10 – („Einfachbetonung")*

Dachgeschoß *oder* **Dachgeschoss** *(je nach Aussprachegewohnheit; in Österreich:* Dachgesch<u>o</u>ß*)*

dafür sein *R9 – (seit 1996 unverändert)*

dafürhalten (= glauben) *R10 – („Einfachbetonung")*

dagegen sein *R9 – (seit 1996 unverändert)*

dagegenhalten *R10 – („Einfachbetonung")*

daheim ausruhen *R10 – („Doppelbetonung")*

‖ **daheimbleiben/-sitzen** *R10 – („Einfachbetonung") – (1996-2006 getrennt!)*

daher kommen (= da seine Ursache haben) *R10 – („Doppelbetonung")*

daherkommen (= aussehen) *R10 – („Einfachbetonung")*

dahin sein *R9 – (seit 1996 unverändert)*

dahingehen (Zeit) *R10 – („Einfachbetonung")*

dahinterklemmen (= an etw. angestrengt arbeiten) *R10 – („Einfachbetonung")*

dahinter kommen *(örtlich) R10 – („Doppelbetonung")*

dahinterkommen (= aufklären) *R10 – („Einfachbetonung")*

dahinter stehen *(örtlich) R10 – („Doppelbetonung")*

dahinterstehen (= einen Standpunkt vertreten) *R10 – („Einfachbetonung")*

Dämmmasse *oder* **Dämm-Masse** *(eher mit Bindestrich schreiben → Lesbarkeit)*

Dämmmaterial *oder* **Dämm-Material** *(eher mit Bindestrich schreiben → Lesbarkeit)*

Dämmmatte *oder* **Dämm-Matte** *(eher mit Bindestrich schreiben → Lesbarkeit)*

Dämmmörtel *oder* **Dämm-Mörtel** *(eher mit Bindestrich schreiben → Lesbarkeit)*

Dandy: *Pl.* **Dandys,** *ebenso Gen. Sg.*

daneben stehen *(örtlich)* *R10 – („Doppelbetonung")*

danebenbenehmen/-gehen/-greifen/-schießen/-stehen *R10 („Einfachbetonung")*

<u>danksagen</u> *oder* Dank sagen *R4 / A3 („Wortgruppe oder Zusammensetzung") – (eher zusammenschreiben → Einfachbetonung)*

daran glauben *R10 – („Doppelbetonung")*

d(a)rangehen/-setzen *R10 – („Einfachbetonung")*

d(a)rauf bauen/eingehen/hoffen *R10 – („Doppelbetonung")*

‖ darauf folgend *oder* <u>darauffolgend</u> *(eher zusammenschreiben → Einfachbetonung) – (1996-2004 nur getrennt!)*

d(a)raufsetzen *R10 – („Einfachbetonung")*

darüberfahren *R10 – („Einfachbetonung")*

darüber reden *R10 – („Doppelbetonung")*

darunterlegen/stellen *R10 – („Einfachbetonung")*

darunter leiden *R10 – („Doppelbetonung")*

Darwin: die **darwinschen** *oder* die **Darwin'schen** Gesetze

da sein *R9 – (seit 1996 unverändert) aber:* das Dasein *(nie geändert!)*

dass

Daten verarbeitend *oder* <u>datenverarbeitend</u> *(eher zusammenschreiben* → *Einfachbetonung)* – *(1996-2004 nur getrennt mit Großschreibung des Nomens!)*

Daviscup *oder* Davis-Cup

Davispokal *oder* Davis-Pokal

davon kommen (= darin seine Ursache haben) *R10 – („Doppelbetonung")*

davonkommen (= sich retten) *R10 – („Einfachbetonung")*

davor hängen / schieben *R10 – („Doppelbetonung")*

davor stellen *(wenn „stellen" betont wird) R10 – („Doppelbetonung")*

davorstellen *R10 – („Einfachbetonung")*

dazu gehören (= *nähere Bestimmung bei Aufzählungen*); *R10 – („Doppelbetonung")*

dazugehören (= mit dabei sein) *R10 – („Einfachbetonung")*

dazu schweigen *R10 – („Doppelbetonung")*

dazwischenrufen *R10 – („Einfachbetonung")*

dein: **Dein und Mein**, die <u>Dein(ig)en</u> *oder* die dein(ig)en, das <u>Dein(ig)e</u> *oder* das dein(ig)e *(Hier ist im Unterricht wegen des Artikelmerkmals die Großschreibung zu empfehlen, solange es denn diesen Unfug noch gibt.) – Zur Groß- oder Kleinschreibung in Briefen siehe* → du

<u>Dekolleté</u> *oder* Dekolletee *(Bei Fremdwörtern, die noch deutlich als solche empfunden werden, sollte eher die Originalschreibung beibehalten werden; hier spricht zusätzlich dafür, dass das mittlere -e- im Wort – entsprechend den französischen Ausspracheregeln – nicht gesprochen wird.)*

<u>Delfin</u> *oder* Delphin (-f- *sollte als die modernere Schreibform bevorzugt werden)*

<u>delfinschwimmen</u> *oder* Delfin schwimmen *bzw.* delphinschwimmen *oder* Delphin schwimmen *R4 / A3 („Wortgruppe oder Zusammensetzung") – (-f- als die modernere Form bevorzugen, ebenso Zusammenschreibung wegen der Einfachbetonung) – (1996-2006 war nur Zusammenschreibung möglich!)*

Delikatessgurke

Delikatesssauerkraut *oder* **Delikatess-Sauerkraut** *(eher mit Bindestrich schreiben* → Lesbarkeit)

Delikatesssenf *oder* **Delikatess-Senf** *(eher mit Bindestrich schreiben* → Lesbarkeit)

Delphin *oder* <u>Delfin</u> (-f- *sollte als die modernere Schreibform bevorzugt werden)*

deplatziert

Derartiges

des Weiteren

Desktoppublishing *oder* **Desktop-Publishing**

dessen ungeachtet

Deus ex Machina

deutlich machen *R6 – („wörtliche Bed.") aber:* das Deutlichmachen *(nie geändert!)*

D/deutsch: **in Deutsch, auf (gut) Deutsch, Deutsch sprechend, der Deutsche**
Schäferhund *Anm.: im Übigen gilt weiterhin die 'Probe': WAS? = Großschreibung,*
WIE? = Kleinschreibung

Deuxpièces (= zweiteiliges Kleid)

Diät halten/ kochen/ leben ... *aber:* das Diäthalten *(nie geändert!)*

Diät leben *R4*

dichtbehaart, dichtbevölkert, dichtgedrängt *oder...* dicht behaart / bevölkert / gedrängt...
(eher zusammenschreiben → Einfachbetonung,analog zu „dichtgehalten",
„dichtgemacht") – (1996-2004 nur getrennt!)

dichthalten (= nichts verraten) *R5 – („übertragene Bed.")*

dichtmachen (= ein Unternehmen schließen) *R5 – („übertragene Bed.")*

dicht schließen *R6 – („wörtliche Bed.")*

die **bismarckschen Gesetze** *oder* die **Bismarck'schen Gesetze**

Dienst habende *oder* diensthabende Beamte *(eher zusammenschreiben → Einfach-*
betonung) – (1996-2004 nur getrennt mit Großschreibung des Nomens!)

Dienstagabend, Dienstagmittag ...

dienstagabends

Dienstschluss

D/differenzial *oder* D/differential *(eher -z- wegen Einheitlichkeit mit allen Parallelfällen; vgl.*
„Differenz" oder „Offizial")

differenziell *oder* differentiell *(eher -z- wegen Einheitlichkeit mit allen Parallelfällen; vgl.*
„offiziell" und „Differenz")

Digicam *oder* **Digi-Cam** (Kurzform für Digitalkamera)

Diktaphon *oder* Diktafon *(-f- sollte als die modernere Schreibform bevorzugt werden)*

dingfest machen *R6 – („wörtliche Bed.")*

Diningroom *oder* **Dining-Room**

Directmailing *oder* **Direct-Mailing**

Displaced Person

Dixielandjazz *oder* Dixieland-Jazz

Dönerkebap/b *oder* Döner-Kebap/b

Donnerstag *s.* Dienstagabend ...

doppelt wirkend *oder* doppeltwirkend *(eher zusammenschreiben → Einfachbetonung) –*
(1996-2004 nur getrennt!)

dortbleiben/-behalten *R10 – („Einfachbetonung")*

dort bleiben *R10 – („Doppelbetonung")*

dort sein *R9 – (seit 1996 unverändert)*

dortzulande *oder* dort zu Lande *(eher zusammenschreiben, weil die Getrenntschreibung die*
Vorstellung eines Gegensatzes zum „Wasser" erzeugt, was in dieser Wendung aber
unpassend ist)

downloaden, downgeloadet; der **Download**

Drachen steigen *R4 – aber:* das Drachensteigen *(nie geändert!)*

dran sein *(aber:* dranbleiben!) *R9 – (seit 1996 unverändert)*

Drapé *oder* Drapee

drauflosgehen/-reden/-schlagen *R10 – („Einfachbetonung")*

Drawingroom *oder* **Drawing-Room**

drei: **3-Achser** *(Schreibung als Ganzwort unverändert:* Dreiachser*); s. auch unter* acht

dreißig *s.* achtzig

Dress – Dressen

dringend: aufs dringendste *oder* aufs Dringendste empfehlen *(Großschreibung eher bevorzugen, analog zu verpflichtenden Parallelfällen, z. B.* das Dringendste, alles Dringende...)

drin sein *R9 – (seit 1996 unverändert)*

dritte: **das Dritte, zum Dritten; jeder Dritte;** die **Dritte Welt** *R24;* der **dritte Stand** *R24 – (nicht zur Großschreibung mehrteiliger Eigennamen zu zählen)*

drittplatziert; der/die **Drittplatzierte**

drückend heiß

du: *in Briefen Kleinschreibung oder Großschreibung :* du, dein, dir... *oder* Du, Dein, Dir... *(Kleinschreibung empfohlen, weil dadurch vor allem für Kinder ein Rechtschreibproblem weniger besteht!) – (1996-2006 Kleinschreibung verpflichtend!) – aber:* **auf Du und Du** *– [Anm.: Die Höflichkeitsform „Sie" bleibt nach wie vor in Großschreibung verpflichtend!)*

Dumdumgeschoß *oder* **Dumdumgeschoss** *(je nach Aussprache)*

dunkel: **im Dunkeln tappen**

dunkelfärben *oder* dunkel färben *R7 – (eher zusammenschreiben →* Einfachbetonung*) – (1996-2006 nur getrennt!)*

dünn besiedelt *oder* dünnbesiedelt *(eher zusammenschreiben →* Einfachbetonung*) – (1996-2004 nur getrennt!)*

durchbläuen

durcheinanderbringen *(= verwechseln) R10 – („Einfachbetonung") – (1996-2006 war Getrenntschreibung verpflichtend!)*

durcheinander reden *R10 – („Doppelbetonung") – aber:* das Durcheinanderreden *(nie geändert!)*

durch sein *R9 – (seit 1996 unverändert)*

Durchlass – Durchlässe

Durchschussstelle *oder* **Durchschuss-Stelle** *(eher mit Bindestrich schreiben →* Lesbarkeit*)*

Dutyfreeshop *oder* Duty-free-Shop *(eher mit Bindestrichen schreiben →* Lesbarkeit*)*

Dutzend: Dutzende Menschen *oder* dutzende Menschen *(bei adjektivischer Verwendung eher kleinschreiben) aber:* ein Dutzend Menschen *(analog zu* ein Liter Milch*)*

E

Easyrider *oder* **Easy Rider**

Eau de Parfum

Eau de Toilette

ebenso gern/gut/viel ...

E-Commerce

egal sein *R9 – (seit 1996 unverändert)*

E-Government (= Bürgerverwaltung via Internet)

ehrfurchtgebietend *oder* Ehrfurcht gebietend *(eher zusammenschreiben → Einfachbetonung) – (1996-2004 nur getrennt mit Großschreibung des Nomens!)*

Eid: **an Eides statt**

Eigen: **sein Eigen nennen, zu Eigen machen, zu Eigen geben**

ein **Arm voll**

(das) **Ein und Alles**

einbläuen

eindringlich: aufs eindringlichste *oder* aufs Eindringlichste warnen *(Großschreibung hier bevorzugen, analog zu verpflichtenden Parallelfällen, z. B. das Eindringlichste, des Genaueren, auf Genaueres warten...)*

eine **Hand voll**

einfach: es ist **das Einfachste;** auf das / aufs Einfachste *oder* einfachste *(Großschreibung eher bevorzugen, analog zu verpflichtenden Parallelfällen, z. B. das Einfachste...)*

Einfluss, Einflussnahme, einflussreich

eingehend: aufs eingehendste *oder* aufs Eingehendste betrachten *(Großschreibung eher vevorzugen, analog zu verpflichtenden Parallelfällen, z. B. die Übrigen, alles Weitere...)*

einhergehen *R10 – („Einfachbetonung")*

einige Mal

einiggehen (= die gleiche Meinung vertreten) *R5 – („übertragene Bed.")*

einig sein *R9 – (seit 1996 unverändert)*

einig werden *R6 – („wörtliche Bed.")*

einkaufen gehen *R8 – („Verb+Verb") – aber:* das Einkaufengehen *(nie geändert!)*

Einlass

Einschluss

Einschuss; Einschussstelle *oder* **Einschuss-Stelle** *(eher mit Bindestrich → Lesbarkeit)*

eintragen lassen *R8 – („Verb+Verb")*

einwärtsbiegen/-gehen *R10 – („Einfachbetonung")*

einzeilig: **1-zeilig**

einzeln: **der/die/ das Einzelne, als Einzelner, jeder Einzelne, bis ins Einzelne, im Einzelnen**

einzeln stehen *R6 – („wörtliche Bed.")*

einzeln stehend *oder* einzelnstehend *(eher zusammenschreiben → Einfachbetonung) – (1996-2004 nur getrennt!)*

einzig: **der/die/das Einzige, als Einziges, kein Einziger**

einzigartig: **das Einzigartige** ist...

Eis hacken/kratzen *R4 – aber:* das Eishacken *(nie geändert!)*

eislaufen, ich laufe **eis** *R4 / A2 - („übertragene Bed.") – (**NEU seit 2006, sachlich nicht wirklich motivierbarer Einzelfall!**) – aber:* das Eislaufen *(nie geändert!)*

eisenverarbeitend *oder* Eisen verarbeitend *(eher zusammenschreiben → Einfachbetonung) – (1996-2004 nur getrennt mit Großschreibung des Nomens!)*

eisern: *Großschreibung nach R24 in folgenden Begriffen:* die **Eiserne** Krone (lombardische Königskrone); das **Eiserne** Kreuz (Orden); das **Eiserne** Tor (Donaudurchbruch); der **Eiserne** Vorhang (unüberwindliche Grenze zwischen Ost- und Westeuropa nach dem 2. Weltkrieg)
Kleinschreibung nach R24 bei: die **eiserne** Lunge *(„fachsprachlich");* die **eiserne** Ration; der **eiserne** Vorhang (im Theater); ein **eiserner** Wille.

eisig kalt

Eisschnelllauf/ -schnellläufer

ekelerregend *oder* Ekel erregend *(eher zusammenschreiben → Einfachbetonung) – (1996-2004 nur getrennt mit Großschreibung des Nomens!)*

Electronic Banking, E-Banking

Elsass

E-Mail, die *oder (österr. meist)* das; **E-Mail-Adresse; E-Mail-Wurm**

Emmy-Award (ein Fernsehpreis)

emporragen *R10 – („Einfachbetonung")*

eng umgrenzt *oder* engumgrenzt *(eher getrennt schreiben → Doppelbetonung) – (1996-2004 nur getrennt!)*

eng: aufs engste *oder* aufs Engste verbunden *(Großschreibung eher zu bevorzugen, analog zu verpflichtenden Parallelfällen, z. B.* das Entscheidende, fürs Erste, zum Besten...*);* eng anliegend / befreundet / bedruckt ... *oder* enganliegend, engbefreundet, engbedruckt... *(eher getrennt schreiben → Doppelbetonung) – (1996-2004 nur getrennt!)*

Englishwaltz *oder* English-Waltz

entfernt: nicht **im Entferntesten**

entgegenkommen *R10 – („Einfachbetonung")*

entlanggehen *R10 – („Einfachbetonung")*

entschieden: aufs entschiedenste *oder* aufs Entschiedenste *(Großschreibung zu bevorzugen, analog zu verpflichtenden Parallelfällen, z. B.* das Entscheidende...*)*

entschließen – **entschloss** – entschlossen – der **Entschluss**

entschlussschwach *oder* **entschluss-schwach**

Entsetzen erregend *oder* <u>entsetzenerregend</u> *(eher zusammenschreiben → Einfach-*
  betonung) – (1996-2004 nur getrennt mit Großschreibung des Nomens!)

entweder: **das Entweder-oder**

entzweibrechen/-schlagen *R10 – („Einfachbetonung")*

entzwei sein *R9 – (seit 1996 unverändert)*

Epoche machend *oder* <u>epochemachend</u> *(eher zusammenschreiben → Einfachbetonung) –*
  (1996-2004 nur getrennt mit Großschreibung des Nomens!)

erbost sein *R9 – (seit 1996 unverändert)*

erbötig machen (sich) *R6 – („wörtliche Bed.")*

Erdgeschoß *oder* **Erdgeschoss** *(von der regionalen Aussprachegewohnheit abhängig; in*
  Österr. daher mit –ß, in Deutschland mit -ss)

Erdnuss

Erdöl exportierende / fördernde *oder* <u>erdölexportierende</u> / <u>erdölfördernde</u> Länder *(eher*
  zusammenschreiben → Einfachbetonung) – (1996-2004 nur getrennt mit Groß-
  schreibung des Nomens!)

Erfolg versprechend *oder* <u>erfolgversprechend</u> *(eher zusammenschreiben → Einfach-*
  betonung) – (1996-2004 nur getrennt mit Großschreibung des Nomens!)

Erholung suchende *oder* <u>erholungsuchende</u> Städter *(eher zusammenschreiben →*
  Einfachbetonung) – (1996-2004 nur getrennt mit Großschreibung des Nomens!)

erklären lassen *R8 – („Verb+Verb") – (seit 1996 unverändert)*

Erlass – Erlasse/ Erlässe

<u>ernstgemeint</u> *oder* ernst gemeint *(eher zusammenschreiben → Einfachbetonung) –*
  (1996-2004 nur getrennt!)

Ernst machen *R4 – aber:* das Ernstmachen *(nie geändert!)*

ernst meinen/nehmen *R6 – („wörtliche Bed.") – aber:* das Ernstnehmen *(nie geändert!)*

ernst sein *R9 – (seit 1996 unverändert) aber:* im **Ernst** sagen

<u>ernstzunehmend</u> *oder* ernst zu nehmend *(eher zusammenschreiben → Einfachbetonung) –*
  (1996-2004 nur getrennt!)

Eroscenter *oder* Eros-Center

erpressbar

erste: **der/die/das Erste, das erste Mal, fürs Erste, als Erste(r/s), zum Ersten;**
  zum ersten Mal; der Erstbeste, das erste Beste;
  Großschreibung nach R24 in folgenden Begriffen: der **Erste** Bürgermeister
  (Funktionsbezeichnung), der **Erste Geiger** (im Orchester) der **Erste** Mai *(besonderer*
  Kalendertag), die **Erste** Hilfe *(seit 2006 angeblich fachsprachlich);*
  Kleinschreibung nach R24 in folgendem Begriff: **erste** Geige spielen *(für:* der/die
  Wichtigste sein)

erstere: **der/die/das Erstere, Ersteres**

Erstklassler/-klässler

erstplatziert, der/die **Erstplatzierte**

essbar, Essbesteck, Essgeschirr, Esslöffel...

essen – du **isst** – aß – gegessen

essen gehen *R8 – („Verb+Verb") – (seit 1996 unverändert) – aber:* das Essengehen *(nie geändert!)*

essentiell *oder* essenziell *(eher -z- wegen der Einheitlichkeit mit Parallelfällen; vgl. „Essenz" oder „offiziell")*

Essstörung *oder* **Ess-Störung** *(eher mit Bindestrich schreiben → Lesbarkeit)*

euch: *zur Groß- oder Kleinschreibung in Briefen, siehe →* **du**

euer: *die Eur(ig)en oder* die eur(ig)en, das Eur(ig)e *oder* das eur(ig)e *Anm.: Bei diesen Formen ist wegen des Artikels die Großschreibung für Lernende plausibler, solange es denn den Unfug der Substantivgroßschreibung noch gibt!);*
*zur Groß- oder Kleinschreibung **in Briefen, siehe →** du*

Eurochequekarte *oder* Eurocheque-Karte *(eher mit Bindestrich schreiben → Lesbarkeit)*

ewig: die **Ewige** Stadt (= Rom) (inoffizieller Eigenname) *R24*

existentiell *oder* existenziell *(eher -z- wegen Einheitlichkeit mit Parallelfällen; vgl. „Existenz" oder „offiziell")*

Exposé *oder* Exposee

express

Express (der), **Expresszug...**

Expresssendung *oder* **Express-Sendung** *(eher mit Bindestrich schreiben → Lesbarkeit)*

Exzess

F

Facette *oder* Fassette

-fach: *siehe* acht

Factoryoutlet *oder* **Factory-Outlet** *(eher mit Bindestrich schreiben → Lesbarkeit)*

fahren lassen *oder* fahrenlassen *(zusammen nur in der Bed. „aufgeben") R8 – („Verb+Verb") – Konsequente Getrenntschreibung zweier Verben ist zu empfehlen, weil das Auseinanderhalten einzelner Sonderfälle nur mühsam ist, aber keine Vorteile bringt! – (1996-2006 nur getrennt!)*

fahren lernen *R8 – („Verb+Verb") – (seit 1996 unverändert)*

Fairness

Fairplay *oder* **Fair Play**

fallen lassen *oder* fallenlassen *(zusammen nur in der Bed. „nicht weiter verfolgen") R8 – („Verb+Verb") – Konsequente Getrenntschreibung zweier Verben ist zu empfehlen, weil das Auseinanderhalten einzelner Sonderfälle nur mühsam ist, aber keine Vorteile bringt! – (1996-2006 nur getrennt!)*

Falllaub *oder* **Fall-Laub** *(eher mit Bindestrich schreiben → Lesbarkeit)*

Falllinie *oder* **Fall-Linie** *(eher mit Bindestrich schreiben → Lesbarkeit)*

Fallout *oder* Fall-out

Fallschirm springen *R4 – aber:* das Fallschirmspringen *(nie geändert!)*

falschliegen (= die falsche Vermutung haben) *R5 – („übertragene Bed.")*

falsch schreiben *R6 – („wörtliche Bed.") – aber:* das Falschschreiben *(nie geändert!)*

falsch spielen *(getrennt nur in der Bed. „die Spielregeln nicht kennen")* *R6 – („wörtliche Bed.") – aber:* das Falschspielen *(nie geändert!)*

‖ **falschspielen** (= unehrlich sein) *R5 – („übertragene Bed.")*

Falsch und Richtig unterscheiden

fangen spielen *R8 – („Verb+Verb") – (seit 1996 unverändert) – aber:* das Fangenspielen *(nie geändert!)*

Fantasie *oder* Phantasie *Anm.: Wahlmöglichkeit F-/Ph- nur für die Bed. „Vorstellungskraft"; die Bed. „Musikstück" weiterhin nur mit F- ! (-f- sollte als die modernere Form und einheitliche Schreibweise bevorzugt werden:* fantastisch...)

Faraday'scher Käfig *oder* **faradayscher Käfig**

Fass – Fässer, **fassbar, Fassbier, Fässchen** ...

fassen – **du fasst – fasste – gefasst**; die Fassung

Fassette *oder* Facette

fassettenreich oder facettenreich

Fastfood *oder* **Fast Food**

faul sein *R9 – (seit 1996 unverändert) – aber:* das Faulsein *(nie geändert!)*

Federball spielen *R4 – aber:* das Federballspielen *(nie geändert!)*

Feedback *oder* Feed-back

Fehlschluss

Fehlschuss

‖ fein gemahlen / geädert ... *oder* feingemahlen, feingeädert... *(eher zusammenschreiben → Einfachbetonung) – (1996-2004 nur getrennt!)*

‖ **feind bleiben/ sein/ werden;** *(nach 10 Jahren Großschreibung: seit 2006 wieder in Kleinschreibung!); aber:* er ist ein **Feind**

‖ feinmachen *oder* fein machen *R5+6 / „Zweifelsfall" – (eher zusammenschreiben → Einfachbetonung) – (1996-2006 nur getrennt!)*

‖ feinmahlen *oder* fein mahlen *R7 – (eher zusammenschreiben → Einfachbetonung) – (1996-2006 nur getrennt!)*

‖ feinschleifen *oder* fein schleifen *R7 – (eher zusammenschreiben → Einfachbetonung) – (1996-2006 nur getrennt!)*

‖ **fernbleiben** (= abwesend sein) *R5 – („übertragene Bed.")*

‖ **fernhalten** (= nicht heranlassen) *R5 – („übertragene Bed.")*

‖ **fernliegen** (= nicht die Absicht haben) *R5 – („übertragene Bed.")*

fernsehen (= eine Sendung im Fernsehen anschauen) *R5 – („übertragene Bed.")*

fern sein *R9 – (seit 1996 unverändert)*

fertig sein *R9 – (seit 1996 unverändert)*

fertigbekommen *oder* fertig bekommen *R7 –(eher zusammenschreiben → Einfach-betonung) – (1996-2006 nur getrennt!)*

fertigbringen (= können) *R5 – („übertragene Bed.")*

fertigmachen (= jemd. ruinieren) *R5 – („übertragene Bed.")*

fertigmachen *oder* fertig machen (= etwas vollenden) *R7 – (eher zusammenschreiben → Einfachbetonung) – (1996-2006 nur getrennt!)*

fertigstellen *oder* fertig stellen *R7 –(eher zusammenschreiben → Einfachbetonung) – (1996-2006 nur getrennt!)*

fest anbinden/anstellen/verschrauben/verbinden *R6 – („wörtliche Bed.")*

fest angestellt / kochend / umrissen / verwurzelt *oder* festangestellt, festkochend, fest-verwurzelt, festumrissen *(eher zusammenschr., weil Einfachbetonung überwiegt; dazu kommt: Gleichziehen mit Parallelfällen) – (1996-2004 nur getrennt!)*

Feste feiern/planen *R4 – aber:* das Festefeiern *(nie geändert!)*

festfahren (= unverrückbar sein) *R5 – („übertragene Bed.")*

festhalten (= betonen) *R5 – („übertragene Bed.")*

festkleben *oder* fest kleben *R7 – (eher zusammenschreiben → Einfachbetonung) – (1996-2006 nur getrennt!)*

festnageln (= einen präzisen Standpunkt erzwingen) *R5 – („übertragene Bed.")*

festnehmen (= einsperren) *R5 – („übertragene Bed.")*

festschrauben *oder* fest schrauben *R7 – (eher zusammenschreiben → Einfachbetonung) – (1996-2006 nur getrennt!)*

feststellen (= einen Sachverhalt klarlegen) *R5 – („übertragene Bed.")*

fett drucken *R6 – („wörtliche Bed.")*

fett gedruckt *oder* fettgedruckt *(eher zusammenschreiben → Einfachbetonung) – (1996-2004 nur getrennt!)*

Fetttiegel *oder* **Fett-Tiegel** *(eher mit Bindestrich schreiben → Lesbarkeit)*

fetttriefend *oder*   fett-triefend *(eher mit Bindestrich schreiben → Lesbarkeit)*

Fetttropfen *oder* Fett-Tropfen *(eher mit Bindestrich schreiben → Lesbarkeit)*

Fetttusche *oder* **Fett-Tusche** *(eher mit Bindestrich schreiben → Lesbarkeit)*

Feuer fangen/speien *R4 – aber:* das Feuerfangen *(nie geändert!)*

Feuer speiend *oder* feuerspeiend *(eher zusammenschreiben → Einfachbetonung) – (1996-2004 nur getrennt mit Großschreibung des Nomens!)*

Fideikommiss

Fin de Siècle

Fines Herbes

finster: **im Finstern tappen**

firnissen – **firnisste – gefirnisst**

First-Class-Hotel *oder* **Firstclasshotel** *(eher mit Bindestrichen schreiben → Lesbarkeit)* fischverarbeitend(e) *oder* Fisch verarbeitend(e Betriebe) *(eher zusammenschreiben →* *Einfachbetonung) – (1996-2004 nur getrennt mit Großschreibung des Nomens!)*

Fitness; Fitnessstudio *oder* **Fitness-Studio** *(eher mit Bindestrich → Lesbarkeit)*

flach atmen *R6 – („wörtliche Bed.")*

flachfallen (= entfallen) *R5 – („übertragene Bed.")*

flachklopfen *oder* flach klopfen *R7 – (eher zusammenschreiben → Einfachbetonung) –* *(1996-2006 nur getrennt!)*

Flageolettton *oder* **Flageolett-Ton** *(eher mit Bindestrich schreiben → Lesbarkeit)*

flammig: ein **3-flammiger** Luster

Flanelllappen *oder* **Flanell-Lappen** *(eher mit Bindestrich schreiben → Lesbarkeit)*

Flanellleintuch *oder* **Flanell-Leintuch** *(eher mit Bindestrich schreiben → Lesbarkeit)*

Fleisch fressend *oder* fleischfressend *(eher zusammenschreiben → Einfachbetonung) –* *(1996-2004 nur getrennt mit Großschreibung des Nomens!)*

fließen – **floss** – geflossen; **der Fluss**, das Floß

Flipchart *oder* **Flip-Chart**

Floppydisk *oder* **Floppy Disk**

Flöte spielen *R4 – aber:* das Flötenspielen *(nie geändert!)*

flöten gehen *R8 – („Verb+Verb") – (seit 1996 unverändert); aber:* das Flötengehen *(nie* *geändert!)*

flott gehen/machen *R6 – („wörtliche Bed.")*

flottmachen (= wieder in Gang bringen) *R5 – („übertragene Bed.")*

Fluss, Flussarm, Flussbett, Flüsschen

flussabwärts/-aufwärts

flüssig lesen/schreiben *R6 – („wörtliche Bed.")*

flüssigmachen (= einen Betrag bereitstellen) *R5 – („übertragene Bed.")*

flüssigmachen *oder* flüssig machen (nur in der Bed. „verflüssigen") *R7 – (eher zusammen-* *schreiben → Einfachbetonung) – (1996-2006 nur getrennt!)*

Flusssand *oder* **Fluss-Sand** *(eher mit Bindestrich schreiben → Lesbarkeit)*

Flusssäure *oder* **Fluss-Säure** *(eher mit Bindestrich schreiben → Lesbarkeit)*

Flussschifffahrt *oder* **Fluss-Schifffahrt** *oder* **Flussschiff-Fahrt** *(eher mit Bindestrich* *schreiben → Lesbarkeit)*

Flussspat *oder* **Fluss-Spat** *(eher mit Bindestrich schreiben → Lesbarkeit)*

Föhn (Wind *und* Haartrockner) *aber:* Fön = *registriertes Warenzeichen*

föhnen (föhnig werden *und* Haare trocknen)

Folge leisten *R4 – aber:* das Folgeleisten *(nie geändert!)*

folgend: **das Folgende, Folgendes, im Folgenden**

Follow-up-Seminar

~~Fön~~→ *nur noch als registriertes Warenzeichen in der alten Schreibform; s.* Föhn

Fon *oder* Phon (-f- *sollte als die modernere Schreibform bevorzugt werden)*

Fonetik, fonetisch *oder* Phonetik, phonetisch (-f- *sollte als die modernere Schreibform bevorzugt werden)*

fonografisch *oder* phonographisch (-f- *als die modernere Schreibform bevorzugen)*

Fonotechnik *oder* Phonotechnik (-f- *sollte als die modernere Schreibform bevorzugt werden)*

Fonothek *oder* Phonothek (-f- *sollte als die modernere Schreibform bevorzugt werden)*

fort sein *R9 – (seit 1996 unverändert)*

Fosburyflop *oder* Fosbury-Flop

Foto… / foto.. *oder* Photo…/ photo… (*Die Schreibung mit F/ f… sollte als zeitgemäßere Schreibform bevorzugt werden)*

Frage: in Frage *oder* infrage stellen/ kommen … *(eher klein- und zusammenschreiben, analog zu den sehr zahlreichen verpflichtenden Parallelfällen, z. B. anhand, infolge, zuliebe, zugute…)*

Frappé *oder* Frappee

Freeclimbing *oder* **Free-Climbing**

Freejazz *oder* Free Jazz

frei lebend/stehend *oder* freilebend, freistehen *(eher zusammenschreiben → Einfach-betonung; vgl. auch freimachen, freistehen [nur so!]) – (1996-2004 nur getrennt!)*

freibekommen *oder* frei bekommen *R7 – (eher zusammenschreiben → Einfachbetonung) – (1996-2006 nur getrennt!)*

freihaben *oder* frei haben *R5+6 / „Zweifelsfall" – (eher zusammenschreiben → Einfach-betonung) – (1996-2006 nur getrennt!)*

frei halten/sprechen/stehen *R6 – (wörtliche Bed.; z. B. eine Rede frei halten)*

freihalten (= eine Konsumation für jemd. begleichen) *R5 – („übertragene Bed.")*

freilegen *oder* frei legen *R7 – (eher zusammenschreiben → Einfachbetonung) – (1996-2006 nur getrennt!)*

freimachen (= frankieren) *R5 – („übertragene Bed.")*

freimachen *oder* frei machen *R7 – (eher zusammenschreiben → Einfachbetonung) – (1996-2006 nur getrennt!)*

freinehmen *oder* frei nehmen *R5+6 / „Zweifelsfall" – (eher zusammenschreiben → Einfachbetonung) – (1996-2006 nur getrennt!)*

frei sein *R9 – (seit 1996 unverändert) – aber:* das Freisein *(nie geändert!)*

freisprechen (= von einer Beschuldigung befreien) *R5 – („übertragene Bed.")*

freistehen (= die Wahl haben) *R5 – („übertragene Bed.")*

freistellen (= die Wahl lassen) *R5 – („übertragene Bed.")*

Freitag *s.* Dienstagabend …

fressen – **du frisst** – fraß – gefressen; der Fraß

Fressgier, Fressnapf

Fresssack *oder* **Fress-Sack** *(eher mit Bindestrich schreiben → Lesbarkeit)*

Fresssucht *oder* **Fress-Sucht** *(eher mit Bindestrich schreiben → Lesbarkeit)*

fresssüchtig *oder* **fress-süchtig** *(eher mit Bindestrich schreiben → Lesbarkeit)*

freund bleiben/ sein/ werden *(nach 10 Jahren Großschreibung: seit 2006 wieder in Kleinschreibung!); aber:* er ist mein **Freund**

~~Fridatte~~ *(österr.) s.* Frittate

Frigidaire *oder* Frigidär *(Bei Fremdwörtern, die noch deutlich als solche empfunden werden, sollte eher die Originalschreibung beibehalten werden.)*

frisch backen *R6 – („wörtliche Bed.")*

frisch gebacken / gemacht *oder* frischgebacken, frischgemacht *(eher zusammenschreiben → Einfachbetonung) – (1996-2004 nur getrennt!)*

frisch halten *R6 – („wörtliche Bed.")*

Frittate *(Anm.: Die frühere österreichische Schreibvariante „Fridatte" gibt es seit 1996 nicht mehr!)*

frittieren, Frittieröl, Frittüre (= Frittieröl)

froh gelaunt/ gestimmt ... *oder* frohgelaunt, frohgestimmt *(eher zusammenschreiben → Einfachbetonung) (1996-2004 nur getrennt!); aber:* frohgemut *(nur so!)*

Frucht bringend / tragend *oder* fruchtbringend, fruchttragend *(eher zusammenschreiben → Einfachbetonung) – (1996-2004 nur getrennt mit Großschreibg. des Nomens!)*

Fruchtjoghurt *oder* Fruchtjogurt *(in Österr. wird dieses Wort eher mit -kh- gesprochen; eine Umstellung auf die Schreibweise ohne -h- erscheint nur für Deutschland sinnvoll, weil dort das -g- betont weich ausgesprochen wird)*

früh verstorben *oder* frühverstorben *(eher zusammenschreiben → Einfachbetonung) – (1996-2004 nur getrennt!)*

früh: **heute Früh** *(groß in der Bed. „am Morgen", klein nur in der Bed."zeitig"!);* **von früh auf**

Frutti di Mare

Fullservice *oder* **Full-Service**

Fulltimejob *oder* **Full-Time-Job**

Functionalfood *oder* **Functional-Food** *(eher mit Bindestrich schreiben → Lesbarkeit)*

Fundraising *oder* **Fund-Raising** *(eher mit Bindestrich schreiben → Lesbarkeit)*

fünfzig s. achtzig

Funken sprühend *oder* funkensprühend *(eher zusammenschreiben → Einfachbetonung) – (1996-2004 nur getrennt mit Großschreibung des Nomens!)*

fürbass

Furcht einflößen *R4 – aber:* das Furchteinflößen *(nie geändert!)*

Furcht einflößend / erregend *oder* furchteinflößend, furchterregend *(eher zusammenschreiben → Einfachbetonung) – (1996-2004 nur getrennt mit Großschreibung des Nomens!)*

füreinander einstehen *R10 – („Doppelbetonung")*

fürliebnehmen *R10 – („Einfachbetonung")*

Fuß fassen *R4 – aber:* das Fußfassen *(nie geändert!)*

Fußball spielen *R4 – aber:* das Fußballspielen *(nie geändert!)*

Fußballländerspiel *oder* <u>**Fußball-Länderspiel**</u> *(eher mit Bindestrich → Lesbarkeit)*

Futter holen/suchen *R4 – aber:* das Futterholen *(nie geändert!)*

G

Gämse *(Schreibung mit Umlaut aus der Wortfamilie begründet: Gams, Gamsbock...)*

ganz: als ganzes *oder* <u>als Ganzes</u> *(Großschreibung eher zu bevorzugen, analog zu verpflichtenden Parallelfällen, z. B. das Ganze, im Ganzen, alles Weitere...);* **im Ganzen, im großen Ganzen, im Großen und Ganzen**

gar gekocht *oder* <u>gargekocht</u> *(eher zusammenschreiben → Einfachbetonung) – (1996-2004 nur getrennt!)*

gar nicht(s)

gar kochen *oder* <u>garkochen</u> *R7 – (eher zusammenschreiben → Einfachbetonung) – (1996-2006 nur getrennt!)*

Gässchen, Gässlein

Gebiss

Gefahr bringend/ drohend *oder* <u>gefahrbringend</u>, <u>gefahrdrohend</u> *(eher zusammenschreiben → Einfachbetonung) – (1996-2004 nur getrennt mit Großschreibung des Nomens!)*

Gefahr laufen *R4 – aber:* das Gefahrlaufen *(nie geändert!)*

gefangen halten / nehmen / setzen *R6 – („wörtliche Bed.") – aber:* das Gefangenhalten *(nie geändert!)*

gefasst

gefirnisst (v. firnissen)

gegeben: es ist das **Gegebene**

gegeneinander antreten/kämpfen *R10 – („Doppelbetonung")*

gegeneinanderdrücken/-prallen/-stellen *R10 – („Einfachbetonung")*

gegenüber aufstellen *R10 – („Doppelbetonung")*

gegenüberstellen *R10 – („Einfachbetonung")*

geheim bleiben/halten *R6 – („wörtliche Bed.")*

geheim: **im Geheimen; Geheimtipp**

gehen lassen *R8 – („Verb+Verb") – (seit 1996 unverändert)*

Geige spielen *R4 – aber: das Geigespielen (nie geändert!)*

Gelass

gelb: *Großschreibung nach R24 in folgenden Begriffen:* der **Gelbe** Fluss (geografischer Begriff); die **Gelbe** *Karte (angeblich fachsprachlich)*
Groß- oder Kleinschreibung nach R24 in folgendem Begriff: das **gelbe** Trikot *oder* das **Gelbe** Trikot (= Trophäe im Radsport) *(Unklar bleibt, warum „G/gelbes Trikot" und „Gelbe Karte" – beide aus der Fachspr. des Sports - unterschiedlich geregelt sind.)*

gelblich grün

Geld ausgeben/borgen/leihen/sparen *R4 – aber:* das Geldausgeben *(nie geändert!)*

gelten lassen *R8 – („Verb+Verb") – (seit 1996 unverändert)*

geltend machen *R6 – („wörtliche Bed.")*

~~Gemse~~ *geändert auf* **Gämse**

genau: **des Genaueren,** auf das/ aufs Genaueste *oder* genaueste *(Großschreibung hier bevorzugen, analog zu verpflichtenden Parallelfällen, z. B. das Genaueste, des Genaueren, auf Genaueres warten...)*

genau genommen / gesagt *oder* genaugenommen, genaugesagt *(eher zusammenschreiben → Einfachbetonung) – (1996-2004 nur getrennt!)*

genau nehmen *R6 – („wörtliche Bed.")*

genau sein *R9 – (seit 1996 unverändert)*

genauso gut/ wenig

genießen – **genoss** – genossen; **der Genuss,** der Genießer

genießen lernen *R8 – („Verb+Verb") – (seit 1996 unverändert)*

Genius Loci

Genus Verbi (sprachwiss.)

Genuss – Genüsse, **genüsslich**

Genussstreben *oder* Genuss-Streben *(eher mit Bindestrich schreiben → Lesbarkeit)*

Genusssucht *oder* Genuss-Sucht *(eher mit Bindestrich schreiben → Lesbarkeit)*

genusssüchtig *oder* genuss-süchtig *(eher mit Bindestrich schreiben → Lesbarkeit)*

Geographie *oder* Geografie (-f- *sollte als die modernere Schreibform bevorzugt werden)*

geradebiegen (= in Ordnung bringen) *R5 – („übertragene Bed.")*

geradebiegen *oder* gerade biegen *R7 – (eher zusammenschreiben → Einfachbetonung) – (1996-2006 nur getrennt!)*

gerade halten/legen/sitzen/stehen *R6 – (Getrenntschreibung nur bei wörtlicher Bed. beider Teile = Doppelbetonung; in allen anderen Fällen siehe Folgezeilen!)*

geradehalten *oder* gerade halten *R7 – (eher zusammenschreiben → Einfachbetonung) – (1996-2006 nur getrennt!)*

geraderichten *oder* gerade richten *R7 – (eher zusammenschreiben → Einfachbetonung) – (1996-2006 nur getrennt!)*

geradesitzen *oder* gerade sitzen *R7 – (eher zusammenschreiben → Einfachbetonung) – (1996-2006 nur getrennt!)*

geradestehen (= die Verantwortung übernehmen) *R5 – („übertragene Bed.")*

geradestellen *oder* gerade stellen *R7 – (eher zusammenschreiben → Einfachbetonung) – (1996-2006 nur Getrenntschreibung!)*

geradeso gut/wenig

gering: **das Geringste, nicht im Geringsten, um ein Geringes**

geringachten *oder* gering achten *R5+6 / „Zweifelsfall" – (eher zusammenschreiben →
Einfachbetonung) – (1996-2006 nur getrennt!)*

geringschätzen *oder* gering schätzen *R5+6 / „Zweifelsfall" – (eher zusammenschreiben →
Einfachbetonung) – (1996-2006 nur getrennt!)*

gern gesehen *oder* gerngesehen *(eher zusammenschreiben → Einfachbetonung) –
(1996-2004 nur getrennt!)*

gernhaben *R10 – („Einfachbetonung")*

gesamt: **im Gesamten**

geschenkt bekommen *R6 – („wörtliche Bed.")*

Geschirrregal *oder* **Geschirr-Regal** *(eher mit Bindestrich schreiben → Lesbarkeit)*

Geschirrreiniger *oder* **Geschirr-Reiniger** *(eher mit Bindestrich schr. → Lesbarkeit)*

Geschoss *– Geschosse (= Schreibweise für Deutschland wegen der kurzen Aussprache
des -o-)*

Geschoß *– Geschoße (= Schreibweise für Österreich wegen der langen Aussprache
des -o-)*

geschrien *(von* schreien*)*

gespien *(von* speien*)*

gestern Abend / Früh / Nacht ... *(Anm.:* "Früh" *in Großschreibung ist hier korrekt!)*

gestohlen bleiben *R6 – („wörtliche Bed.")*

gesundbeten *(= etw. positiver darstellen als es ist) – R5 („übertragene Bed.")*

gesund bleiben *R6 – („wörtliche Bed.")*

gesundmachen *oder* gesund machen *R7 – (eher zusammenschreiben →
Einfachbetonung) – (1996-2006 nur getrennt!)*

gesundpflegen *oder* gesund pflegen *R7 (eher zusammenschreiben → Einfachbetonung) –
(1996-2006 nur getrennt!)*

gesundschreiben *(= für arbeitsfähig erklären) R5 – („übertragene Bed.")*

gesundschrumpfen *(= durch Betriebsverkleinerung wieder wettbewerbsfähig
werden) R5 – („übertragene Bed.")*

gesund sein *R9 – (seit 1996 unverändert)*

gesundstoßen, sich *(= große Gewinne erzielen) R5 – („übertragene Bed.")*

getrennt leben/schreiben *R6 – („wörtliche Bed.") aber:* das Getrenntschreiben *(nie
geändert!)*

getrennt lebend *oder* getrenntlebend *(eher zusammenschreiben → Einfachbetonung) –
(1996-2004 nur getrennt!)*

gewähren lassen *R8 – („Verb+Verb") – (seit 1996 unverändert) – aber:* das Gewähren-
lassen *(nie geändert!)*

gewährleisten *oder* Gewähr leisten *R4 / A3 („Wortgruppe oder Zusammensetzung") (eher
zusammenschreiben → Einfachbetonung) – (1996-2006 nur getrennt mit Groß-
schreibung des Nomens!)*

Gewalt verherrlichend(e) *oder* gewaltverherrlichend(e Ideologie) *(eher zusammenschreiben → Einfachbetonung) – (1996-2004 nur getrennt mit Großschreibung des Nomens!)*

gewinnbringend *oder* Gewinn bringend *(eher zusammenschreiben → Einfachbetonung) – (1996-2004 nur getrennt mit Großschreibung des Nomens!)*

gewinnbringend *oder* Gewinn bringend *(eher zusammenschreiben → Einfachbetonung) – (1996-2004 nur getrennt mit Großschreibung des Nomens!)*

gewinnen lassen *R8 – („Verb+Verb") – (seit 1996 unverändert)*

Gewinnnummer *oder* **Gewinn-Nummer** *(eher mit Bindestrich schreiben → Lesbarkeit)*

gewiss, Gewissheit

gewusst *(von „wissen")*

gießen – **goss** – gegossen; der **Guss**

Gilgameschepos *oder* Gilgamesch-Epos *(eher mit Bindestrich schreiben → Lesbarkeit)*

Ginfizz *oder* Gin-Fizz

Gingerale *oder* **Ginger-Ale**

Ginkgo *oder* Ginko

Gitarre spielen *R4 – aber:* das Gitarrespielen *(nie geändert!)*

Glacé *oder* Glacee

glänzend schwarz/ weiß ...

glatt ablaufen *R6 – („wörtliche Bed.")*

glatt gehobelt / rasiert... *oder* glattgehobelt, glattrasiert *(eher zusammenschreiben → Einfachbetonung) – (1996-2004 nur getrennt!)*

glattgehen (= problemlos ablaufen) *R5 – („übertragene Bed.")*

glatthobeln *oder* glatt hobeln *R7 (eher zusammenschreiben → Einfachbetonung) – (1996-2006 nur getrennt!)*

glattrasieren *oder* glatt rasieren *R7 – (eher zusammenschreiben → Einfachbetonung) – (1996-2006 nur getrennt!)*

glattstreichen *oder* glatt streichen *R7 – (eher zusammenschreiben → Einfachbetonung) – (1996-2006 nur getrennt!)*

glattstreifen *oder* glatt streifen *R7 – (eher zusammenschreiben → Einfachbetonung) – (1996-2006 nur getrennt!)*

gleich: **das Gleiche, ins Gleiche / auf Gleich bringen, Gleich und Gleich**

gleich bleiben/lauten *R6 – („wörtliche Bed.")*

gleich bleibend / gesinnt / lautend... *oder* gleichbleibend, gleichgesinnt, gleichlautend *(eher zusammenschreiben → Einfachbetonung) – (1996-2004 nur getrennt!)*

gleich(gültig) sein *R9 – (seit 1996 unverändert)*

gleichkommen (= entsprechen) *R5 – („übertragene Bed.")*

gleich kommen *(getrennt nur in der Bed. „bald eintreffen"!)* *R6 – („wörtliche Bed.")*

gleichmachen (= nachmachen) *R5 – („übertragene Bed.")*

gleichsetzen (= dasselbe auch für ... annehmen) *R5 – („übertragene Bed.")*

gleichtun (= nachmachen) *R5 – („übertragene Bed.")*

gleichziehen mit (= angleichen an) *R5 – („übertragene Bed.")*

-gliedrig: **3-gliedrig**

Glimmstängel

Glück bringend / verheißend *oder* glückbringend, glückverheißend *(eher zusammenschrei-
ben→ Einfachbetonung) – (1996-2004 nur getrennt mit Großschr. des Nomens!)*

glühend heiß

G-Man

Gnaden bringend *oder* gnadenbringend *(eher zusammenschreiben → Einfachbetonung)
(1996-2004 nur getrennt mit Großschreibung des Nomens!)*

Goethe: **die goetheschen** oder **die Goethe'schen** Dramen

googeln, gegoogelt *(eingedeutscht)*

Gokart

Gokart fahren *R4 – aber:* das Gokartfahren *(nie geändert!)*

golden: *Großschreibung nach R24 in folgenden Begriffen:* das **Goldene** Kalb (Eigenname
aus dem religiösen Bereich); das **Goldene** Horn (= der Bosporus; geografischer
Eigenname); der **Goldene** Schnitt („fachsprachlich"); der **Goldene** Sonntag
(Kalendertag: letzter Sonntag vor Weihnachten); die **Goldene** Stadt (= Prag)
(inoffizieller Eigenname);
Groß- oder Kleinschreibung nach R24 in folgendem Begriff: das **goldene** Zeitalter
oder das **Goldene Zeitalter** (= fiktive ‚historische' Epoche);
Kleinschreibung nach R24 in folgenden Begriffen: der **goldene** Mittelweg; die
goldene Hochzeit

Gott sei Dank

Grafie *oder* Graphie (-f- *sollte als die modernere Schreibform bevorzugt werden)*

Grafit *oder* Graphit (-f- *sollte als die modernere Schreibform bevorzugt werden)*

Grafolog(i)e *oder* Grapholog(i)e (-f- *sollte als die modernere Schreibform bevorzugt werden)*

Grammmol(ekül) *oder* **Gramm-Mol(ekül)** *(eher mit Bindestrich schreiben → Lesbarkeit)*

Grammophon *oder* Grammofon (-f- *sollte als die modernere Schreibform bevorzugt werden)*

Grandslam *oder* Grand Slam

Graphie *oder* Grafie (-f- *sollte als die modernere Schreibform bevorzugt werden)*

Graphit *oder* Grafit (-f- *sollte als die modernere Schreibform bevorzugt werden)*

Graphologe *oder* Grafologe (-f- *sollte als die modernere Schreibform bevorzugt werden)*

grässlich

Gräuel, gräulich (auch in der Bed. ‚scheußlich') – *Anm.: Die Umstellung von* ~~Greuel~~ *und
~~greulich~~ auf* Gräuel *und* gräulich *sollte die Stammtreue innerhalb der Wortfamilie
sicherstellen – beide Wörter leiten sich von „das Grauen" ab, daher der Umlaut.*

grau: *Großschreibung nach R24 in folgenden Begriffen:* die **Grauen** Panther (Name eines
Schutzbundes); die **Grauen** Schwestern (Name einer kathol. Glaubenskongregation);
Groß- oder Kleinschreibung nach R24 in folgendem Begriff: die **graue** Eminenz *oder*
die **Graue** Eminenz (= einflussreiche Persönlichkeit, im Hintergrund bleibend) *[Anm.:
Detail-Sonderregelungen dieser Art sind schlechthin unbehaltbar!]
Kleinschreibung nach R24 in folgenden Begriffen:* eine **graue** Maus; der **graue** Star
(„fachsprachlich")

Grauen erregend *oder* grauenerregend *(eher zusammenschreiben → Einfachbetonung) –*
(1996-2004 nur getrennt mit Großschreibung des Nomens!)

gräulich *(sowohl Bed. „Farbton" als auch Bed. „grauenhaft") – siehe „Gräuel"*

grau meliert *oder* graumeliert *(eher zusammenschreiben → Einfachbetonung) – (1996-2004*
nur getrennt!)

Greencard *oder* **Green Card**

grell beleuchten *R6 – („wörtliche Bed.")*

grell beleuchtet *oder* grellbeleuchtet *(eher zusammenschreiben → Einfachbetonung) –*
(1996-2004 nur getrennt!)

~~Greuel, greulich~~ geändert auf **Gräuel, gräulich**

Grifffeld *oder* **Griff-Feld** *(eher mit Bindestrich schreiben → Lesbarkeit)*

grifffest *oder* **griff-fest** *(eher mit Bindestrich schreiben → Lesbarkeit)*

Grifffläche *oder* Griff-Fläche *(eher mit Bindestrich schreiben → Lesbarkeit)*

grifffreundlich *oder* **griff-freundlich** *(eher mit Bindestrich schreiben → Lesbarkeit)*

Grizzlybär *oder* Grislibär *(eingedeutscht)*

grob gemahlen *oder* grobgemahlen *(eher zusammenschreiben → Einfachbetonung) –*
(1996-2004 nur getrennt!)

grob: **aus dem Groben arbeiten;** auf das / aufs gröbste *oder* Gröbste

grobmahlen *oder* grob mahlen *R7 –(eher zusammenschreiben → Einfachbetonung) –*
(1996-2006 nur getrennt!)

groß angelegt / kariert ... *oder* großangelegt, großkariert *(eher zusammenschreiben →*
Einfachbetonung)

groß: **im Großen, im Großen und Ganzen, Groß und Klein, das Größte** ist;
Großschreibung nach R24 in folgenden Begriffen: die **Große** Kreisstadt (Eigenname
im Rahmen der dt. Kommunalverwaltung); der **Große** Belt (geografischer
Eigenname); der **Große** Teich (inoffizieller Eigenname für den Atlantik); der **Große**
Wagen (ein Sternbild);
Kleinschreibung nach R24 in folgenden Begriffen: das **große** Einmaleins, die **große**
Pause

großschreiben (= mit großem Anfangsbuchstaben schreiben; wichtig nehmen) *R5 –*
*(„übertragene Bed.") **ACHTUNG**: Bedeutungszuordnungen nach 10 Jahren wieder*
geändert!

groß schreiben *(getrennt nur in der Bed. „in großen Lettern schreiben") R6 – (wörtl. Bed.)*
***ACHTUNG**: Bedeutungszuordnungen nach 10 Jahren wieder geändert!*

grün: *Großschreibung nach R24 in folgenden Begriffen:* das **Grüne** Gewölbe (Schatz-
kammer in Dresden); die **Grüne** Insel (= Irland) *(inoffizieller Eigenname);* der **Grüne**
Veltliner (Name einer Weinsorte);
Groß- oder Kleinschreibung nach R24 in folgenden Begriffen: die **grüne** Grenze *oder*
die **Grüne** Grenze (= Grenzabschnitte in freier Landschaft); die **grüne** Lunge *oder* die
Grüne Lunge (= große Grünfläche in einer Stadt).
Kleinschreibung nach R24 in folgenden Begriffen: die **grüne** Hochzeit; ein **grüner**
Junge

Grund: <u>aufgrund</u> *oder* auf Grund; <u>zugrunde</u> *oder* zu Grunde *(eher klein- und zusammen-schreiben, analog zu den sehr zahlreichen verpflichtenden Parallelfällen, z. B. anhand, infolge, zuliebe, zugute...)*

grünlich gelb

Gunsten: zugunsten *oder* <u>zu Gunsten</u>; zuungunsten *oder* <u>zu Ungunsten</u> *(Getrennt-schreibung eher zu empfehlen, weil in diesen Wendungen attributive Erweiterungen möglich sind → zu deinen Gunsten/Ungunsten)*

Guss – Güsse; **Gusseisen**

gut: **im Guten; jenseits von gut und böse;** guten Tag sagen *oder* Guten Tag sagen; *Kleinschreibung nach R24 in folgendem Begriff:* um **gutes** Geld

gut aussehend / bezahlt / gemeint... *oder* <u>gutaussehend</u>, <u>gutbezahlt</u>, <u>gutgemeint</u> *(eher zusammenschreiben → Einfachbetonung) – (1996-2004 nur getrennt!)*

gutgehen (= positiv enden) *R5 – („übertragene Bed.")*

gut gehen *(getrennt nur in der Bed. „ohne Beeinträchtigung gehen können") R6 – („wörtliche Bed.")*

guthaben (= ein Guthaben haben) *R5 – („übertragene Bed.")*

gutheißen (= zustimmen) *R5 – („übertragene Bed.")*

gutmachen (= Unrecht beseitigen) *R5 – („übertragene Bed.")*

gut meinen *R6 – („wörtliche Bed.")*

gut schreiben *(getrennt nur in der Bed. „in guter Qualität schr.") R6 – (wörtl. Bed.)*

gutschreiben (= als Guthaben anrechnen) *R5 – („übertragene Bed.")*

gut sein *R9 – (seit 1996 unverändert)*

H

Hafffischer *oder* **Haff-Fischer** *(eher mit Bindestrich schreiben → Lesbarkeit)*

<u>haften bleiben</u> oder haftenbleiben *(zusammen nur in der Bed. „im Gedächtnis bleiben") R8 - („Verb+Verb") – Konsequente Getrenntschreibung zweier Verben ist zu empfehlen, weil das Auseinanderhalten einzelner Sonderfälle nur mühsam ist, aber keine Vorteile bringt! – (1996-2006 nur getrennt!)*

Hairstylist

halb blind / leer / offen ... *oder* <u>halbblind</u>, <u>halbleer</u>, <u>halboffen</u> *aber unverändert:* halbstündig, halbseiden *(eher zusammenschreiben → Einfachbetonung) – (1996-2004 nur getrennt!)*

halb totschlagen *R6 – („wörtliche Bed.")*

halb vollmachen *R6 – („wörtliche Bed.")*

Halt geben/finden/suchen *R4*

Halt/halt: laut Halt rufen *oder* laut halt rufen

haltmachen *oder* Halt machen *R4 / A3 („Wortgruppe oder Zusammensetzung") (eher zusammenschreiben → Einfachbetonung) – (1996-2004 nur getrennt mit Großschreibung des Nomens!)*

Hämorrhoiden *oder* Hämorriden *(Wer dieses Wort schreiben muss, kann sich auch gleich der Mühe unterziehen, es richtig zu schreiben; dass die oft verwendete umgangssprachliche Sprechform der Alternativschreibung nahekommt, ist kein hinreichender Grund, es auch tatsächlich so zu schreiben – sonst müsste man Tausende von Wörtern in diesem Sinne umstellen, z. B. „fahta" statt „Vater" usw.)*

❚❚ Hand: **anhand** *(Anm.: seit 2006 nur noch klein und zusammen!)*

Handballländerspiel *oder* **Handball-Länderspiel** *(eher mit Bindestrich schreiben → Lesbarkeit)*

❚❚ Händchen haltend *oder* händchenhaltend *(eher zusammenschreiben → Einfachbetonung) – (1996-2004 nur getrennt mit Großschreibung des Nomens!)*

Hände abtrocknen/waschen *R4 –* aber: das Händeabtrocknen *(nie geändert!)*

❚❚ Handel treibend *oder* handeltreibend *(eher zusammenschreiben → Einfachbetonung) – (1996-2004 nur getrennt mit Großschreibung des Nomens!)*

handhaben *R4 / A1 - („untrennbar")*

Handout *oder* Hand-out

Handy: *Pl.* **Handys,** *ebenso Gen. Sg.*

❚❚ hängen bleiben oder hängenbleiben *(zusammen nur in der Bedeutung „im Gedächtnis bleiben") R8 – („Verb+Verb") – Konsequente Getrenntschreibung zweier Verben ist zu empfehlen, weil das Auseinanderhalten einzelner Sonderfälle nur mühsam ist, aber keine Vorteile bringt! – (1996-2006 nur getrennt!)*

❚❚ hängen lassen *oder* hängenlassen *(zusammen nur in der Bed. im Stich lassen) R8 - („Verb+Verb") – Konsequente Getrenntschreibung zweier Verben ist zu empfehlen, weil das Auseinanderhalten einzelner Sonderfälle nur mühsam ist, aber keine Vorteile bringt! – (1996-2006 nur getrennt!)*

Happyend *oder* **Happy End**

Harass (= Lattenkiste)

Hardcover *oder* **Hard Cover**

Hardcovereinband *oder* **Hard-Cover-Einband** *(eher mit Bindestrichen → Lesbarkeit)*

Hardrock *oder* Hard Rock

hart arbeiten *R6 – („wörtliche Bed.")*

❚ hart gekocht ... *oder* hartgekocht *(eher zusammenschreiben → Einfachbetonung) – (1996-2004 nur getrennt!)*

❚❚ hartkochen *oder* hart kochen *R7 (eher zusammenschreiben → Einfachbetonung) – (1996-2006 nur getrennt!)*

Haselnussstrauch *oder* **Haselnuss-Strauch** *(eher mit Bindestrich → Lesbarkeit)*

Hass

hassen – **du hasst – hasste – gehasst**

hasserfüllt, hässlich

Haus: <u>nachhause</u> *oder* nach Hause; <u>zuhause</u> oder zu Hause *(eher klein- und zusammen-schreiben, analog zu den sehr zahlreichen verpflichtenden Parallelfällen, z. B. anhand, infolge, zuliebe, zugute...)*

Hausaufgaben machen/schreiben *R4 aber:* das Hausaufgabenmachen *(nie geändert!)*

<u>haushalten</u> *oder* Haus halten (!) *R4 / A3 („Wortgruppe oder Zusammensetzung") (eher zusammenschreiben → Einfachbetonung; außerdem scheint hier eine Fehl-einschätzung der Reformer vorzuliegen, denn wer sagt schon „Ich halte mit meinem Geld gut haus"? – „haushalten" gehört wohl eher zu den untrennbaren Verben wie bergsteigen und segelfliegen!)*

Hawaiiinseln *oder* <u>Hawaii-Inseln</u> *(eher mit Bindestrich → Lesbarkeit)*

Heavy Metal *(Anm.: Zusammenschreibung seit 2006 nicht mehr möglich)*

heilig: *Großschreibung nach R24 in folgenden Begriffen:* der **Heilige** Abend (besonderer Kalendertag); die **Heiligen** Drei Könige (Eigenname aus dem religiösen Bereich) ; der **Heilige** Geist (Eigenname aus dem religiösen Bereich); das **Heilige** Grab (Name einer Gedenkstätte der Christenheit); das **Heilige** Land (= Palästina); der **Heilige** Vater (Ehrentitel für den Papst)
Groß- oder Kleinschreibung nach R24 in folgenden Begriffen: der **heilige** Krieg *oder* der **Heilige** Krieg (= der Krieg des Islam gegen die aus seiner Sicht Ungläubigen)

heiligsprechen (= in die Schar der Heiligen aufnehmen) *R5 – („übertragene Bed.")*

heimgehen, gehen wir **heim** *R4 / A2 - („übertragene Bed.")*

heimlich tun (etwas) *R6 vgl.* heimlichtun; *aber:* das Heimlichtun *(nie geändert!)*

heimlichtun (= geheimnisvoll tun) *R5 - vgl. aber:* heimlich tun!

heiß: *Kleinschreibung nach R24 in folgendem Begriff:* ein **heißes** Eisen

heiß begehren *R6 – („wörtliche Bed.")*

heiß begehrt / ersehnt ... *oder* <u>heißbegehrt</u>, <u>heißersehnt</u> *(eher zusammenschreiben → Einfachbetonung) – (1996-2004 nur getrennt!)*

heiß laufen (Motor) *R6 – („wörtliche Bed.")*

<u>heißmachen</u> *oder* heiß machen *R7 (eher zusammenschreiben → Einfachbetonung) – (1996-2004 nur getrennt!)*

heißmachen, die Hölle (= in Bedrängnis bringen) *R5 – („übertragene Bed.")*

helfen kommen *R8 – („Verb+Verb") – (seit 1996 unverändert)*

helfen lassen *R8 – („Verb+Verb") – (seit 1996 unverändert)*

Heliskiing

hell lodernd / strahlend ... *oder* <u>helllodernd</u>, <u>hellstrahlend</u> *(eher zusammenschreiben → Einfachbetonung) – (1996-2004 nur getrennt!)*

hell strahlen *R6 – („wörtliche Bed.")*

helllicht *oder* <u>hell-licht</u> *(eher mit Bindestrich schreiben → Lesbarkeit)*

helllila *oder* <u>hell-lila</u> *(eher mit Bindestrich schreiben → Lesbarkeit)*

her sein *R9 – (seit 1996 unverändert)*

herabfallen/-laufen/-stürzen *R10 – („Einfachbetonung")*

heranfahren/-gehen/-kommen/-lassen/-nahen/-stürmen *R10 – („Einfachbetonung")*

heraufgehen/-kommen/-laufen *R10 – („Einfachbetonung")*

heraus sein *R9 – (seit 1996 unverändert)*

herausbekommen/-finden/-geben/-schlagen/-streichen *R10 – („Einfachbetonung")*

herbeieilen/-fahren/-kommen/-stürzen... *R10 – („Einfachbetonung")*

hereinholen/-kommen/-nehmen... *R10 – („Einfachbetonung")*

herniedergehen *R10 – („Einfachbetonung")*

herüberkommen/-winken *R10 – („Einfachbetonung")*

herumlaufen *R10 – („Einfachbetonung")*

herunterfallen/-geben/-spielen... *R10 – („Einfachbetonung")*

hervorbrechen/-bringen/-heben/-kehren/-streichen... *R10 – („Einfachbetonung")*

herzlich: auf das / aufs Herzlichste *oder* aufs herzlichste *(Großschreibung eher bevorzugen, analog zu verpflichtenden Parallelfällen, z. B. das Einfachste, im Wesentlichen...)*

herzukommen *R10 – („Einfachbetonung")*

heute Abend / Nacht / Mittag / Früh ...

‖ **hierbleiben/-lassen** *R10 – („Einfachbetonung")*

‖ **hierherkommen** *R10 – („Einfachbetonung")*

hier sein *R9 – (seit 1996 unverändert)*

hierzulande *oder* hier zu Lande *(eher zusammenschreiben, weil die Getrenntschreibung die Vorstellung des Gegensatzes zum „Wasser" erzeugt, was in dieser Wendung aber keine passende Assoziation ist)*

High Church

‖ **High Fidelity** *(Anm.: Zusammenschreibung seit 2006 nicht mehr möglich)*

Highlight

Highriser

‖ **High Society** *(Anm.: Zusammenschreibung seit 2006 nicht mehr möglich)*

Hightech *oder* **High Tech**

Hightechindustrie *oder* High-Tech-Industrie *(eher zusammenschreiben → Lesbarkeit)*

Hilfe: mit Hilfe *oder* mithilfe *(Getrenntschreibung eher zu empfehlen, weil in dieser Wendung eine attributive Erweiterung möglich ist →* **mit** deiner **Hilfe***)*

Hilfe benötigen/holen/suchen *R4 – aber:* das Hilfeholen *(nie geändert!)*

‖ Hilfe suchend *oder* hilfesuchend *(eher zusammenschreiben → Einfachbetonung) –*
‖ *(1996-2004 nur getrennt mit Großschreibung des Nomens!)*

Hillbillymusic *oder* **Hillbillimusik**

hinabgehen... *R10 – („Einfachbetonung")*

hinangehen... *R10 – („Einfachbetonung")*

hinaufschieben/-schreien/-ziehen... *R10 – („Einfachbetonung")*

hinausschieben/-zögern... *R10 – („Einfachbetonung")*

hindurchzwängen... *R10 – („Einfachbetonung")*

hineinbringen/-interpretieren/-tragen... *R10 – („Einfachbetonung")*

hintanhalten/-stellen *R10 – („Einfachbetonung")*

hintenüberfallen *R10 – („Einfachbetonung")*

hinterdreinlaufen... *R10 – („Einfachbetonung")*

hintereinander hergehen *R10 – („Doppelbetonung")*

hintereinanderfahren/-gehen/-laufen/-legen/-stellen... *R10 – („Einfachbetonung")*

hinterher jammern (= im Nachhinein jammern) *R10 – („Doppelbetonung")*

hinterherhinken/-laufen... *R10 – („Einfachbetonung")*

hinübergehen/-sinken... *R10 – („Einfachbetonung")*

hinunterblicken/-laufen... *R10 – („Einfachbetonung")*

hinwegfegen *R10 – („Einfachbetonung")*

hinzukommen/-rechnen/-zählen... *R10 – („Einfachbetonung")*

hissen - **du hisst – hisste – gehisst**

Hitze abweisend *oder* hitzeabweisend *(eher zusammenschreiben → Einfachbetonung) – (1996-2004 nur getrennt!)*

Hobby: *Pl.* **Hobbys,** *ebenso Gen. Sg.*

hoch: **Hoch und Nieder/ Niedrig;** das **Hohe Lied;** der **Hohe Priester;** die **hohe Schule** der Reitkunst

hoch anrechnen/besteuern *R6 – („wörtliche Bed.")*

hoch begabt/ besteuert ... *oder* hochbegabt, hochbesteuert *(aber unverändert:* hochbeglückt, hochberühmt *(eher zusammenschreiben → Einfachbetonung) – (1996-2004 nur getrennt!)*

hoch fliegen *(getrennt nur in der Bed.* „in großer Höhe fliegen") *R6 – („wörtliche Bed.")*

hochachten *oder* hoch achten *R5+6 / „Zweifelsfall" – (eher zusammenschreiben → Einfachbetonung) – (1996-2006 nur getrennt!)*

hochfliegen (= „nach oben fliegen"; *bundesdeutsch*) *R5 – („übertragene Bed.")*

höchst: aufs höchste *oder* aufs Höchste erfreut *(Großschreibung hier bevorzugen, analog zu verpflichtenden Parallelfällen, z. B. das Höchste, auf Genaueres warten...)*

hohe: *Großschreibung nach R24 in folgenden Begriffen:* das **Hohe** Haus (ehrenvolle Sammelbezeichnung für die Abgeordneten); die **Hohen** Tauern (geografischer Eigenname)
Kleinschreibung nach R24 in folgenden Begriffen: das **hohe** C (ein hoher Ton in der Tonleiter); die **hohe** Schule (des Reitens); die **höhere** Mathematik/Schule

Hof halten, hält Hof *R4*

hohnlachen/hohnsprechen *oder* Hohn lachen/sprechen *R4 / A3 („Wortgruppe oder Zusammensetzung") (eher zusammenschreiben → Einfachbetonung) – (1996-2004 nur getrennt mit Großschreibung des Nomens!)*

Holz hacken/schneiden *R4 – aber:* das Holzhacken *(nie geändert!)*

Holz verarbeitende *oder* holzverarbeitende Betriebe *(eher zusammenschreiben → Einfachbetonung) – (1996-2004 nur getrennt mit Großschreibung des Nomens!)*

Homepage

homophon *oder* homofon *(-f- sollte als die modernere Schreibform bevorzugt werden)*

Hornuss, der (*schweiz.*: Schlagscheibe)

Hostess

Hotdog *oder* **Hot Dog**

Hotjazz *oder* Hot Jazz

Hotline

Hotpants *oder* **Hot Pants**

Hotspot *oder* **Hot Spot**

hundert: ein paar <u>hundert</u> Leute *oder* ein paar Hundert Leute; <u>hundert(e)</u> *oder* Hunderte Menschen *(bei adjektivischer Verwendung eher kleinschreiben);* **100-prozentig** *aber:* 100%ig *(Schreibweise als Ganzwort unverändert:* hundertprozentig)

Hundertste, der/die/das

hungers sterben

hurra schreien *oder* Hurra schreien

hussen – **du husst – husste – gehusst**

I

iberoamerikanisch

Ichlaut *oder* Ich-Laut

ihr/ihre: *Alle Anredeformen an die* **2. Person Pl. können** *auch in Briefen* **klein***geschrieben werden: ... Seid* <u>ihr</u>/Ihr *gesund? usw. (Anm.: Die Kleinschreibung ist weiterhin zu empfehlen, weil dadurch vor allem für Kinder ein Rechtschreibproblem weniger besteht.) – Aber: Die* **Höflichkeitsanrede** *muss immer großgeschrieben werden:* Wie geht es **Ihnen?**...Herzlichst **Ihr**...; *weiters:* <u>die Ihr(ig)en</u> *od die ihr(ig)en,* <u>das Ihr(ig)e</u> *oder das ihr(ig)e (Hier ist im Unterricht wegen des Artikelmerkmals die Großschreibung zu empfehlen, solange es denn diesen Unfung noch gibt.)*

im Allgemeinen/ Besonderen/ Einzelnen/ Nachhinein/ Speziellen/ Übrigen/ Voraus/Vor(her)igen/ Vorhinein

im Grundsätzlichen

im Unklaren sein *R9 – (seit 1996 unverändert)*

Imbiss; Imbissstand *oder* **Imbiss-Stand; Imbissstube** *oder* **Imbiss-Stube** *(eher mit Bindestrich schreiben → Lesbarkeit)*

immer während *oder* <u>immerwährend</u> *(eher zusammenschreiben → Einfachbetonung) – (1996-2004 nur getrennt!)*

<u>imstande</u> *oder* im Stande sein *(eher klein- und zusammenschreiben, analog zu den sehr zahlreichen verpflichtenden Parallelfällen, z. B.* anhand, infolge, zuliebe, zugute...)

in Betreff, in Bezug

Index: *Pl.* <u>Indizes</u> *oder* Indices *(eher -z- wegen der Einheitlichkeit mit Parallelfällen, vgl. „Patrizier")*

ineinanderfließen/-fügen/-greifen... *R10 – („Einfachbetonung") – (1996-2006 getrennt!)*

ineinander übergehen/verlieben *R10 – („Doppelbetonung")*

infrage *oder* in Frage (stellen ...) *(eher klein- und zusammenschreiben, analog zu den sehr zahlreichen verpflichtenden Parallelfällen, z. B.* anhand, infolge, zuliebe, zugute...*)*

Inlineskates

Inlineskates fahren *R4 – aber:* das Inlineskatesfahren *(nie geändert!)*

inne sein *R9 – (seit 1996 unverändert)*

ins **Uferlose** gehen

Insekten fressende *oder* insektenfressende Pflanzen *(eher zusammenschreiben →
Einfachbetonung) – (1996-2004 nur getrennt mit Großschreibung des Nomens!)*

Insidestory *oder* Inside-Story

instand *oder* in Stand halten/setzen... *(eher klein- und zusammenschreiben, analog zu den
sehr zahlreichen verpflichtenden Parallelfällen, z. B.* anhand, infolge, zuliebe,
zugute...*)*

intakt bleiben *R6 – („wörtliche Bed.")*

Internetcafé *oder* **Internet-Café**

i-Punkt

irgendetwas, irgendjemand *Anm.: wie bisher schon* irgendwer, irgendwo…

Irish Coffee *(Anm.: Zusammenschreibung seit 2006 nicht mehr möglich)*

Irish Stew *(Anm.: Zusammenschreibung seit 2006 nicht mehr möglich)*

irreführen/-leiten/-werden *R10 – („Einfachbetonung")*

irr(e) sein *R9 – aber:* das Irresein *(seit 1996 unverändert)*

ISDN-Anschluss

Istaufkommen/-bestand/-einnahmen... *oder* Ist-Aufkommen, Ist-Bestand... *(eher mit
Bindestrich schreiben → Lesbarkeit)*

IT-Branche

i-Tüpfelchen

J

ja sagen *oder* Ja sagen

Jacketttasche *oder* **Jackett-Tasche** *(eher mit Bindestrich schreiben → Lesbarkeit)*

Jähheit

-jährig: **2-jährig, ...**; ein **2-Jähriger** *aber:* 3- bis 5-jährige Kinder

Jamaikarum *oder* Jamaika-Rum

Jamsession *oder* **Jam-Session**

Jass

jeder Einzelne

jedes Mal

‖ **Jetset** *oder* **Jet-Set**
‖ **Jobhopping** *oder* **Job-Hopping**
‖ **Jobsharing** *oder* **Job-Sharing**
Joghurt *oder* Jogurt
Jointventure *oder* **Joint Venture**
‖ Jumbojet *oder* Jumbo-Jet
jung heiraten *R6 – („wörtliche Bed.")*
jung: **Jung und Alt**
‖ jüngst: *Großschreibung nach R24 in folgendem Begriff:* das **Jüngste** Gericht (historisches
Ereignis im Verständnis der Christenheit)
Justitiar *oder* Justiziar (*eher -z- wegen Einheitlichkeit mit Parallelfällen; vgl. „Justiz")*
justitiabel *oder* justiziabel (*eher -z- wegen Einheitlichkeit mit Parallelfällen; vgl. „Justiz")*
Justitium *oder* Justizium (*eher -z- wegen Einheitlichkeit mit Parallelfällen; vgl. „Justiz")*

K

Kaffee mahlen/reiben/trinken *R4 –* aber: das Kaffeemahlen... *(nie geändert!)*
Kaffeeecke *oder* Kaffee-Ecke *(eher mit Bindestrich schreiben → Lesbarkeit)*
Kaffeeeis *oder* Kaffee-Eis *(eher mit Bindestrich schreiben → Lesbarkeit)*
Kaffeeernte *oder* Kaffee-Ernte *(eher mit Bindestrich schreiben → Lesbarkeit)*
Kaffeeersatz *oder* Kaffee-Ersatz *(eher mit Bindestrich schreiben → Lesbarkeit)*
Kaffeeexport *oder* Kaffee-Export *(eher mit Bindestrich schreiben → Lesbarkeit)*
Kaffeeextrakt *oder* Kaffee-Extrakt *(eher mit Bindestrich schreiben → Lesbarkeit)*
kahl bleiben *R6 – („wörtliche Bed.")*
‖ kahlfressen *oder* kahl fressen... *R7 – (eher zusammenschreiben → Einfachbetonung) –*
(1996-2006 nur getrennt!)
‖ kahlgefressen, kahlgeschoren *oder* kahl gefressen / geschoren (*eher zusammenschreiben*
→ Einfachbetonung) – (1996-2004 nur getrennt!)
kahl sein *R9 – (seit 1996 unverändert)*
‖ kahlscheren *oder* kahl scheren *R7 (eher zusammenschreiben → Einfachbetonung) –*
(1996-2006 nur getrennt!)
Kalligraphie *oder* Kalligrafie *(-f- sollte als die modernere Schreibform bevorzugt werden)*
‖ kalt: *Großschreibung nach R24 in folgendem Begriff:* der **Kalte** Krieg (historische Epoche;
das Wettrüsten zwischen Ost und West nach dem 2. Weltkrieg)
Groß- oder Kleinschreibung nach R24 in folgendem Begriff: **kalte** Ente *oder* **Kalte**
Ente (= ein Mixgetränk aus Weißwein/Schaumwein und Zitronenscheibe)
Kleinschr. nach R24 in folgenden Begriffen: eine **kalte** Fährte; die **kalte** Miete
kalt bleiben/lächeln/lassen/werden *R6 – („wörtliche Bed.")*

kalt lächelnd *oder* kaltlächelnd *(eher getrennt schreiben → Doppelbetonung) –*
   (1996-2004 nur getrennt!)

kaltlassen (= nicht beeindrucken) *R5 – („übertragene Bed.")*

kaltmachen (= töten) *R5 – („übertragene Bed.")*

kaltstellen (= den Einfluss untergraben) *R5 – („übertragene Bed.")*

kaltstellen *oder* kalt stellen (Getränk) *R7 (eher zusammenschreiben → Einfachbetonung) –*
   (1996-2006 nur getrennt!)

Kammmacher *oder* **Kamm-Macher** *(eher mit Bindestrich schreiben → Lesbarkeit)*

Kämmmaschine *oder* **Kämm-Maschine** *(eher mit Bindestrich schr. → Lesbarkeit)*

Kammmolch *oder* **Kamm-Molch** *(eher mit Bindestrich schreiben → Lesbarkeit)*

Kammmuschel *oder* **Kamm-Muschel** *(eher mit Bindestrich schreiben → Lesbarkeit)*

Känguru neu statt ~~Känguruh~~ *(Das einzige exotische Tier mit -h am Wortende sollte in der*
   Schreibweise den anderen Tiernamen angeglichen werden, vgl. Emu, Gnu, Kakadu,
   Marabu)

Kanossagang *oder* Canossagang *(Canossa schreibt sich nun eben mal nicht mit K!)*

kaputtgehen (= ruiniert werden) *R5 – („übertragene Bed.")*

kaputtlachen (= bis zur Erschöpfung lachen) *R5 – („übertragene Bed.")*

kaputtmachen *oder* kaputt machen *R7 (eher zusammenschreiben → Einfachbetonung) –*
   (1996-2006 nur getrennt!)

Karamell, karamellisieren

Kargo *oder* Cargo (= See- oder Luftfracht)

Karten legen/lesen/spielen *R4 – aber:* das Kartenlegen *(nie geändert!)*

Kartoffeln kochen/schälen *R4 – aber:* das Kartoffelschälen *(nie geändert!)*

Kartographie *oder* Kartografie (-f- *sollte als die modernere Schreibform bevorzugt werden)*

Kassler Rippenspeer (= Spareribs)

Katarrh *oder* Katarr

Keepsmiling, das; *Anm.: verbaler Ausdruck bleibt* keep smiling

Kegel schieben / scheiben *R4*

Kellergeschoß *oder* **Kellergeschoss** *(je nach Aussprachegewohnheit)*

kennen lernen *oder* kennenlernen *(**Einzelfall!**) R8 - („Verb+Verb") – Konsequente*
   Getrenntschreibung zweier Verben ist zu empfehlen, weil das Auseinanderhalten
   einzelner Sonderfälle nur mühsam ist, aber keine Vorteile bringt! – (1996-2006 nur
   getrennt!)

Kennnummer *oder* **Kenn-Nummer** *(eher mit Bindestrich schreiben → Lesbarkeit)*

kenntlich machen *R6 – („wörtliche Bed.")*

Kepler: die **keplerschen** *oder* die **Kepler'schen** Gesetze

kess

Ketchup *oder* Ketschup *(Alternativschreibung nur für Norddeutschland sinnvoll, weil das*
   Wort dort auch mit -u- gesprochen wird!)

Kickdown *oder* Kick-down

Kickoff *oder* Kick-off

Kind: **an Kindes statt**

Kingsize

klar: **im Klaren sein, ins Klare kommen; klar sehen ...**

klar denken/sehen *R6 – („wörtliche Bed.")*

klar denkend *oder* klardenkend *(eher zusammenschreiben → Einfachbetonung) –*
(1996-2004 nur getrennt!)

klarlegen (= offen ausbreiten) *R5 – („übertragene Bed.")*

klarmachen (= klären) *R5 – („übertragene Bed.")*

klarmachen *oder* klar machen *R5+6 / „Zweifelsfall" (eher zusammenschreiben →*
Einfachbetonung) – (1996-2006 nur getrennt!)

klar sein (aber: klarmachen) *R9 – (seit 1996 unverändert)*

klarstellen (= Zweifel beseitigen) *R5 – („übertragene Bed.")*

klarwerden *oder* klar werden *R5+6 / „Zweifelsfall" (eher zusammenschreiben →*
Einfachbetonung) – (1996-2006 nur getrennt!)

klass *(ugs.)*

klasse sein *R9 – (1996-2006 Großschreibung)*

Klavier spielen *R4 – aber:* das Klavierspielen *(nie geändert!)*

kleben bleiben oder klebenbleiben *(zusammen nur in der Bed. „an einem Amt festhalten")*
R8 - („Verb+Verb") – Konsequente Getrenntschreibung zweier Verben ist zu
empfehlen, weil das Auseinanderhalten einzelner Sonderfälle nur mühsam ist, aber
keine Vorteile bringt! – (1996-2006 nur getrennt!)

Kleeeinsaat *oder* Klee-Einsaat *(eher mit Bindestrich schreiben → Lesbarkeit)*

Kleeernte *oder* Klee-Ernte *(eher mit Bindestrich schreiben → Lesbarkeit)*

klein: **es ist mir ein Kleines, im Kleinen, bis ins Kleinste, Groß und Klein**
Kleinschreibung nach R24 in folgendem Begriff: der **kleine** Mann

klein beigeben *R6 – („wörtliche Bed.")*

klein gedruckt / geschrieben *oder* kleingedruckt, kleingeschrieben *(eher zusammen-*
schreiben → Einfachbetonung) – (1996-2004 nur getrennt!)

kleinreden (= als unwichtig darstellen) *R5 – („übertragene Bed.")*

kleinschneiden *oder* klein schneiden *R7 (eher zusammenschreiben → Einfachbetonung) –*
(1996-2006 nur getrennt!)

klein schreiben *(getrennt nur in der Bed. „in kleiner Buchstabengröße schreiben") R6 –*
(„wörtliche Bed.")
ACHTUNG: Bedeutungszuordnungen nach 10 Jahren wieder geändert!

kleinschreiben (= mit kleinem Anfangsbuchstaben schreiben *oder* wenig achten
auf...) *R5 – („übertragene Bed.")*
ACHTUNG: Bedeutungszuordnungen nach 10 Jahren wieder geändert!

Klemmmappe *oder* **Klemm-Mappe** *(eher mit Bindestrich schreiben → Lesbarkeit)*

klug reden *R6 – („wörtliche Bed.")*

klug sein *R9 – (seit 1996 unverändert)*

klug: es ist **das Klügste; klug reden**

klugscheißen [*derb*] (= sich als besonders klug hervortun) *R5 – („übertragene Bed.")*

‖ **knapphalten** (= einschränken) *R5 – („übertragene Bed.")*

knien bleiben *R8 – („Verb+Verb") – (seit 1996 unverändert)*

Knockout oder Knock-out

knusprigbacken *oder* knusprig backen *R7 (eher getrennt schreiben → Doppelbetonung)*

kochend heiß

Koffer packen *R4 – aber:* das Kofferpacken *(nie geändert!)*

Kohle führende *oder* kohleführende Schichten; Kohle fördernde *oder* kohlefördernde Länder *(eher zusammenschreiben → Einfachbetonung) – (1996-2004 nur getrennt mit Großschreibung des Nomens!)*

Kolophonium *oder* Kolofonium *(-f- sollte als die modernere Schreibform bevorzugt werden)*

Koloss – Kolosse

‖ kommen lassen oder kommenlassen *(zusammen nur in der Bed. „Kupplungspedal loslassen") R8 - („Verb+Verb") – Konsequente Getrenntschreibung zweier Verben ist zu empfehlen, weil das Auseinanderhalten einzelner Sonderfälle nur mühsam ist, aber keine Vorteile bringt! – (1996-2006 nur getrennt!)*

Kommiss; Kommissstiefel *oder* **Kommiss-Stiefel** *(eher mit Bindestrich schreiben → Lesbarkeit)*

Kommuniqué *oder* Kommunikee (sic!)

Kompass – Kompasse

kompress (= engzeilig)

Kompromiss – Kompromisse

Komtess(e) – Komtessen

konform sein *R9 – (seit 1996 unverändert)*

konformgehen (= einer Meinung sein) *R5 – („übertragene Bed.")*

Kongress – Kongresse; **Kongresssaal** *oder* **Kongress-Saal**; **Kongressstadt** *oder* **Kongress-Stadt** *(eher mit Bindestrich schreiben → Lesbarkeit)*

Kontrolllampe *oder* **Kontroll-Lampe** *(eher mit Bindestrich schreiben → Lesbarkeit)*

Kontrolllauf *oder* **Kontroll-Lauf** *(eher mit Bindestrich schreiben → Lesbarkeit)*

Kontrollleuchte *oder* **Kontroll-Leuchte** *(eher mit Bindestrich schreiben → Lesbarkeit)*

Kontrolllicht *oder* **Kontroll-Licht** *(eher mit Bindestrich schreiben → Lesbarkeit)*

Kontrollliste *oder* **Kontroll-Liste** *(eher mit Bindestrich schreiben → Lesbarkeit)*

Kopf waschen *R4 – aber:* das Kopfwaschen *(nie geändert!)*

kopfrechnen *R4 / A1 aber:* das Kopfrechnen

‖ **kopfstehen,** alles steht **kopf** *R4 / A2 - („übertragene Bed.") – (1996-2006 war die Großschreibung von „Kopf" in diesen Wörtern verpflichtend!)*

Korrektur lesen *R4 – aber:* das Korrekturlesen *(nie geändert!)*

Kosten senkend / sparend oder <u>kostensenkend</u>, <u>kostensparend</u> *(eher zusammenschreiben*
    → *Einfachbetonung) – (1996-2004 nur getrennt mit Großschreibung des Nomens!)*

Krach machen/schlagen *R4 – aber:* das Krachmachen *(nie geändert!)*

Kraft raubend / sparend *oder* <u>kraftraubend</u>, <u>kraftsparend</u> *(eher zusammenschreiben* →
    Einfachbetonung) – (1996-2004 nur getrennt mit Großschreibung des Nomens!)

Kraftstofffilter *oder* **<u>Kraftstoff-Filter</u>** *(eher mit Bindestrich schreiben* → *Lesbarkeit)*

kranklachen (= übertrieben lachen) *R5 – („übertragene Bed.")*

krank machen *R6 – („wörtliche Bed.")*

krankmelden (= das Kranksein bekanntgeben) *R5 – („übertragene Bed.")*

krankschreiben (= für arbeitsunfähig erklären) *R5 – („übertragene Bed.")*

krank sein *R9 (seit 1996 unverändert) – aber:* das Kranksein *(nie geändert!)*

krass

Krebs erregende *oder* <u>krebserregende</u> Substanzen *(eher zusammenschreiben* →
    Einfachbetonung) – (1996-2004 nur getrennt mit Großschreibung des Nomens!)

Krepppapier *oder* **<u>Krepp-Papier</u>** *(eher mit Bindestrich schreiben* → *Lesbarkeit)*

Krieg führende *oder* <u>kriegführende</u> Länder *(eher zusammenschreiben* → *Einfachbetonung)*
    – (1996-2004 nur getrennt mit Großschreibung des Nomens!)

Kristallluster / Kristalllüster *oder* **<u>Kristall-Luster/-Lüster</u>** *(eher mit Bindestrich schreiben*
    → *Lesbarkeit)*

kritisch denken *R6 – („wörtliche Bed.")*

kritisch sein *R9 – (seit 1996 unverändert)*

kross

krummnehmen (= verübeln) *R5 – („übertragene Bed.")*

krummlachen (= sich lustig machen) *R5 – („übertragene Bed.")*

<u>krummmachen</u> *oder* krumm machen *R7 (eher zusammenschreiben* → *Einfachbetonung) –*
    (1996-2006 nur getrennt!)

Kuchen backen *R4 – aber:* das Kuchenbacken *(nie geändert!)*

Kunststofffenster *oder* **<u>Kunststoff-Fenster</u>** *(eher mit Bindestrich* → *Lesbarkeit)*

Kunststofffertigung *oder* <u>Kunststoff-Fertigung</u> *(eher mit Bindestrich* → *Lesbarkeit)*

Kunststofffläche *oder* <u>Kunststoff-Fläche</u> *(eher mit Bindestrich schreiben* → *Lesbarkeit)*

Kunststoffflasche *oder* <u>Kunststoff-Flasche</u> *(eher mit Bindestrich schreiben* → *Lesbarkeit)*

Kunststofffolie *oder* **<u>Kunststoff-Folie</u>** *(eher mit Bindestrich schreiben* → *Lesbarkeit)*

Kürass (= Brustharnisch)

kurz: **den Kürzeren ziehen;** seit kurzem *oder* <u>seit Kurzem</u>, vor kurzem *oder* <u>vor Kurzem</u>
    (eher Großschreibung zu empfehlen, analog zu verpflichtenden Parallelfällen, z. B.
    in Kürze, im Allgemeinen, seit Samstag...) (Anm.: „seit kurzem" und „vor kurzem" war
    1996-2004 in Kleinschreibung verpflichtend!)

kurzarbeiten (= die Arbeitszeit verkürzen) *R5 – („übertragene Bed.")*

kurz ausruhen/überlegen... *R6 – („wörtliche Bed.")*

kürzertreten (= weniger arbeiten; sparsamer sein) *R5 – („übertragene Bed.")*

kurz gebraten / geschnitten oder <u>kurzgebraten</u>, <u>kurzgeschnitten</u> *(eher zusammenschreiben*
→ *Einfachbetonung) – (1996-2004 nur getrennt!)*

kurzhalten (= nur wenig zugestehen) *R5 – („übertragene Bed.")*

kurz halten, etwas *R6 – („wörtliche Bed.")*

kurzschließen (= eine direkte Verbindung herstellen) *R5 – („übertragene Bed.")*

<u>kurzschneiden</u> *oder* kurz schneiden *R7 (eher zusammenschreiben* → *Einfachbetonung) –*
(1996-2006 nur getrennt!)

kurzstäng(e)lig *(Anm.: Das Grundwort „~~Stengel~~" wurde auf „Stängel" – siehe dort! –*
umgestellt, dementsprechend auch diese Ableitung.)

kurztreten (= weniger arbeiten) *R5 – („übertragene Bed.") – (1996-2006 getrennt!)*

Kuss; Küsschen

küssen – **du küsst – küsste – geküsst; der Kuss**

Kussszene *oder* **<u>Kuss-Szene</u>** *(eher mit Bindestrich schreiben* → *Lesbarkeit)*

L

Lady: *Pl.* **Ladys**

lahmlegen (= unterbrechen) *R5 – („übertragene Bed.")*

Lamé *oder* Lamee

Lammmedaillon *oder* **<u>Lamm-Medaillon</u>** *(eher mit Bindestrich schreiben* → *Lesbarkeit)*

Land: <u>dortzulande</u> *oder* dort zu Lande; <u>hierzulande</u> *oder* hier zu Lande *(eher zusammen-*
schreiben, weil die Getrenntschreibung die Vorstellung des Gegensatzes zum
„Wasser" erzeugt, was in diesen Wendungen aber keine passende Assoziationen
sind)

lang: **des Langen und Breiten, des Längeren;** seit langem *oder* <u>seit Langem</u>, seit
längerem *oder* <u>seit Längerem</u> *(eher Großschreibung zu empfehlen, analog zu*
verpflichtenden Parallelfällen, z. B. in Kürze, im Allgemeinen, seit Samstag...)

lang gestreckt *oder* <u>langgestreckt</u> *(eher zusammenschreiben* → *Einfachbetonung)*

lang gezogen *oder* <u>langgezogen</u> *(eher zusammenschreiben* → *Einfachbetonung)*

länglich rund

langsam arbeiten *R6 – („wörtliche Bed.")*

langstäng(e)lig *(Anm.: Das Grundwort „~~Stengel~~" wurde auf „Stängel" – siehe dort! –*
umgestellt, dementsprechend auch diese Ableitung.)

<u>langziehen</u> *oder* lang ziehen *R7 (eher zusammenschreiben* → *Einfachbetonung) –*
(1996-2006 nur getrennt!)

Lapsus Calami (= ein Verwirrung auslösender Fehler)

Lapsus Linguae (= Versprecher)

Lapsus Memoriae (= Gedächtnislücke)

lassen – du **lässt** – ließ – gelassen; **lässlich**

Last: zulasten *oder* <u>zu Lasten</u> *(Getrenntschreibung eher zu empfehlen, weil in dieser Wendung eine attributive Erweiterung möglich ist* → **zu** *deinen* **Lasten***)*

<u>lästigfallen</u> *oder* lästig fallen *R5+6 / „Zweifelsfall"– (eher zusammenschreiben* → *Einfachbetonung) – (1996-2006 nur getrennt!)*

lästig sein *R9 – (seit 1996 unverändert) – aber:* das Lästigsein *(nie geändert!)*

lästig werden *R6 – („wörtliche Bed.")*

Last-Minute-Buchung

Latinlover *oder* Latin Lover

Laub tragen *R4 – (nie geändert!)*

Laub tragende *oder* <u>laubtragende</u> Bäume *(eher zusammenschreiben* → *Einfachbetonung) – (1996-2004 nur getrennt mit Großschreibung des Nomens!)*

<u>laufen lassen</u> *oder* laufenlassen *(zusammen nur in der Bed. „entkommen lassen") R8 – („Verb+Verb") – Konsequente Getrenntschreibung zweier Verben ist zu empfehlen, weil das Auseinanderhalten einzelner Sonderfälle nur mühsam ist, aber keine Vorteile bringt! – (1996-2006 nur getrennt!)*

laufen lernen *R8 – („Verb+Verb") – (seit 1996 unverändert) aber:* das Laufenlernen *(nie geändert!)*

laufend: **auf dem Laufenden** sein

laut reden *R6 – („wörtliche Bed.")*

Layout *oder* Lay-out

leben lassen *R8 – („Verb+Verb") – (seit 1996 unverändert)*

leben lernen *R8 – („Verb+Verb") – (seit 1996 unverändert)*

Leben spendend *oder* <u>lebenspendend</u> *(eher zusammenschreiben* → *Einfachbetonung) – (1996-2004 nur getrennt mit Großschreibung des Nomens!)*

lebend gebärend *oder* <u>lebendgebärend</u> *(eher zusammenschreiben* → *Einfachbetonung) – (1996-2004 nur getrennt!)*

leck sein *R9 – (seit 1996 unverändert)*

<u>leckschlagen</u> *oder* leck schlagen *R7 – (eher zusammenschreiben* → *Einfachbetonung) – (1996-2006 nur getrennt!)*

Leder verarbeitende *oder* <u>lederverarbeitende</u> Industrie *(eher zusammenschreiben* → *Einfachbetonung) – (1996-2004 nur getrennt mit Großschreibung des Nomens!)*

leer ausgehen *R6 – („wörtliche Bed.")*

leer stehen *R6 – („wörtliche Bed.")- aber:* das Leerstehen *(nie geändert!)*

leer stehend *oder* <u>leerstehend</u> *(eher zusammenschreiben* → *Einfachbetonung) – (1996-2004 nur getrennt!)*

<u>leeressen</u> *oder* leer essen *R7 (eher zusammenschreiben* → *Einfachbetonung) – (1996-2006 nur getrennt!)*

leicht behindert / bewaffnet ... *oder* <u>leichtbehindert</u>, <u>leichtbewaffnet</u>... *(eher zusammenschreiben* → *Einfachbetonung) – (1996-2004 nur getrennt!)*

leicht: **es ist ein Leichtes**

leichtfallen (= keine Schwierigkeiten haben) *R5 – („übertragene Bed.") – (1996-2006 getrennt zu schreiben!)*

leicht lernen *R6 – („wörtliche Bed.")*

leichtmachen (= etwas nur oberflächlich erledigen) *R5 – („übertragene Bed.") – (1996-2006 verpflichtend getrennt zu schreiben!)*

leichtnehmen (= etwas gelassen hinnehmen) *R5 – („übertragene Bed.") – (1996-2006 getrennt zu schreiben!)*

leid: zu Leide tun *oder* <u>zuleide</u> tun *(eher klein- und zusammenschreiben, analog zu den sehr zahlreichen verpflichtenden Parallelfällen, z. B.* anhand, infolge, zuliebe, zugute...)*; aber:* es leid sein *(wie bisher)*

leid sein *R9 – (seit 1996 unverändert)*

leidtun, es tut mir **leid** *R4 / A2 - („übertragene Bed.")*
   ACHTUNG! Schreibweise seit 2006 neuerlich geändert! *(1996-2006 „Leid tun")*

leisetreten (= sich zurücknehmen) *R5 – („übertragene Bed.")*

lesen lernen/üben *R8 – („Verb+Verb") – (seit 1996 unverändert)*

letzte: **der/die/das Letzte, bis ins Letzte, bis zum Letzten** gehen; **zum letzten Mal;**
   Großschreibung nach R24 in folgendem Begriff: das **Letzte** Gericht (= historisches Ereignis im Verständnis der Christenheit)
   Groß- oder Kleinschreibung nach R24 in folgendem Begriff: der **letzte** Wille *oder* der **Letzte** <u>Wille</u> (= das Testament)

letztere: **der/die/das Letztere, Letzterer**

leuchtend blau / rot

Lexikograph(ie) *oder* <u>Lexikograf(ie)</u> (-f- *ist als die modernere Schreibform zu bevorzugen)*

Lichtmess

lieb: **das Liebste** wäre mir

lieb gewonnen *oder* <u>liebgewonnen</u> *(eher zusammenschreiben → Einfachbetonung) – (1996-2004 nur getrennt!)*

lieb geworden *oder* <u>liebgeworden</u> *(eher zusammenschreiben → Einfachbetonung) – (1996-2004 nur getrennt!)*

lieben lernen *R8 – („Verb+Verb") – (seit 1996 unverändert)*

<u>liebhaben</u> *oder* lieb haben *R5+6 / „Zweifelsfall" (eher zusammenschreiben → Einfachbetonung) – (1996-2006 nur getrennt!)*

<u>liegen bleiben</u> *oder* liegenbleiben *(zusammen nur in der Bed. „unerledigt sein") R8 – („Verb+Verb") – Konsequente Getrenntschreibung zweier Verben ist zu empfehlen, weil das Auseinanderhalten einzelner Sonderfälle nur mühsam ist, aber keine Vorteile bringt! – (1996-2006 nur getrennt!)*

<u>liegen lassen</u> *oder* liegenlassen *(zusammen nur in der Bed. „unerledigt lassen") R8 – („Verb+Verb") – Konsequente Getrenntschreibung zweier Verben ist zu empfehlen, weil das Auseinanderhalten einzelner Sonderfälle nur mühsam ist, aber keine Vorteile bringt! – (1996-2006 nur getrennt!)*

<u>Lightshow</u> *oder* Light-Show *(in Zusammenschreibung problemlos lesbar)*

links abbiegen/stehen *R6 – aber:* das Linksabbiegen *(nie geändert!)*

Lipgloss *oder* Lip-Gloss *(in Zusammenschreibung problemlos lesbar)*

Litfaßsäule (!) *Anm.: Litfaß ist ein Personenname (= der Erfinder der runden Werbesäule), daher erfolgt hier keine Angleichung an die neue Rechtschreibung!*

Lithograph(ie) *oder* Lithograf(ie) *(-f- sollte als die modernere Schreibform bevorzugt werden)*

Live-Mitschnitt *oder* Livemitschnitt *(eher mit Bindestrich schreiben → Lesbarkeit)*

Liveshow *oder* Live-Show *(in Zusammenschreibung problemlos lesbar)*

Lizentiat *oder* Lizenziat *(eher -z- wegen Einheitlichkeit mit allen Parallelfällen, vgl. „Lizenz")*

Lobby: *Pl.* **Lobbys**

locker sagen/sitzen *R6 – („wörtliche Bed.")*

lockermachen *oder* locker machen (Geldbetrag) *R7 (eher zusammenschreiben → Einfachbetonung) – (1996-2006 nur getrennt!)*

Longdrink *oder* Long Drink *(in Zusammenschreibung problemlos lesbar)*

losbinden (= befreien) *R5 – („übertragene Bed.")*

Löss *oder* **Löß** *(je nach regionaler Aussprache; diese differiert sogar innerhalb Österreichs!)*

Lössschicht *oder* **Löss-Schicht** *oder* **Lößschicht** (!) *(bei Schreibweise mit drei -s- eher mit Bindestrich schreiben → Lesbarkeit) – (Schreibung mit -ss- oder -ß- je nach regionaler Aussprache; diese differiert sogar innerhalb Österreichs!)*

Lovestory *oder* Love-Story *(in Zusammenschreibung problemlos lesbar)*

Luftschifffahrt *oder* **Luftschiff-Fahrt** *(eher mit Bindestrich schreiben → Lesbarkeit)*

lustwandeln *R4 / A1 - („untrennbar")*

M

Maître de Plaisir

mal/Mal: **einige Mal, etliche Mal, jedes Mal, mehrere Mal, nächstes Mal; Dutzend/ Millionen Mal; zum ersten/ letzten Mal; 2-mal;** *aber:* einmal, nochmals...

Malaise *oder* Maläse *(Bei Fremdwörtern, die noch deutlich als solche empfunden werden, sollte eher die Originalschreibung beibehalten werden.)*

Mammographie *oder* Mammografie *(-f- als die modernere Schreibform bevorzugen)*

Management-Buy-out

marathonlaufen *oder* Marathon laufen *R4 / A3 („Wortgruppe oder Zusammensetzung") – (eher zusammenschreiben → Einfachbetonung) – (1996-2006 nur getrennt mit Großschreibung des Nomens!)*

Märchen erzählen *R4 – aber:* das Märchenerzählen *(nie geändert!)*

Maschine schreiben *R4 – aber unverändert:* maschinschreiben *(österreichisch)* maßhalten *oder* Maß halten *R4 / A3 („Wortgruppe oder Zusammensetzung") (eher zusammenschreiben → Einfachbetonung) – (1996-2006 nur getrennt mit Groß-schreibung des Nomens!)*

Maß nehmen *R4 – aber:* das Maßnehmen *(nie geändert!)*

maßregeln (= tadeln) *R5 – („übertragene Bed.")*

Matrix: *Pl.* Matrizes *oder* Matrices *oder* Matrizen *(Anm.: Betonung jeweils auf dem a!) – (eher -z- wegen Einheitlichkeit mit Parallelfällen; vgl. „Patrizier"; „offiziell"...)*

mattsetzen (= handlungsunfähig machen) *R5 – („übertragene Bed.")*

mattsetzen *oder* matt setzen (beim Schach) *R7 (eher zusammenschreiben → Einfach-betonung) – (1996-2006 nur getrennt!)*

Megaphon *oder* Megafon *(-f- sollte als die modernere Schreibform bevorzugt werden)*

mein: **Mein und Dein** nicht unterscheiden; die Mein(ig)en *oder* die mein(ig)en, das Mein(ig)e *oder* das mein(ig)e

Menschen verachtend *oder* menschenverachtend *(eher zusammenschreiben → Einfach-betonung) – (1996-2004 nur getrennt mit Großschreibung des Nomens!)*

menschenmöglich: **das Menschenmögliche** tun

merklich: um ein **Merkliches**

Mesner *oder* Mesmer (schweiz.) *oder* Messner – *Anm.: Die Aussprache mit langem -e- ist die richtige, weil das Wort nicht von „Messe"(lat. missa) herkommt, sondern von lat. mansionarius. „Mansionar" heißt „(Gottes-)Haushüter".*

messbar

Messdiener

messen – du **misst** – maß – gemessen; das Maß; das **Messband,** *aber:* Maßband

Messer schleifen *R4 – aber:* das Messerschleifen *(nie geändert!)*

Messergebnis

Messinstrument, Messlatte

Messner *s.* Mesner

Messschnur *oder* **Mess-Schnur** *(eher mit Bindestrich schreiben → Lesbarkeit)*

Messstab *oder* **Mess-Stab** *(eher mit Bindestrich schreiben → Lesbarkeit)*

Messstelle *oder* **Mess-Stelle** *(eher mit Bindestrich schreiben → Lesbarkeit)*

Messwein

Metall verarbeitend *oder* metallverarbeitend *(eher zusammenschreiben → Einfachbetonung) – (1996-2004 nur getrennt mit Großschreibung des Nomens!)*

Metalllegierung *oder* **Metall-Legierung** *(eher mit Bindestrich schreiben → Lesbarkeit)*

Midlifecrisis *oder* **Midlife-Crisis** *(eher mit Bindestrich schreiben → Lesbarkeit)*

miesmachen (= herabsetzen) *R5 – („übertragene Bed.")*

Mikrophon *oder* Mikrofon *(-f- sollte als die modernere Schreibform bevorzugt werden)*

Milch holen *R4 – aber:* das Milchholen *(nie geändert!)*

Milkshake *oder* **Milk-Shake**

Millionen Mal

mindest: **das Mindeste,** im Mindesten *oder* im mindesten *(eher Großschreibung, analog zu verpflichtenden Parallelfällen, z. B. das Mindeste, alles Weitere...)*

‖ **Minijob**

Minimalart *oder* **Minimal Art**

Minimalmusic *oder* **Minimal Music**

Miss, die

miss-: *Alle Zusammensetzungen mit* **miss-/Miss-** *werden mit -ss- geschrieben:* **Missbildung, missbilligen, Missbrauch, missfallen ...**

missachten – du **missachtest** – **missachtete** – **missachtet;** die **Missachtung**

missbilligen - missbilligte - missbilligt

missen - **misste - gemisst**

‖ **Missing Link** *(Anm.: Zusammenschreibung seit 2006 nicht mehr möglich)*

Missstand *oder* **Miss-Stand** *(eher mit Bindestrich schreiben → Lesbarkeit)*

Missstimmung *oder* **Miss-Stimmung** *(eher mit Bindestrich schreiben → Lesbarkeit)*

missverständlich, Missverständnis

‖ mitberücksichtigen *oder* mit berücksichtigen *(eher zusammenschreiben → Einfachbetonung)* – *(1996-2004 nur getrennt!)*

mit Hilfe *oder* mithilfe *(Getrenntschreibung eher zu empfehlen, weil in dieser Wendung eine attributive Erweiterung möglich ist → **mit** deiner **Hilfe**); aber:* die Mithilfe

miteinander auskommen/gehen *R10 – („Doppelbetonung")*

‖ mitverantworten *oder* mit verantworten *(eher zusammenschreiben → Einfachbetonung)* – *(1996-2004 nur getrennt!)*

Mitleid erregend *oder* mitleiderregend *(eher zusammenschreiben → Einfachbetonung)* – *(1996-2004 nur getrennt mit Großschreibung des Nomens!)*

Mittag: **gestern Mittag ...** *aber:* **Dienstagmittag**

Mitternacht: **heute Mitternacht;** *aber:* **Dienstagmitternacht**

Mittwoch *s.* Dienstagabend ...

Mixedgrill *oder* **Mixed Grill**

Mixedpickles *oder* Mixed Pickles *oder* Mixpickles

mobilmachen (= alles Verfügbare bereitstellen) *R5 – („übertragene Bed.")*

Modell sitzen/stehen *R4 – aber:* das Modellsitzen *(nie geändert!)*

Modernjazz *oder* Modern Jazz *(eher zusammenschreiben → Doppelbetonung)*

Modus Operandi (= eine gerade noch zu ertragende Kompromisslösung)

Modus Procedendi (= die detaillierte Vorgehensweise; *heute eher durch das Modewort* „das Procedere" *verdrängt*)

Modus Vivendi (= eine gerade noch erträgliche Kompromisslösung)

möglich: **das Mögliche, alles Mögliche, sein Möglichstes tun**

möglich machen *R6 – („wörtliche Bed.")*

Monat: **2-monatig / 2-monatlich ...**

Monographie *oder* <u>Monografie</u> *(-f- sollte als die modernere Schreibform bevorzugt werden)*

Montag *s.* Dienstagabend ...

Mopp (= Wischbesen; *nicht zu verwechseln mit „der Mob" = aufgebrachte Volksmenge*)

morgen Abend/ morgen Früh / morgen Nachmittag ...

Motocross *oder* Moto-Cross

<u>Mountainbike</u> *oder* Mountain-Bike *(in Zusammenschreibung problemlos lesbar)*

Müllladung *oder* <u>**Müll-Ladung**</u> *(eher mit Bindestrich schreiben → Lesbarkeit)*

Mülllagerung *oder* <u>**Müll-Lagerung**</u> *(eher mit Bindestrich schreiben → Lesbarkeit)*

Mülllaster *oder* <u>**Müll-Laster**</u> *(eher mit Bindestrich schreiben → Lesbarkeit)*

Multiplechoiceverfahren *oder* <u>**Multiple-Choice-Verfahren**</u> *(eher mit Bindestrichen schreiben → Lesbarkeit)*

Mund: **ein Mund voll**

mündig sein *R9 – (seit 1996 unverändert)*

‖ **mündigsprechen** (= in die Eigenverantwortung entlassen) *R5 – („übertragene Bed.")*

mündig werden *R6 – („wörtliche Bed.")*

mundtot machen *R6 – („wörtliche Bed.")*

Musik hören *R4 – aber:* das Musikhören *(nie geändert!)*

‖ Musik liebend *oder* <u>musikliebend</u> *(eher zusammenschreiben → Einfachbetonung) – (1996-2004 nur getrennt mit Großschreibung des Nomens!)*

müssen - du **musst** – **musste/müsste** – **gemusst**

müßig sein (*aber:* müßiggehen) *R9 – (seit 1996 unverändert)*

‖ **müßiggehen** (= nichts tun) *R5 – („übertragene Bed.") – (1996-2006 verpflichtend getrennt!)*

Mut: <u>zumute</u> *oder* zu Mute sein *(eher klein- und zusammenschreiben, analog zu den sehr zahlreichen verpflichtenden Parallelfällen, z. B. anhand, infolge, zuliebe, zugute...)*

Myrrhe *oder* Myrre

N

nacheinander kommen *R10 – („Doppelbetonung")*

nachfolgend: **das Nachfolgende, Nachfolgendes, im Nachfolgenden**

<u>nachhause</u> *oder* nach Hause *(eher klein- und zusammenschreiben, analog zu den sehr zahlreichen verpflichtenden Parallelfällen, z. B. anhand, infolge, zuliebe, zugute...)*

nachhinein: **im Nachhinein**

Nachlass

Nachmittag, nachmittags *s.* Abend, abends

‖ nächst: **der/die/das Nächste, der Nächste bitte!**; als nächstes *oder* <u>als Nächstes</u> *(eher Großschreibung, analog zu verpflichtenden Parallelfällen, z. B. das Nächste, als das Beste...) – (1996-2004 Kleinschreibung verpflichtend!)*

Nacht: **heute Nacht**

nachtwandeln *R4 / A1 - („untrennbar")*

Nägel einschlagen/schneiden *R4 – aber:* das Nägeleinschlagen, *besser:* das Nägel-Einschlagen *(nie geändert!)*

‖ **nahebringen** (= verständlich machen) *R5 – („übertragene Bed.")* – *(1996-2006 getrennt!)*

‖ **nahekommen** (= am ehesten entsprechen) *R5 – („übertragene Bed.")* – *(1996-2006 getr.!)*

‖ **nahelegen** (= als beste Lösung empfehlen) *R5 – („übertragene Bed.")* – *(1996-2006 getr.!)*

‖ **naheliegen** (= logisch sein) *R5 – („übertragene Bed.")* – *(1996-2006 getrennt!)*

‖ nahe liegend *oder* naheliegend *(eher zusammenschreiben → Einfachbetonung)* –
    (1996-2004 nur getrennt!)

nahe stehen/wohnen *R6 – („wörtliche Bed.")*

näher: **des Näheren** erläutern

näher kommen/rücken (Termin) *R6 – („wörtliche Bed.")*

‖ **näherkommen** (= vertrauter werden; die Meinungen angleichen) *R5 – („übertragene Bed.")*

näherliegen (= wahrscheinlicher sein) *R5 – („übertragene Bed.")*

‖ **näherrücken** (= näher zusammenrücken) *R5 – („übertragene Bed.")* – *(1996-2006 getr.!)*

nahetreten (= jemd. peinlich betroffen machen) *R5 – („übertragene Bed.")*

nämlich: **der/die/das Nämliche**

Narziss, Narzisst, narzisstisch...

Nasigoreng (indones. Speise)

nass

nässen – **nässt – nässte – genässt**

nassgeschwitzt *oder* nass geschwitzt *(eher zusammenschreiben → Einfachbetonung)* –
    (1996-2004 nur getrennt!)

nasskalt

Nassrasierer, Nassrasur

Nassschleifen *oder* **Nass-Schleifen** *(eher mit Bindestrich schreiben → Lesbarkeit)*

Nassschnee *oder* **Nass-Schnee** *(eher mit Bindestrich schreiben → Lesbarkeit)*

‖ nassschwitzen *oder* nass schwitzen *R7* *(eher zusammenschreiben → Einfachbetonung)* –
    (1996-2006 nur getrennt!)

nass wischen *R6 – („wörtliche Bed.")*

‖ **nebeneinanderfahren/-legen** *R10 – („Einfachbetonung" – (1996-2006 verpfl. getrennt!))*

nebeneneinander sitzen/liegen *R10 – („Doppelbetonung")*

nebenher erledigen *R10 – („Doppelbebetonung")*

‖ **nebenherfahren** *R10 – („Einfachbetonung")* – *(1996-2006 verpflichtend getrennt!)*

nebenstehend: **der/die/das Nebenstehende, Nebenstehendes, im Nebenstehenden**

Necessaire *oder* Nessessär *(Bei Fremdwörtern, die noch deutlich als solche empfunden werden, sollte eher die Originalschreibung beibehalten werden.)*

Negligé *oder* Negligee *(Bei Fremdwörtern, die noch deutlich als solche empfunden werden, sollte eher die Originalschreibung beibehalten werden.)*

Negro-Spiritual *(Anm.: Zusammenschreibung seit 2006 nicht mehr möglich)*

nein sagen *oder* Nein sagen

nervös machen *R6 – („wörtliche Bed.")*

Nessessär *oder* <u>Necessaire</u> *(Bei Fremdwörtern, die noch deutlich als solche empfunden werden, sollte eher die Originalschreibung beibehalten werden.)*

neu: **aufs Neue; auf ein Neues!;** von neuem *oder* <u>von Neuem</u> *(eher Großschreibung, analog zu verpflichtenden Parallelfällen, z. B. das Neue, alles Neue...); Großschreibung nach R24 in folgenden Begriffen:* das **Neue** Testament *(Eigenname für einen Teil der Bibel);* die **Neue** Welt *(inoffizieller Eigenname für die aus europäischer Sicht zuletzt entdeckten Erdteile) Kleinschreibung nach R24 in folgenden Begriffen:* die **neue** Armut; das **neue** Jahr → „Alles Gute im **neuen** Jahr!"

neu bearbeitet / eröffnet / geschaffen ... *oder* <u>neubearbeitet</u>, <u>neueröffnet</u>, ... *(eher zusammenschreiben → Einfachbetonung) – (1996-2004 nur getrennt!)*

neu eröffnen *R6 – („wörtliche Bed.")*

neu sein *R9 – (seit 1996 unverändert)*

neunzig *s.* achtzig

New Yorker *oder* New-Yorker

New Age *(Anm.: Zusammenschreibung seit 2006 nicht mehr möglich)*

New Look *(Anm.: Zusammenschreibung seit 2006 nicht mehr möglich)*

Newton: **newtonsche** *oder* **Newton'sche** Gesetze

nicht rostend *oder* <u>nichtrostend</u> *(eher zusammenschreiben → Einfachbetonung) – (1996-2004 nur getrennt!)*

nichts ahnend / sagend *oder* <u>nichtsahnend</u>, <u>nichtssagend</u> *(eher zusammenschreiben → Einfachbetonung) – (1996-2004 nur getrennt!)*

nieder/niedrig: **Hoch und Nieder/ Niedrig** *(verallgemeinernd für Personen)*

niedergehen *R10 – („Einfachbetonung")*

niedrig denken *R6 – („wörtliche Bed.")*

Nofuturegeneration *oder* **No-Future-Generation** *(eher mit Bindestrichen → Lesbarkeit)*

Nonameprodukt *oder* **No-Name-Produkt** *(eher mit Bindestrichen → Lesbarkeit)*

Nonbookabteilung *oder* **Non-Book-Abteilung** *(eher mit Bindestrichen → Lesbarkeit)*

Nonfoodabteilung *oder* **Non-Food-Abteilung** *(eher mit Bindestrichen schr. → Lesbarkeit)*

nonstop fliegen *R10 – („Doppelbetonung")*

Nonstopflug *oder* <u>Non-Stop-Flug</u> *(eher mit Bindestrichen schreiben → Lesbarkeit)*

Nonstopkino *oder* <u>Non-Stop-Kino</u> *(eher mit Bindestrichen schreiben → Lesbarkeit)*

Not leiden *R4 – aber:* das Notleiden *(nie geändert!)*

Not leidend *oder* <u>notleidend</u> *(eher zusammenschreiben → Einfachbetonung) – (1996-2004 nur getrennt mit Großschreibung des Nomens!)*

not sein *R9 – KLEINSCHREIBUNG NEU 2006! – aber:* in **Not** sein!

notlanden / notoperieren / notschlachten *R4 / A1 - („untrennbar")*

nottun, es tut **not** *R4 / A2 - („übertragene Bed.") – KLEINSCHREIBUNG NEU 2006!*

Nouvelle Cuisine

null: **in null Komma nichts, auf null stehen, unter null sinken**

Nulllage *oder* **Null-Lage** *(eher mit Bindestrich schreiben → Lesbarkeit)*

Nullleiter *oder* **Null-Leiter** *(eher mit Bindestrich schreiben → Lesbarkeit)*

Nulllinie *oder* **Null-Linie** *(eher mit Bindestrich schreiben → Lesbarkeit)*

Nulllohnrunde *oder* **Null-Lohnrunde** *(eher mit Bindestrich schreiben → Lesbarkeit)*

Nulllösung *oder* **Null-Lösung** *(eher mit Bindestrich schreiben → Lesbarkeit)*

nummerieren, Nummerierung *Anm.:* numerisch, Numero *und* Numerus *unverändert!.*

Nuss – **Nüsse, Nüsschen**

Nussschalen *oder* **Nuss-Schalen** *(eher mit Bindestrich schreiben → Lesbarkeit)*

Nussschinken *oder* **Nuss-Schinken** *(eher mit Bindestrich schreiben → Lesbarkeit)*

Nussschokolade *oder* **Nuss-Schokolade** *(eher mit Bindestrich schreiben → Lesbarkeit)*

Nussstangerl *oder* **Nuss-Stangerl** *(eher mit Bindestrich schreiben → Lesbarkeit)*

Nussstollen *oder* **Nuss-Stollen** *(eher mit Bindestrich schreiben → Lesbarkeit)*

Nussstrudel *oder* **Nuss-Strudel** *(eher mit Bindestrich schreiben → Lesbarkeit)*

Nutz: zu Nutze *oder* zunutze machen *(eher klein- und zusammenschreiben, analog zu den zahlreichen verpflichtenden Parallelfällen, z. B.* anhand, infolge, zuliebe, zugute...)

O

o. Ä. (= oder Ähnliches)

o-beinig *oder* O-beinig

oben erwähnt / stehend *oder* obenerwähnt, obenstehend *(eher zusammenschreiben → Einfachbetonung) – (1996-2004 nur getrennt!)*

oben stehen *R10 – („Doppelbetonung")*

oben: das oben Stehende *oder* das Obenstehende, oben Stehendes *oder* Obenstehendes, im oben Stehenden *oder* im Obenstehenden *(eher zusammenschreiben → Einfachbetonung!)*

Obergeschoß *oder* **Obergeschoss** *(je nach regionaler Aussprachegewohnheit; in Österreich: Obergeschoß)*

Offbeat *oder* Off-Beat

offen aussprechen *R6 – („wörtliche Bed.")*

offen bleiben/lassen (Tür) *R6 – („wörtliche Bed.")*

offenbleiben (= ungelöst sein) *R5 – („übertragene Bed.") – (1996-2006 verpfl. getrennt!)*

offenhalten (= sich eine Entscheidung vorbehalten) *R5 – („übertragene Bed.") – (1996-2006 verpflichtend getrennt!)*

offenlegen (= öffentlich darlegen) *R5 – („übertragene Bed.") – (1996-2006 getrennt!)*

offen sein *R9 – (seit 1996 unverändert)*

offline (Gegs.: online)

Offlinebetrieb *oder* <u>**Offline-Betrieb**</u> *(eher mit Bindestrich schreiben → Lesbarkeit)*

Offroadfahrzeug *oder* <u>**Off-Road-Fahrzeug**</u> *(eher mit Bindestrichen schr. → Lesbarkeit)*

Offshorebohrung *oder* <u>**Off-Shore-Bohrung**</u> *(eher mit Bindestrichen → Lesbarkeit)*

Offsprecher, Offstimme

o-förmig *oder* O-förmig

oft: **des Öfteren**

oh: **ein freudiges Oh**

Ohm: die **ohmschen** Gesetze *oder* die **Ohm'schen** Gesetze

ohneeinander auskommen *R10 – („Doppelbetonung")*

Ölmessstab *oder* <u>**Ölmess-Stab**</u> *(eher mit Bindestrich schreiben → Lesbarkeit)*

olympisch: *Großschreibung nach R24 in folgendem Begriff:* die **Olympischen** Spiele (Name einer periodisch wiederkehrenden Sportveranstaltung)
Kleinschreibung nach R24 in folgendem Begriff: das **olympische** Feuer *(Anm.: Wer diesen Unterschied zwischen Olympisch und olympisch verstehen kann, ist wahrscheinlich selbst olympiaverdächtig – oder doch Olympia verdächtig?)*

online

Onlinebetrieb *oder* **Online-Betrieb**

Onsprecher

Op-Art

Open-Air *(Anm.: Zusammenschreibung seit 2006 nicht mehr möglich)*

Open-Air-Festival *(Anm.: Zusammenschreibung seit 2006 nicht mehr möglich)*

Open-End-Diskussion *(Anm.: Zusammenschreibung seit 2006 nicht mehr möglich)*

Ordonnanz *oder* Ordonanz

Orthographie *oder* <u>Orthografie</u> *(-f- sollte als die modernere Schreibform bevorzugt werden)*

Outdoor-Kleidung

Outsourcing

P

paar: **ein paar Mal**

Packagetour *oder* <u>Package-Tour</u> *(eher mit Bindestrich schreiben → Lesbarkeit)*

Panther *oder* Panter

<u>papierverarbeitende</u> *oder* Papier verarbeitende Industrie *(eher zusammenschreiben wegen Einfachbetonung) (1996-2004 nur getrennt mit Großschreibung des Nomens!)*

<u>Pappmaché</u> *oder* Pappmaschee

Pappplakat *oder* <u>Papp-Plakat</u> *(eher mit Bindestrich schreiben → Lesbarkeit)*

Paragraph *oder* <u>Paragraf</u> *(-f- sollte als die modernere Schreibform bevorzugt werden)*

parallel laufen / schalten *R6 – („wörtliche Bed.")*

parallel laufend / geschaltet oder <u>parallellaufend</u>, <u>parallelgeschaltet</u> *(eher zusammen-schreiben → Einfachbetonung) – (1996-2004 nur getrennt!)*

Parnass

Party: *Pl.* **Partys**

Pass – Pässe

<u>passé</u> *oder* passee

passen – **es passt – passte – gepasst**

passgenau

Passstelle *oder* **Pass-Stelle** *(eher mit Bindestrich schreiben → Lesbarkeit)*

Passstraße *oder* **Pass-Straße** *(eher mit Bindestrich schreiben → Lesbarkeit)*

Paying Guest *(Anm.: Zusammenschreibung seit 2006 nicht mehr möglich)*

Peepshow *oder* Peep-Show

Personalityshow *oder* Personality-Show

Petit Fours

pfui rufen *oder* Pfui rufen

Phantasie *oder* <u>Fantasie</u> *(-f- sollte als die modernere Schreibform bevorzugt werden) Anm.: Wahlmöglichkeit F-/Ph- nur für die Bed. „Vorstellungskraft"; die Bed. „Musikstück" weiterhin nur mit F !*

Phon *oder* <u>Fon</u> *(-f- sollte als die modernere Schreibform bevorzugt werden)*

Phonetik, phonetisch *oder* <u>Fonetik</u>, <u>fonetisch</u> *(-f- sollte als die modernere Schreibform bevorzugt werden)*

phonographisch *oder* <u>fonografisch</u> *(-f- als die modernere Schreibform bevorzugen)*

Phonotechnik *oder* <u>Fonotechnik</u> *(-f- als die modernere Schreibform bevorzugen)*

Phonothek *oder* <u>Fonothek</u> *(-f- sollte als die modernere Schreibform bevorzugt werden)*

Pidginenglisch *oder* Pidgin-Englisch *(„-sch" sic!)*

pieps sagen *oder* Pieps sagen

Pilze suchen *R4 – aber:* das Pilzesuchen *(nie geändert!)*

Pinnnadel *oder* **Pinn-Nadel** *(eher mit Bindestrich schreiben → Lesbarkeit)*

pissen *(derb)* – du **pisst – pisste – gepisst**; die Pisse

<u>planschleifen</u> *oder* plan schleifen *R7 (eher zusammenschreiben → Einfachbetonung) – (1996-2006 nur getrennt!)*

Platitude *oder* **Plattitüde**

<u>plattdrücken</u> *oder* platt drücken *R7 – (eher zusammenschreiben → Einfachbetonung) – (1996-2006 nur getrennt!)*

plattmachen *(=niederwalzen) R5 – („übertragene Bed.")*

platttreten *oder* platt treten *R7 – (1996-2006 nur getrennt!)*

Platz sparen *R4 – aber:* das Platzsparen *(nie geändert!)*

Platz sparend *oder* <u>platzsparend</u> *(eher zusammenschreiben → Einfachbetonung) – (1996-2004 nur getrennt mit Großschreibung des Nomens!)*

platzieren – platzierte – platziert

Playback *oder* Play-back

Playbackverfahren *oder* <u>Play-back-Verfahren</u> *(eher mit Bindestrichen schr.* → *Lesbarkeit)*

Playstation®

pleite/ Pleite: **pleitegehen** *(NEU seit 2006!)*, Pleite machen; *aber:* pleite sein/ werden *(unverändert);* **pleite bleiben**

Pluralis Majestatis (sprachwiss.)

Point d'Honneur

Poleposition *oder* **Pole-Position**

polyphon *oder* <u>polyfon</u> *(-f- sollte als die modernere Schreibform bevorzugt werden)*

Pommes Croquettes

Pontifex: Pl. <u>Pontifizes</u> *oder* Pontifices *(eher mit -z-* → *Gleichschreibung mit Parallelfällen)*

Pony: *Pl.* **Ponys**, *ebenso Gen. Sg.*

Pony reiten *R4 – aber:* das Ponyreiten *(nie geändert!)*

Popart *oder* **Pop-Art**

Pornographie *oder* <u>Pornografie</u> *(-f- als die modernere Schreibform bevorzugen)*

<u>Portemonnaie</u> *oder* Portmonee *(Bei Fremdwörtern, die noch deutlich als solche empfunden werden, sollte eher die Originalschreibung beibehalten werden.)*

Posten stehen *R4 – aber:* das Postenstehen *(nie geändert!)*

Postillon d'Amour

potemkinsches Dorf *oder* **Potemkin'sches Dorf**

Potential *oder* <u>Potenzial</u> *(eher -z- wegen Einheitlichkeit mit Parallelfällen; vgl. „Potenz")*

potentiell *oder* <u>potenziell</u> *(eher -z- wegen Einheitlichkeit mit Parallelfällen; vgl. „Potenz", „offiziell"...)*

Potentiometer *oder* <u>Potenziometer</u> *(eher -z-* → *Einheitlichkeit mit Parallelfällen; vgl.„Potenz")*

Pour le Mérite

präferentiell *oder* <u>präferenziell</u> *(eher -z-* → *Einheitlichkeit mit Parallelfällen; vgl. „offiziell")*

prassen – du **prasst** – **prasste** – **geprasst**; der Prasser

preisgeben, das gebe ich nicht **preis** *R4 / A2 - („übertragene Bed.")*

Preshave *oder* <u>**Pre-Shave**</u> *(eher mit Bindestrich schreiben* → *Lesbarkeit)*

Preshavelotion *oder* <u>**Pre-Shave-Lotion**</u> *(eher mit Bindestrich schreiben* → *Lesbarkeit)*

pressen – du **presst** – **presste** – **gepresst**; die Presse

Presssack *oder* <u>**Press-Sack**</u> *(eher mit Bindestrich schreiben* → *Lesbarkeit)*

Pressspanplatte *oder* <u>**Press-Spanplatte**</u> *(eher mit Bindestrich schreiben* → *Lesbarkeit)*

Pressuregroup *oder* <u>**Pressure-Group**</u> *(eher mit Bindestrich schreiben* → *Lesbarkeit)*

Primetime *oder* **Prime-Time**

privat versichert *oder* <u>privatversichert</u> *(eher zusammenschreiben* → *Einfachbetonung) – (1996-2004 nur getrennt!)*

Probe fahren *R4 – aber:* das Probefahren *(nie geändert!)*

Productplacement *oder* **Product-Placement** *(eher mit Bindestrich schreiben → Lesbarkeit)*

Profess

Programmmanager *oder* **Programm-Manager** *(eher mit Bindestrich → Lesbarkeit)*

Programmmängel *oder* **Programm-Mängel** *(eher mit Bindestrich → Lesbarkeit)*

programmmäßig *oder* **programm-mäßig** *(eher mit Bindestrich schreiben → Lesbarkeit)*

-prozentig: **3-prozentig** *aber:* **3%ig**

Prozess

‖ **Public Relations** *(Anm.: Zusammenschreibung seit 2006 nicht mehr möglich)*

‖ <u>publikmachen</u> *oder* publik machen *R7 (eher zusammenschreiben → Einfachbetonung) –* *(1996-2006 nur getrennt!)*

Punkrock *oder* **Punk-Rock** *(eher mit Bindestrich schreiben → Lesbarkeit)*

Punkt acht Uhr

pushen *oder* puschen

Puszta

Q

quadrophon *oder* <u>quadrofon</u> *(-f- sollte als die modernere Schreibform bevorzugt werden)*

Quadrophonie *oder* <u>Quadrofonie</u> *(-f- sollte als die modernere Schreibform bevorzugt werden)*

Quäntchen

‖ quer gestreift … *oder* <u>quergestreift</u> *(eher zusammenschreiben → Einfachbetonung)*

‖ **quer legen/stellen** *(etwas oder sich selbst) R10 – („Doppelbetonung")*

‖ **querlegen, querstellen** *(= sich widersetzen) R10 – („Einfachbetonung")*

quertreiben *R10 – („Einfachbetonung")*

Quickstepp

R

Rad fahren / schlagen *R4 – aber:* das Radfahren/Radschlagen *(nie geändert!)*

Radio hören *R4 – aber:* das Radiohören *(nie geändert!)*

‖ Rallyecross *oder* Rallye-Cross

Rammmaschine *oder* **Ramm-Maschine** *(eher mit Bindestrich schreiben → Lesbarkeit)*

Rand: zu Rande *oder* <u>zurande</u> kommen *(eher klein- und zusammenschreiben, analog zu den sehr zahlreichen verpflichtenden Parallelfällen, z. B. anhand, zuliebe, zugute...)*

rarmachen, sich *(= schwer erreichbar sein) R5 – („übertragene Bed.")*

Rasen mähen *R4 – aber:* das Rasenmähen *(nie geändert!)*

rasseln: **rassle!**

Rat: zu Rate *oder* <u>zurate</u> ziehen *(eher klein- und zusammenschreiben, analog zu den sehr zahlreichen verpflichtenden Parallelfällen, z. B.* anhand, infolge, zuliebe, zugute...*)*

Rat suchen *R4*

Rat suchend *oder* <u>ratsuchend</u> *(eher zusammenschreiben → Einfachbetonung) – (1996-2004 nur getrennt mit Großschreibung des Nomens!)*

rau, raue Hände

Raufasertapete, Rauhaardackel, Raunacht, Raureif ...

rauhaarig: die **Rauhaarige Alpenrose**

Raum sparend *oder* <u>raumsparend</u> *(eher zusammenschreiben → Einfachbetonung) – (1996-2004 nur getrennt mit Großschreibung des Nomens!)*

<u>recht</u> <u>bekommen</u> *oder* Recht bekommen *R4 / Sonderlösung – (1996-2006 nur in Großschreibung!)*

rechtfertigen (= begründen) *R5 – („übertragene Bed.")*

<u>recht</u> <u>geben</u> *oder* Recht geben *R4 / Sonderlösung – (1996-2006 nur in Großschreibung!)*

<u>recht</u> <u>haben</u> *oder* Recht haben *R4 / Sonderlösung – (1996-2006 nur in Großschreibung!) – aber:* das Rechthaben *(nie geändert!)*

rechtmachen (= zufriedenstellen) *R5 – („übertragene Bed.")*

recht sein *R9 – (seit 1996 unverändert) – aber:* im **Recht** sein!

Recht sprechen *R4*

<u>recht</u> <u>tun</u> *oder* Recht tun *R4 / Sonderlösung – (1996-2006 nur in Großschreibung!)*

rechtens sein *R9 – (seit 1996 unverändert)*

rechtens machen; für rechtens halten

rechts abbiegen *R6 – („wörtliche Bed.")* aber: das Rechtsabbiegen *(nie geändert!)*

rechts außen

rechts stehend *oder* <u>rechtsstehend</u> *(eher zusammenschreiben → Einfachbetonung) – (1996-2004 nur getrennt!)*

rechtschreiben (= in gültiger Orthographie schreiben) *R5 – („übertragene Bed.")*

reden lassen *R8 – („Verb+Verb") – (seit 1996 unverändert)*

Regens Chori

Regress

reich geschmückt *oder* <u>reichgeschmückt</u> *(eher zusammenschreiben → Einfachbetonung) – (1996-2004 nur getrennt!)*

reich schmücken *R6 – („wörtliche Bed.")*

reich: **Arm und Reich** *(verallgemeinernd für Personen)*

rein: **ins Reine kommen/ schreiben**

rein erhalten *R6 – („wörtliche Bed.")*

rein golden / leinen ... *oder* <u>reingolden</u>, <u>reinleinen</u> *(eher zusammenschreiben → Einfachbetonung) – (1996-2004 nur getrennt!)*

rein halten *R6 – („wörtliche Bed.") – aber:* das Reinhalten *(nie geändert!)*

reinmachen *oder* rein machen *R7 (eher zusammenschreiben → Einfachbetonung) – (1996-2006 nur getrennt!)*

reinschreiben (= eine fehlerfreie Version erstellen) *R5 – („übertragene Bed.")*

reinwaschen (= sich von einer Schuld befreien) *R5 – („übertragene Bed.")*

reißen - **riss** – gerissen; **der Riss**

Reißverschlusssystem *oder* **Reißverschluss-System** *(eher mit Bindestrich → Lesbarkeit)*

Releasecenter *oder* Release-Center *(eher mit Bindestrich schreiben → Lesbarkeit)*

Releasezentrum *oder* Release-Zentrum *(eher mit Bindestrich schreiben → Lesbarkeit)*

Respekt einflößend *oder* respekteinflößend *(eher zusammenschreiben → Einfachbetonung) – (1996-2004 nur getrennt mit Großschreibung des Nomens!)*

richtig: **das Richtig(st)e**

richtig gehen *R6 – („wörtliche Bed.") daher:* eine richtig gehende Uhr – *vgl. aber: richtiggehend, z. B. in Wendungen wie „eine richtiggehende Katastrophe" (nie geändert!)*

richtig machen *R6 – („wörtliche Bed.")*

richtigliegen (= eine zutreffende Vermutung haben) *R5 – („übertragene Bed.") – (1996-2006 verpflichtend getrennt!)*

richtig sein *R9 – (seit 1996 unverändert)*

richtigstellen (= berichtigen) *R5 – („übertragene Bed.") – (1996-2006 verpfl. getrennt!)*

richtigstellen *oder* richtig stellen *(bei wörtl. Bed.) R7 (eher zusammenschreiben → Einfachbetonung) – (1996-2006 nur getrennt!)*

Ringelspiel fahren *R4 – aber:* das Ringelspielfahren *(nie geändert!)*

Riss – Risse

roh: **im Rohen fertig sein, aus dem Rohen arbeiten**

Rohheit

Rohstofffrage *oder* **Rohstoff-Frage** *(eher mit Bindestrich schreiben → Lesbarkeit)*

Roller fahren *R4 – aber:* das Rollerfahren *(nie geändert!)*

Rollladen *oder* **Roll-Laden** *(eher mit Bindestrich schreiben → Lesbarkeit)*

Rollloch *oder* **Roll-Loch** *(eher mit Bindestrich schreiben → Lesbarkeit)*

Rommé *oder* Rommee *(Fremdwörter, die noch deutlich als solche empfunden werden, sollten eher in Originalschreibung beibehalten werden.)*

Rosen züchten *R4 – aber:* das Rosenzüchten *(nie geändert!)*

Ross – Rösser/Rosse; **Rössl(sprung)**

Rossstall *oder* **Ross-Stall** *(eher mit Bindestrich schreiben → Lesbarkeit)*

rot: *Großschreibung nach R24 in folgenden Begriffen:* die **Rote** Armee (Name des sowjetischen Heeresverbandes); das **Rote** Kreuz (Name einer Hilfsorganisation); die **Rote** Liste (aussterbende Lebewesen) *(„fachsprachlich");* das **Rote** Meer (geografischer Eigenname); der **Rote** Planet (= Mars) (ein Himmelskörper)
Kleinschreibung nach R24 in folgenden Begriffen: die **roten** Blutkörperchen; der **rote** Faden (das durchgehende Thema) ; der **rote** Hahn (Feuer)

rot gestreift / glühend *oder* rotgestreift, rotglühend *(eher zusammenschreiben → Einfachbetonung) – (1996-2004 nur getrennt!)*

rot glühen *R6 – („wörtliche Bed.")*

rötlich braun

rotsehen (= wütend werden) *R5 – („übertragene Bed.")*

rotweinen *oder* rot weinen *R7– (eher zusammenschreiben → Einfachbetonung) – (1996-2006 nur getrennt!)*

Roulette spielen *R4 – aber:* das Roulettespielen *(nie geändert!)*

Round Table *(Anm.: Zusammenschreibung seit 2006 nicht mehr möglich)*

Round-Table-Gespräch *(Anm.: Zusammenschreibung seit 2006 nicht mehr möglich)*

Round-Table-Konferenz *(Anm.: Zusammenschreibung seit 2006 nicht mehr möglich)*

Rowdy: *Pl.* **Rowdys,** *ebenso Gen. Sg.*

Rubens: die **rubensschen** *oder* die **Rubens'schen** Gemälde

rückenschwimmen *oder* Rücken schwimmen *R4 / A3 – („Wortgruppe oder Zusammenset-zung")– (eher zusammenschreiben → Einfachbetonung) – (1996-2006 nur getrennt!)*

rückwärts einparken *R10 – („Doppelbetonung") aber:* das Rückwärtseinparken *(nie geändert)*

rückwärts gewandt *oder* rückwärtsgewandt *(eher zusammenschreiben → Einfachbetonung) – (1996-2004 nur getrennt!)*

rückwärtsfahren/-fallen/-gehen *R10 – („Einfachbetonung") – (1996-2006 getrennt!)*

Ruhe finden/suchen *R4*

ruhen lassen *oder* ruhenlassen *(zusammen nur in der Bed. „nicht weiter verfolgen") R8 - („Verb+Verb") – Konsequente Getrenntschreibung zweier Verben ist zu empfehlen, weil das Auseinanderhalten einzelner Sonderfälle nur mühsam ist, aber keine Vorteile bringt! – (1996-2006 nur getrennt!)*

ruhig bleiben *R6 – („wörtliche Bed.") – aber:* das Ruhigbleiben *(nie geändert)*

ruhig sein *R9 – (seit 1996 unverändert) – aber:* das Ruhigsein *(nie geändert)*

ruhigstellen (= jemd. zum Schweigen bringen) *R5 – („übertragene Bed.") – (1996-2006 verpflichtend getrennt!)*

ruhigstellen *oder* ruhig stellen *(z. B. ein Gelenk) R7 – (eher zusammenschreiben → Einfachbetonung) – (1996-2004 nur getrennt!)*

runderneuern (= ein neues Profil verpassen) *R5 – („übertragene Bed.")*

rundfragen (= eine Umfrage machen) *R5 – („übertragene Bed.")*

rundgehen (= in stürmischer Bewegung sein) *R5 – („übertragene Bed.")*

rundmachen *oder* rund machen *R7 – (eher zusammenschreiben → Einfachbetonung) – (1996-2006 nur getrennt!)*

rund sein *R9 – (seit 1996 unverändert)*

Running Gag *(Anm.: Zusammenschreibung seit 2006 nicht mehr möglich)*

Rushhour

Russland

S

Safersex *oder* Safer Sex

Saisonnier *oder* Saisonier

Salesmanager, Salespromoter

Salespromotion

Samstag s. Dienstagabend...

Sankt Gallener *oder* Sankt-Gallener

satt essen (sich); **satt werden** *R6 – („wörtliche Bed.")* – *aber:* das Sattessen *(nie geändert!)*

satthaben (= genug haben) *R5 – („übertragene Bed.")*

‖sattmachen *oder* satt machen *R7 – (eher zusammenschreiben* → *Einfachbetonung)* – *(1996-2006 nur getrennt!)*

sattsehen (= bis zum höchsten Genuss betrachten) *R5 – („übertragene Bed.")*

satttrinken *oder* satt-trinken *(eher mit Bindestrich schreiben* → *Lesbarkeit)*

sauber halten *R6 – („wörtliche Bed.")* aber: das Sauberhalten *(nie geändert!)*

‖saubermachen *oder* sauber machen *R7 – (eher zusammenschreiben* → *Einfachbetonung)* – *(1996-2006 nur getrennt!)*

Sauerstoffflasche *oder* Sauerstoff-Flasche *(eher mit Bindestrich schr.* → *Lesbarkeit)*

saumselig sein *R9 – (seit 1996 unverändert)*

‖sausen lassen *oder* sausenlassen *(zusammen nur in der Bedeutung „nicht weiter verolgen")* *R8 – („Verb+Verb")* – *Konsequente Getrenntschreibung zweier Verben ist zu empfehlen, weil das Auseinanderhalten einzelner Sonderfälle nur mühsam ist, aber keine Vorteile bringt! – (1996-2006 nur getrennt!)*

Saxophon *oder* Saxofon

scannen, gescannt; der **Scan**

Schaden nehmen *R4*

schade sein *R9 – (seit 1996 unverändert)*

schadlos halten *R6 – („wörtliche Bed.")* – *aber:* das Schadloshalten *(nie geändert!)*

Schalllehre *oder* Schall-Lehre *(eher mit Bindestrich schreiben* → *Lesbarkeit)*

Schallloch *oder* Schall-Loch *(eher mit Bindestrich schreiben* → *Lesbarkeit)*

Schande machen *R4*

Schande: zu Schanden *oder* zuschanden machen ... *(eher klein- und zusammenschreiben, analog zu den sehr zahlreichen verpflichtenden Parallelfällen, z. B. anhand, infolge, zuliebe, zugute...)*

Schänke *oder* Schenke *(Begründung für die Vorzugsform wie bei „aufwendig")*

scharf: aufs / auf das schärfste *oder* aufs / auf das Schärfste verurteilen *(Großschreibung hier bevorzugen, analog zu verpflichtenden Parallelfällen, z. B. das Genaueste, das Beste, auf Genaueres warten...)*

scharfmachen (= bissig machen) *R5 – („übertragene Bed.")*

scharfmachen *oder* scharf machen (Essen/Messer) *R7 – (eher zusammenschreiben → Einfachbetonung) – (1996-2006 nur getrennt!)*

scharf schießen *R6 – („wörtliche Bed.") – aber:* das Scharfschießen *(nie geändert!)*

schassen *(ugs.)* – **schasste** – **geschasst**

Schatten spendend *oder* schattenspendend *(eher zusammenschreiben → Einfachbetonung) – (1996-2004 nur getrennt mit Großschreibung des Nomens!)*

schätzen lernen *R8 – („Verb+Verb") – (seit 1996 unverändert)*

Schauder erregend *oder* schaudererregend *(eher zusammenschreiben → Einfachbetonung) – (1996-2004 nur getrennt mit Großschreibung des Nomens!)*

scheckig braun

scheel blicken *R6 – („wörtliche Bed.")*

scheel blickend *oder* scheelblickend *(eher zusammenschreiben → Einfachbetonung) – (1996-2004 nur getrennt!)*

scheißen *(derb)* – du scheißt – **schiss** – geschissen; die Scheiße

Schenke *oder* Schänke *(Begründung für die Vorzugsform wie bei „aufwendig")*

scheumachen *oder* scheu machen (Pferd) *R7 – (eher zusammenschreiben → Einfachbetonung) – (1996-2006 nur getrennt!)*

scheu sein *R9 – (seit 1996 unverändert)*

scheu werden *R6 – („wörtliche Bed.") – aber:* das Scheuwerden *(nie geändert!)*

Schi laufen *R4 – aber:* das Schilaufen *(nie geändert!)*

schicken lassen *R8 – („Verb+Verb") – (seit 1996 unverändert)*

schief anschauen *R6 – („wörtliche Bed.")*

schiefgehen (= fehlschlagen) *R5 – („übertragene Bed.") – (1996-2006 verpfl. getrennt!)*

schief gehen *(getrennt nur in der Bed. „nicht gerade gehen") R6 – (1996-2006 verpflichtend getrennt!)*

schief gewickelt *oder* schiefgewickelt *(eher zusammenschreiben → Einfachbetonung) – (1996-2004 nur getrennt!)*

schieflachen (= über etwas haltlos lachen) *R5 – („übertragene Bed.") – (1996-2006 getr.!)*

schiefliegen (= im Irrtum sein) *R5 – („übertragene Bed.") – (1996-2006 verpfl. getrennt!)*

schief sitzen *R6 – („wörtliche Bed.")*

schießen – du schießt – **schoss** – geschossen; **der Schuss**

schießen lassen *oder* schießenlassen *(zusammen nur in der Bed. „eine ungelenkte Entwicklung zulassen") R8 - („Verb+Verb") – Konsequente Getrenntschreibung zweier Verben ist zu empfehlen, weil das Auseinanderhalten einzelner Sonderfälle nur mühsam ist, aber keine Vorteile bringt! – (1996-2006 nur getrennt!)*

Schifffahrt *oder* **Schiff-Fahrt** *(eher mit Bindestrich schreiben → Lesbarkeit)*

Schikoree *oder* Chicorée

Schiller: die **schillerschen** *oder* **Schiller'schen** Werke

schlafen gehen/lassen *R8 – („Verb+Verb") – (seit 1996 unverändert) – aber:* das Schlafengehen *(nie geändert!)*

schlafwandeln *R4 / A1 - („untrennbar")*

Schlag acht Uhr

Schlägel (Schlagwerkzeug) *oder* **Schlegel** (Keule eines Schlachttiers) *je nach Bed.; daher neu:* **Trommelschlägel**

schlagen: **Rad schlagen**

Schlammmasse *oder* **Schlamm-Masse** *(eher mit Bindestrich schreiben → Lesbarkeit)*

‖ schlankmachen *oder* schlank machen (Diät) *R7 – (1996-2006 nur getrennt!)*

schlappmachen (= aufgeben) *R5 – („übertragene Bed.")*

‖ schlecht bezahlt / gelaunt ... *oder* schlechtbezahlt, schlechtgelaunt *(eher zusammen-schreiben → Einfachbetonung) – (1996-2004 nur getrennt!)*

‖ schlecht(er)gehen *oder* schlecht(er) gehen *(von Personen) R5+6 / „Zweifelsfall" – (eher zusammenschreiben → Einfachbetonung) – (1996-2006 nur getrennt!)*

schlecht gehen (in Schuhen) *R6 – („wörtliche Bed.") – (eher zusammenschreiben → Einfachbetonung)*

schlechtmachen (= in Verruf bringen) *R5*

schlechtreden (= etwas schlechter darstellen, als es ist) *R5 – („übertragene Bed.")*

‖ schlechtstehen *oder* schlecht stehen *R5+6 / „Zweifelsfall" – (eher zusammenschreiben → Einfachbetonung) – (1996-2006 nur getrennt!)*

Schlegel s. Schlägel

‖ schleifen lassen oder schleifenlassen *(zusammen nur in der Bed. „abreißen lassen") R8 – („Verb+Verb") – Konsequente Getrenntschreibung zweier Verben ist zu empfehlen, weil das Auseinanderhalten einzelner Sonderfälle nur mühsam ist, aber keine Vorteile bringt! – (1996-2006 nur getrennt!)*

schleißen – **schliss** – geschlissen

schließen – du schließt – **schloss** – geschlossen; **der Schluss**

Schliffffläche *oder* Schliff-Fläche

schlimm: **das Schlimmste**; auf das/ aufs Schlimmste *oder* schlimmste gefasst sein *(Großschreibung hier bevorzugen, analog zu verpflichtenden Parallelfällen, z. B. das Schlimmste, auf Schlimmstes gefasst sein...)*

Schlitten fahren *R4 – aber:* das Schlittenfahren *(nie geändert!)*

Schlittschuh laufen *R4 – aber:* das Schlittschuhlaufen *(nie geändert!)*

Schloss, Schlösschen

Schluss

schlussfolgern *R4 / A1 - („untrennbar")*

Schlusssatz *oder* **Schluss-Satz** *(eher mit Bindestrich schreiben → Lesbarkeit)*

Schlusssignal *oder* **Schluss-Signal** *(eher mit Bindestrich schreiben → Lesbarkeit)*

Schlussspurt *oder* **Schluss-Spurt** *(eher mit Bindestrich schreiben → Lesbarkeit)*

Schlussstein *oder* **Schluss-Stein** *(eher mit Bindestrich schreiben → Lesbarkeit)*

Schlussstrich *oder* **Schluss-Strich** *(eher mit Bindestrich schreiben → Lesbarkeit)*

Schlussszene *oder* **Schluss-Szene** *(eher mit Bindestrich schreiben → Lesbarkeit)*

schmeißen *(ugs.)* – **schmiss** – geschmissen; **der Schmiss**

Schmuckblatttelegramm oder **Schmuckblatt-Telegramm** *(eher mit Bindestrich schreiben*
→ *Lesbarkeit)*

Schmutz abweisend *oder* schmutzabweisend *(eher zusammenschreiben* → *Einfach-
betonung) (1996-2004 nur getrennt mit Großschreibung des Nomens!)*

schmutzig grau ...

schmutzig machen *R6 – („wörtliche Bed.")*

schmutzig sein *R9 – (seit 1996 unverändert)*

schnäuzen

Schnee schaufeln/schlagen *R4 – aber:* das Schneeschaufeln *(nie geändert!)*

schneeerhellt *oder* schnee-erhellt *(eher mit Bindestrich schreiben* → *Lesbarkeit)*

Schneeerlebnis *oder* Schnee-Erlebnis *(eher mit Bindestrich schreiben* → *Lesbarkeit)*

Schneeeule *oder* Schnee-Eule *(eher mit Bindestrich schreiben* → *Lesbarkeit)*

Schneewechte

schnell laufen *R6 – („wörtliche Bed.")*

Schnelllader *oder* **Schnell-Lader** *(eher mit Bindestrich schreiben* → *Lesbarkeit)*

Schnellladung *oder* **Schnell-Ladung** *(eher mit Bindestrich schreiben* → *Lesbarkeit)*

Schnelllaster *oder* **Schnell-Laster** *(eher mit Bindestrich schreiben* → *Lesbarkeit)*

Schnelllauf *oder* **Schnell-Lauf** *(eher mit Bindestrich schreiben* → *Lesbarkeit)*

Schnellläufer *oder* **Schnell-Läufer** *(eher mit Bindestrich schreiben* → *Lesbarkeit)*

schnelllebig *oder* **schnell-lebig** *(eher mit Bindestrich schreiben* → *Lesbarkeit)*

Schnellleser *oder* **Schnell-Leser** *(eher mit Bindestrich schreiben* → *Lesbarkeit)*

~~schneuzen~~ *geändert auf* **schnäuzen**

Schnitttiefe *oder* **Schnitt-Tiefe** *(eher mit Bindestrich schreiben* → *Lesbarkeit)*

schnuppe sein *R9 – (seit 1996 unverändert)*

~~Schofför~~ *geändert auf* **Chauffeur**

schön: aufs schönste *oder* aufs Schönste *(Großschreibung hier bevorzugen, analog zu
verpflichtenden Parallelfällen, z. B. das Schönste, auf Schöneres warten...);
Kleinschreibung nach R24 in folgendem Begriff:* eine **schöne** Bescherung

schönfärben (= beschönigen) *R5 – („übertragene Bed.")*

schönmachen (= ein Tier herausputzen) *R5 – („übertragene Bed.")*

schönmachen (sich) *oder* schön machen (sich) *R5+6 / „Zweifelsfall" – (eher zusammen-
schreiben* → *Einfachbetonung) – (1996-2006 nur getrennt!)*

schönreden (= beschönigen) *R5 – („übertragene Bed.")*

schön schreiben/werden *R6 – („wörtliche Bed.") aber:* das Schönschreiben

schönschreiben (= in Schönschrift schreiben) *R5 – („übertragene Bed.") – (1996-2006
verpflichtend getrennt!)*

schöntun (= schmeicheln) *R5 – („übertragene Bed.")*

Schoss (junger Trieb); *aber:* Schoß (Mutterleib**)**

schräg laufend *oder* schräglaufend *(eher zusammenschreiben* → *Einfachbetonung)
(1996-2004 nur getrennt!)*

schräg liegen/stehen *R6 – („wörtliche Bed.")*

schrägstellen *oder* schräg stellen *R7 – (eher zusammenschreiben → Einfachbetonung) – (1996-2006 nur getrennt!)*

Schrecken erregend *oder* schreckenerregend *(eher zusammenschr. → Einfachbetonung) (1996-2004 nur getrennt mit Großschreibung des Nomens!)*

schrecklich: auf das / aufs Schrecklichste *oder* schrecklichste zugerichtet werden *(eher Großschreibung, analog zu verpflichtenden Parallelfällen, z. B. das Schrecklichste, im Übrigen...)*

schreiben lernen *R8 – („Verb+Verb") – (seit 1996 unverändert) – aber:* das Schreibenlernen

schreien lassen *R8 – („Verb+Verb") – (seit 1996 unverändert)*

schreien: **geschrien**

Schrimp(s) *oder* Shrimp(s) *(Originalschreibung wegen Internationalität zu bevorzugen)*

Schritttanz oder Schritt-Tanz *(eher mit Bindestrich schreiben → Lesbarkeit)*

Schritttempo oder Schritt-Tempo *(eher mit Bindestrich schreiben → Lesbarkeit)*

Schrotttransport *oder* Schrott-Transport *(eher mit Bindestrich schreiben → Lesbarkeit)*

Schrubbbesen oder Schrubb-Besen *(eher mit Bindestrich schreiben → Lesbarkeit)*

Schuhe putzen *R4 aber:* das Schuheputzen *(nie geändert!)*

Schuld: **Schuld geben/haben/tragen** *R4;* zuschulden *oder* zu Schulden kommen lassen – *(eher klein- und zusammenschreiben, analog zu den sehr zahlreichen verpflichtenden Parallelfällen, z. B. anhand, infolge, zuliebe, zugute...)*

schuldigsprechen (= verurteilen) *R5 – („übertragene Bed.")*

schuld sein *R9 – (seit 1996 unverändert)*

Schule spielen *R4 – aber:* das Schulespielen *(nie geändert!)*

Schuss – Schüsse

schusslig (= schusselig)

schussschwach oder schuss-schwach *(eher mit Bindestrich schreiben → Lesbarkeit)*

schusssicher oder schuss-sicher *(eher mit Bindestrich schreiben → Lesbarkeit)*

Schutttransport *oder* Schutt-Transport *(eher mit Bindestrich schreiben → Lesbarkeit)*

schutzimpfen *R4 / A1 - („untrennbar")*

schwach begabt/ bevölkert ... *oder* schwachbegabt, schwachbevölkert *(eher zusammenschreiben → Einfachbetonung) – (1996-2004 nur getrennt!)*

schwachmachen (= schwächen) *R5 – („übertragene Bed.") – (1996-2006 getrennt!)*

schwachwerden (= nachgeben) *R5 – („übertragene Bed.") – (1996-2006 getrennt!)*

schwach werden *(getrennt nur in der Bed. „einen Schwächeanfall bekommen") R6 – aber:* das Schwachwerden *(nie geändert!)*

Schwammerl suchen *R4 – aber:* das Schwammerlsuchen *(nie geändert!)*

schwarz gefärbt / gestreift ... *oder* schwarzgefärbt, schwarzgestreift *(eher zusammenschreiben → Einfachbetonung) (1996-2004 nur getrennt!)*

schwarz: **aus Schwarz Weiß machen** ; *aber unverändert:* schwarz auf weiß);
  Großschreibung nach R24 in folgenden Begriffen: der **Schwarze** Freitag (Tag des
  Börsensturzes in den 1920er-Jahren: die **Schwarze** Hand (serbischer Geheimbund);
  das **Schwarze** Meer (geografischer Eigenname); ein **Schwarzes** Loch (ein astrono-
  misches Phänomen); die **Schwarze** Witwe (eine Spinnenart);
  Groß- oder Kleinschreibung nach R24 in folgenden Begriffen: das **schwarze** Brett
  oder das **Schwarze** Brett (= Anschlagtafel); das **Schwarze/schwarze** Gold (= Erdöl);
  die **Schwarze/schwarze** Kunst (= Zauberkunst); die **Schwarze/ schwarze** Magie (=
  Zauberkunst); der **Schwarze/schwarze** Mann (= Rauchfangkehrer); der **schwarze**
  Peter oder der **Schwarze** Peter (= Kartenspiel); der **schwarze** Tod oder der
  Schwarze Tod (= Beulenpest)
  Kleinschreibung nach R24 in folgenden Begriffen: ein **schwarzes** Schaf (= jemand,
  der sich nicht an die Normen seiner Gemeinschaft hält); **schwarzer** Tee; ein
  schwarzer Tag (= Unglückstag, z. B. der Tag, an dem die Großschreibung erfunden
  wurde)

schwarzarbeiten (= inoffiziell arbeiten) *R5 – aber:* das Schwarzarbeiten

schwarzärgern (= sich äußerst ärgern) *R5 – („übertragene Bed.")*

schwarzhören (= illegal hören) *R5 – („übertragene Bed.")*

schwarzmalen (= ein düsteres Bild zeichnen) *R5 – („übertragene Bed.")*

schwarzsehen (= illegal fernsehen) *R5 – („übertragene Bed.")*

schwer behindert /beeinträchtigt… *oder* <u>schwerbehindert</u>, <u>schwerbeeinträchtigt</u> *(eher
  zusammenschreiben → Einfachbetonung) (1996-2004 nur getrennt!)*

<u>schwererziehbar</u> / <u>schwerverständlich</u> *oder* schwer erziehbar, schwer verständlich … *aber:*
  schwerreich u. a. *unverändert (eher generell zusammenschreiben → Einfach-
  betonung und einheitliche Schreibweise) – (1996-2004 nur getrennt!)*

schwerfallen (= Mühe haben) *R5 – („übertragene Bed.") – (1996-2006 verpfl. getrennt!)*

schwer lernen/stürzen/verletzen *R6 – („wörtliche Bed.")*

<u>schwermachen</u> *oder* schwer machen *R5+6 / „Zweifelsfall" (eher zusammenschreiben →
  Einfachbetonung) – (1996-2006 nur getrennt!)*

schwernehmen (= unter etwas leiden) *R5 – („übertragene Bed.") – (1996-2006 getrennt!)*

schwertun, sich (= Schwierigkeiten haben) *R5 – („übertragene Bed.")*

schwer wiegend *oder* <u>schwerwiegend</u> *(eher zusammenschreiben → Einfachbetonung) –
  (1996-2004 nur getrennt!)*

schwimmen gehen/lernen *R8 – („Verb+Verb") – (seit 1996 unverändert)*

Schwimmmeister(schaft) *oder* **<u>Schwimm-Meister(schaft)</u>** *(eher mit Bindestrich schreiben
  → Lesbarkeit)*

Schwindel erregend *oder* <u>schwindelerregend</u> *(eher zusammenschreiben → Einfach-
  betonung) – (1996-2004 nur getrennt mit Großschreibung des Nomens!)*

Sciencefiction *oder* **Science-Fiction**

Sciencefictionroman *oder* **<u>Science-Fiction-Roman</u>** *(eher mit Bindestrichen schreiben →
  Lesbarkeit)*

Scooter fahren *R4 – aber:* das Scooterfahren

sechzig *s.* achtzig

Secondhandshop *oder* <u>Second-Hand-Shop</u> *(eher mit Bindestrichen schreiben → Lesbarkeit)*

Seeelefant *oder* <u>See-Elefant</u> *(eher mit Bindestrich schreiben → Lesbarkeit)*

seeerfahren *oder* <u>see-erfahren</u> *(eher mit Bindestrich schreiben → Lesbarkeit)*

Seeerfahrung *oder* <u>See-Erfahrung</u> *(eher mit Bindestrich schreiben → Lesbarkeit)*

segelfliegen *R4 / A1 - („untrennbar")* – *aber:* das Segelfliegen

Segen bringend *oder* <u>segenbringend</u> *(eher zusammenschreiben → Einfachbetonung)* –
(1996-2004 nur getrennt mit Großschreibung des Nomens!)

seiltanzen *R4 / A1 - („untrennbar")* – *aber:* das Seiltanzen

sein: die Sein(ig)en *oder* die sein(ig)en; jedem das Sein(ig)e *oder* das sein(ig)e

sein lassen *R8 – („Verb+Verb")* – *(seit 1996 unverändert)*

Seismograph *oder* <u>Seismograf</u> *(-f- sollte als die modernere Schreibform bevorzugt werden)*

Seite: **auf Seiten** *oder* **aufseiten**; **von Seiten** *oder* **vonseiten**; **zu Seiten** *oder* **zuseiten**
*(eher klein- und zusammenschreiben, analog zu den sehr zahlreichen verpflich-
tenden Parallelfällen, z. B. anhand, infolge, zuliebe, zugute...)* – *(vor 1996 nur* auf
seiten, von seiten *und* zu seiten!)

seitenschwimmen *R4 / A1 - („untrennbar")* – *aber:* das Seitenschwimmen

seit kurzem *oder* <u>seit Kurzem</u>, seit langem *oder* <u>seit Langem</u> *(eher Großschreibung zu
empfehlen, analog zu verpflichtenden Parallelfällen, z. B. in Kürze, im Allgemeinen,
seit Samstag...)* – *(Anm.: 1996-2004 Kleinschreibung verpflichtend!)*

selbst backen/machen *R10 – („Doppelbetonung")*

selbst ernannt/ gebacken / gemacht ... *oder* <u>selbsternannt</u>, <u>selbstgebacken</u>, <u>selbstgemacht</u>
aber: selbstzufrieden u.a. *(unverändert) (eher generell zusammen-schreiben →
Einfachbetonung und einheitliche Schreibweise sprechen dafür) (1996-2004 nur
getrennt!)*

selbständig *oder* <u>selbstständig</u> *(2x st wird meist als plausibler empfunden)*

selig lächeln *R6 – („wörtliche Bed.")*

<u>seligmachen</u> *oder* selig machen *R7 – (eher zusammenschreiben → Einfachbetonung)* –
(1996-2006 nur getrennt!)

seligpreisen (= beglückwünschen) *R5 – („übertragene Bed.")*

seligsprechen (= in die Schar der Seligen aufnehmen) *R5 – („übertragene Bed.")*

selig werden *R6 – („wörtliche Bed.")*

senkrecht stehen/starten *R6 – („wörtliche Bed.")*

Séparée *oder* Separee

sequentiell *oder* <u>sequenziell</u> *(eher -z- wegen Einheitlichkeit mit allen Parallelfällen; vgl.*
„offiziell")

sesshaft

<u>setzen lassen</u> oder setzenlassen *(zusammen nur in der Bed.. „für Beruhigung sorgen") R8 -
(„Verb+Verb")* – Konsequente Getrenntschreibung zweier Verben ist zu empfehlen,
weil das Auseinanderhalten einzelner Sonderfälle nur mühsam ist, aber keine Vorteile
bringt! *(1996-2006 nur getrennt!)*

Sexappeal *oder* Sex-Appeal

s-förmig *oder* S-förmig

Shootingstar *oder* Shooting-Star

Shoppingcenter *oder* Shopping-Center

Shortstory *oder* **Short Story**

Showbusiness *oder* **Show-Business**

Showdown *oder* Show-down

Shrimp(s) *oder* Schrimp(s)

sicher: auf Nummer Sicher *oder* sicher gehen; **das Sicherste**; **im Sicher(e)n** sein

sichergehen (= Gewissheit haben) *R5 – („übertragene Bed.")*

sichermachen *oder* sicher machen *R7– (eher zusammenschreiben → Einfachbetonung) – (1996-2006 nur getrennt!)*

sicher sein *R9 – (seit 1996 unverändert)*

sicherstellen (= sichern; polizeilich verwahren) *R5 – („übertragene Bed.")*

sicher transportieren *R6 – („wörtliche Bed.")*

sicher wirkend *oder* sicherwirkend *(eher zusammenschreiben → Einfachbetonung) (1996-2004 nur getrennt!)*

siebzig *s.* achtzig

siedend heiß

Sightseeingtour *oder* Sightseeing-Tour

singende Säge, die

Sinn stiftend *oder* sinnstiftend *(eher zusammenschreiben → Einfachbetonung) – (1996-2004 nur getrennt mit Großschreibung des Nomens!)–*

sitzen bleiben *oder* sitzenbleiben *(zusammen nur in der Bedeutung „eine Klasse wiederholen") R8 – („Verb+Verb") – Konsequente Getrenntschreibung zweier Verben ist zu empfehlen, weil das Auseinanderhalten einzelner Sonderfälle nur mühsam ist, aber keine Vorteile bringt! – (1996-2006 nur getrennt!)*

sitzen lassen *oder* sitzenlassen *(zusammen nur in der Bed. „im Stich lassen") R8 – („Verb+Verb") – Konsequente Getrenntschreibung zweier Verben ist zu empfehlen, weil das Auseinanderhalten einzelner Sonderfälle nur mühsam ist, aber keine Vorteile bringt! – (1996-2006 nur getrennt!)*

Skat spielen *R4 – aber:* das Skatspielen *(nie geändert!)*

Skateboard fahren *R4 – aber:* das Skateboardfahren *(nie geändert!)*

Ski fahren/laufen *R4 – aber:* das Skifahren *(nie geändert!)*

s-Laut

Slowfood *oder* **Slow Food**

Slow Motion *(Anm.: Zusammenschreibung seit 2006 nicht mehr möglich)*

Smalltalk *oder* **Small Talk**

so genannt *oder* sogenannt *(Zusammenschreibung analog zu soviel, zurzeit u. a.) – aber: Abkürzung immer →* **sog. (!)**

<u>sodass</u> *oder* **so dass** *(Zusammenschreibung analog zu soviel, zurzeit u. a.)*

Softball *oder* **Soft Ball**

Softdrink *oder* Soft Drink

Softeis

Softgun *oder* **Soft Gun**

Softrock *oder* Soft Rock

solch: <u>ein Solches</u> *oder* ein solches ist mir widerfahren *(eher Großschreibung, analog zu verpflichtenden Parallelfällen, z. B. ein Übriges, ein Gleiches...)*

Sollbestand/-betrag/-bruchstelle/-einnahmen/-konto... *oder* Soll-Bestand, Soll-Betrag...

Solllast *oder* Soll-Last

Sollleistung *oder* Soll-Leistung

Sonderheit: **in Sonderheit**

Sonnabend *s.* Dienstagabend ...

Sonntag *s.* Dienstagabend ...

sonst jemand / was/ wer/ wie/ wo ...

sonstig: **das Sonstige**

Sorge haben/tragen *R4 – aber:* das Sorgetragen *(nie geändert!)*

Soufflé *oder* Soufflee

soviel *oder* **so viel** *(als Bindewort zusammen, sonst immer getrennt geschrieben)*

soweit *oder* **so weit** *(als Bindewort zusammen, sonst immer getrennt)*

sowenig *oder* **so wenig** *(als Bindewort zusammen, sonst immer getrennt)*

sowohl: **das Sowohl-als-auch**

<u>Spaghetti</u> *oder* Spagetti *(Die Originalschreibung ist wegen ihrer Authentizität und wegen der Internationalität zu bevorzugen!) – (Anm.: Die zweite Schreibform ist in der Schweiz ausdrücklich nicht erlaubt!)*

Spareribs

Spaß *oder [neu seit 2006:]* **Spass** *(als in Österreich erlaubte Alternative; unklar bleibt allerdings, warum man zugleich damit eine aus der Umgangssprache kommende, aber standardsprachlich falsche Aussprache favorisieren soll!)*

spät kommen/werden *R6 – („wörtliche Bed.")*

spazieren fahren/gehen *R8 – („Verb+Verb") – (seit 1996 unverändert) – aber:* beim Spazierengehen ... *(nie geändert!)*

Speedwayrennen *oder* <u>Speedway-Rennen</u> *(eher mit Bindestrich schreiben → Lesbarkeit)*

speien: **gespien**

Sperrrichtung *oder* <u>Sperr-Richtung</u> *(eher mit Bindestrich schreiben → Lesbarkeit)*

Sperrriegel *oder* <u>Sperr-Riegel</u> *(eher mit Bindestrich schreiben → Lesbarkeit)*

speziell: **im Speziellen**

spielen lassen oder spielenlassen (*zusammen nur in der Bed.* „Muskeln spielen l.") *R8* –
  *(„Verb+Verb") – (1996-2006 nur getrennt!) – Konsequente Getrenntschreibung
  zweier Verben ist zu empfehlen, weil das Auseinanderhalten einzelner Sonderfälle
  nur mühsam ist, aber keine Vorteile bringt!*

spinnefeind sein *R9 – (nach 10 Jahren Großschreibung: seit 2006 wieder klein!)*

spitz zulaufen *R6 – („wörtliche Bed.")*

spitzbekommen (= dahinterkommen) *R5 – („übertragene Bed.")*

spitze sein/bleiben/werden *R9 (Kleinschreibung von „spitze" **NEU seit 2006***!) – aber:* zur
  Spitze zählen

spleißen – du spleißt – spleißte / **spliss** – gespleißt / gesplissen

Splendid Isolation

Sporen bildend *oder* sporenbildend *(eher zusammenschreiben → Einfachbetonung) –
  (1996-2004 nur getrennt mit Großschreibung des Nomens!)*

sprechen lassen oder sprechenlassen (*zusammen nur in der Bed.* „Blumen sprechen
  lassen") *R8 – („Verb+Verb") – Konsequente Getrenntschreibung zweier Verben ist
  zu empfehlen, weil das Auseinanderhalten einzelner Sonderfälle nur mühsam ist,
  aber keine Vorteile bringt! – (1996-2006 nur getrennt!)*

sprechen lernen *R8 – („Verb+Verb") – aber:* das Sprechenlernen *(nie geändert!)*

sprießen – es sprießt – **spross** – gesprossen

Spross – Sprosse; **Sprössling**

Squaredance *oder* Square-Dance

Staaten bildende *oder* staatenbildende Insekten *(eher zusammenschreiben →
  Einfachbetonung) – (1996-2004 nur getrennt mit Großschreibung des Nomens!)*

Stabat Mater

stabil machen *R6 – („wörtliche Bed.")*

Stalllaterne *oder* **Stall-Laterne** *(eher mit Bindestrich schreiben → Lesbarkeit)*

Stammmannschaft *oder* **Stamm-Mannschaft** *(eher mit Bindestrich → Lesbarkeit)*

Stammmiete *oder* **Stamm-Miete** *(eher mit Bindestrich schreiben → Lesbarkeit)*

Stammmutter *oder* **Stamm-Mutter** *(eher mit Bindestrich schreiben → Lesbarkeit)*

Stand: in Stand *oder* instand ; im Stande *oder* imstande; außer Stand(e) *oder*
  außerstand(e); zu Stande *oder* zustande *(eher klein- und zusammenschreiben,
  analog zu den sehr zahlreichen verpflichtenden Parallelfällen, z. B. anhand, infolge,
  zuliebe, zugute...)*

Stand-by-Funktion, ...-Modus, ...-Schaltung

Ständelwurz *oder* Stendelwurz *(eher mit -ä- wegen des Gleichziehens mit dem
  klanggleichen Wort „Ständer")*

standhalten, es hält **stand** *R4 / A2 – („übertragene Bed.")*

Standing Ovations *(Anm.: Zusammenschreibung seit 2006 nicht mehr möglich)*

Stängel *(Anm.: Das frühere Wort „~~Stengel~~" wurde auf Umlautschreibung umgestellt wegen
  seiner Herkunft von „Stange".)*

stark besiedelt / frequentiert... *oder* <u>starkbesiedelt</u>, <u>starkfrequentiert</u>... *(eher zusammen-schreiben → Einfachbetonung) – (1996-2004 nur getrennt!)*

starkmachen, sich (= sich einsetzen) *R5 – („übertragene Bed.") – (1996-2006 verpflichtend getrennt!)*

stark schütteln/werden *R6 – („wörtliche Bed.")*

stark sein *R9 – (seit 1996 unverändert)*

statt: **an** Eides/ Kindes **statt**

stattdessen *oder* **statt dessen** *(je nach Bed.)*

stattfinden/-geben/-haben, es findet **statt** *R4 / A2 - („übertragene Bed.")*

Status Nascendi

<u>staubsaugen</u> *oder* Staub saugen *R4 / A3 – („Wortgruppe oder Zusammensetzung") – (eher zusammenschreiben → Einfachbetonung)*

Staunen erregend *oder* <u>staunenerregend</u> *(eher zusammenschreiben → Einfachbetonung) – (1996-2004 nur getrennt mit Großschreibung des Nomens!)*

<u>stecken bleiben</u> oder steckenbleiben *(zusammen nur in der Bed. „stocken")* R8 – *(„Verb+Verb") – Konsequente Getrenntschreibung zweier Verben ist zu empfehlen, weil das Auseinanderhalten einzelner Sonderfälle nur mühsam ist, aber keine Vorteile bringt! – (1996-2006 nur getrennt!)*

stecken lassen *R8 – („Verb+Verb") – (seit 1996 unverändert)*

<u>stehen bleiben</u> oder stehenbleiben *(Zusammenschreibung nur im Zusammenhang mit der Uhr) R8 – („Verb+Verb") – Konsequente Getrenntschreibung zweier Verben ist zu empfehlen, weil das Auseinanderhalten einzelner Sonderfälle nur mühsam ist, aber keine Vorteile bringt! – (1996-2006 nur getrennt!)*

<u>stehen lassen</u> *oder* stehenlassen *(zusammen nur in der Bed. „nicht länger beachten") R8 – („Verb+Verb") – Konsequente Getrenntschreibung zweier Verben ist zu empfehlen, weil das Auseinanderhalten einzelner Sonderfälle nur mühsam ist, aber keine Vorteile bringt! – (1996-2006 nur getrennt!)*

steifhalten, die Ohren (= initiativ bleiben) *R5 – („übertragene Bed.") – (1996-2006 getr.!)*

<u>steifschlagen</u> *oder* steif schlagen (Obers) *R7 – (eher zusammenschreiben → Einfach-betonung) – (1996-2006 nur getrennt!)*

steif werden *R6 – („wörtliche Bed.")* aber: das Steifwerden *(nie geändert!)*

<u>steigen lassen</u> *oder* steigenlassen *(zusammen nur in der Bed. „veranstalten") R8 – („Verb+Verb") – Konsequente Getrenntschreibung zweier Verben ist zu empfehlen, weil das Auseinanderhalten einzelner Sonderfälle nur mühsam ist, aber keine Vorteile bringt! – (1996-2006 nur getrennt!)*

-stellig: **2-stellig ...**

Stemmmeißel *oder* **<u>Stemm-Meißel</u>** *(eher mit Bindestrich schreiben → Lesbarkeit)*

Stendelwurz *oder* <u>Ständelwurz</u> *(eher mit -ä- wegen des Gleichziehens mit dem klanggleichen Wort „Ständer")*

~~Stengel~~ *geändert auf* **Stängel** *(Anm.: Umstellung auf Umlautschreibung wegen der Herkunft des Wortes von „Stange".)*

Stenographie *oder* <u>Stenografie</u> *(-f- als die modernere Schreibform bevorzugen)*

Stepp(tanz) *(wie* steppen)

sterben lassen *oder* sterbenlassen *(zusammen nur in der Bed. „nicht weiter verfolgen", z. B. ein Projekt) R8 – („Verb+Verb") – Konsequente Getrenntschreibung zweier Verben ist zu empfehlen, weil das Auseinanderhalten einzelner Sonderfälle nur mühsam ist, aber keine Vorteile bringt! – (1996-2006 nur getrennt!)*

Stereophonie *oder* Stereofonie *(-f- sollte als die modernere Schreibform bevorzugt werden)*

Stewardess

Stickstoffflasche *oder* Stickstoff-Flasche *(eher mit Bindestrich schreiben → Lesbarkeit)*

Stickstofffüllung *oder* **Stickstoff-Füllung** *(eher mit Bindestrich schreiben → Lesbarkeit)*

stiften gehen *R8 – („Verb+Verb") – (seit 1996 unverändert) – aber:* das Stiftengehen *(nie geändert!)*

still: **im Stillen** denken *Großschreibung nach R24 in folgendem Begriff:* der **Stille** Ozean *(geografischer Eigenname)*

still bleiben/ halten (Kopf) **/ liegen** *R6 – („wörtliche Bed.") aber:* das Stillhalten ... *(nie geändert!)*

stillhalten (= keinen Widerstand leisten) *R5 – („übertragene Bed.")*

stilllegen *oder* **still-legen** (= außer Betrieb setzen) *R5 – („übertragene Bed.")*

stillliegen *oder* **still-liegen** (= außer Betrieb sein) *R5 – („übertragene Bed.")*

stillschweigen (= nicht darüber sprechen) *R5 – („übertragene Bed.")*

stillsitzen *oder* still sitzen *R5+6 / „Zweifelsfall" – (eher zusammenschreiben → Einfachbetonung) – (1996-2006 nur getrennt!)*

stillstehen (= außer Betrieb sein) *R5 – („übertragene Bed.")*

still sein *R9 – (seit 1996 unverändert) aber:* das Stillsein *(nie geändert!)*

Stillleben *oder* **Still-Leben** *(eher mit Bindestrich schreiben → Lesbarkeit)*

Stilllegung *oder* **Still-Legung** *(eher mit Bindestrich schreiben → Lesbarkeit)*

Stilllesen *oder* **Still-Lesen** *(eher mit Bindestrich schreiben → Lesbarkeit)*

-stimmig: **3-stimmig**

Stimmmodulation *oder* **Stimm-Modulation** *(eher mit Bindestrich schreiben → Lesbarkeit)*

Stockcar *oder* Stock-Car

Stockcarrennen *oder* Stock-Car-Rennen *(eher mit Bindestrichen schreiben → Lesbarkeit)*

-stöckig: **3-stöckig**

Stockoption *oder* **Stock-Option**

Stofffarbe *oder* **Stoff-Farbe** *(eher mit Bindestrich schreiben → Lesbarkeit)*

Stofffetzen *oder* **Stoff-Fetzen** *(eher mit Bindestrich schreiben → Lesbarkeit)*

Stofffleck *oder* Stoff-Fleck *(eher mit Bindestrich schreiben → Lesbarkeit)*

Stofffransen *oder* Stoff-Fransen *(eher mit Bindestrich schreiben → Lesbarkeit)*

Stofffülle *oder* **Stoff-Fülle** *(eher mit Bindestrich schreiben → Lesbarkeit)*

Stopp, der *(aber:* STOP *auf Verkehrsschildern bleibt!)*

strafversetzen *R4 / A1 - („untrennbar")*

-strahlig: ein **4-strahliger** Jet

stramm marschieren *R6 – („wörtliche Bed.")*

strammstehen (= in soldatischer Haltung stehen) *R5 – („übertragene Bed.")*

‖ strammziehen *oder* stramm ziehen *R5+6 / „Zweifelsfall" – (eher zusammenschreiben → Einfachbetonung) – (1996-2006 nur getrennt!)*

Strass

streitig machen *R6 – („wörtliche Bed.")*

streng: aufs strengste *oder* aufs Strengste *(Großschreibung hier bevorzugen, analog zu verpflichtenden Parallelfällen, z. B. das Genaueste, auf Genaueres warten...)*

‖ streng genommen *oder* strenggenommen *(eher zusammenschreiben → Einfachbetonung) – (1996-2004 nur getrennt!)*

streng nehmen/riechen *R6 – („wörtliche Bed.")*

streng sein *R9 – (seit 1996 unverändert) – aber:* das Strengsein *(nie geändert!)*

stressen **- du stresst (dich) – stresste - gestresst;** der **Stress**

Stresssituation *oder* **Stress-Situation** *(eher mit Bindestrich schreiben → Lesbarkeit)*

Strippoker *oder* **Strip-Poker** *(eher mit Bindestrich schreiben → Lesbarkeit)*

Strokeunit *oder* **Stroke-Unit** *(eher mit Bindestrich schreiben → Lesbarkeit)*

‖ Strom führend / sparend *oder* stromführend, stromsparend *(eher zusammenschreiben → Einfachbetonung) – (1996-2004 nur getrennt mit Großschreibung des Nomens!)*

Stuckateur, Stuckatur

-stündig/-stündlich: **2-stündig, 2-stündlich ...**

Sturm laufen/läuten *R4 – aber:* das Sturmlaufen *(nie geändert!)*

Stuss *(ugs.)*

substantiell *oder* substanziell *(eher -z- wegen Einheitlichkeit mit allen Parallelfällen; vgl. „offiziell")*

Suddendeath *oder* **Sudden Death**

Summum Bonum *(theol./philos.)*

Suppe essen/kochen *R4 (nie geändert!) – aber:* beim Suppekochen *(nie geändert!)*

‖ süßsauer *oder* süß-sauer

Swimmingpool *oder* Swimming-Pool

T

Tabula rasa machen

Tag: zu Tage *oder* zutage fördern *(eher klein- und zusammenschreiben, analog zu den sehr zahlreichen verpflichtenden Parallelfällen, z. B. anhand, infolge, zuliebe, zugute...);* **2-tägig ...**

‖ Takeoff *oder* Take-off

‖ Talkshow *oder* Talk-Show

tanzen gehen/lernen *R8 – („Verb+Verb") – (seit 1996 unverändert)*

Tässchen

tauchen lernen *R8 – („Verb+Verb") – (seit 1996 unverändert) – aber:* das Tauchenlernen *(nie geändert!)*

tausend: einige Tausend Menschen *oder* einige <u>tausend</u> Menschen; Tausende *oder* <u>tausende</u> von Menschen *(bei adjektivischer Verwendung eher kleinschreiben) aber:* viele Tausend(e) waren gekommen

T-Bone-Steak

‖ Tearoom *oder* Tea-Room

Teddy: *Pl.* **Teddys,** *ebenso Gen. Sg.*

Tee trinken/zubereiten *R4 – aber:* das Teetrinken *(nie geändert!)*

Teeei *oder* <u>Tee-Ei</u> *(eher mit Bindestrich schreiben → Lesbarkeit)*

Teeernte *oder* <u>Tee-Ernte</u> *(eher mit Bindestrich schreiben → Lesbarkeit)*

Teeexport *oder* <u>Tee-Export</u> *(eher mit Bindestrich schreiben → Lesbarkeit)*

teilhaben/-nehmen, wir nehmen **teil** *R4 / A2 - („übertragene Bed.")*

-teilig: **2-teilig ...**

Teilzeit arbeiten *R4 – aber:* das Teilzeitarbeiten *(nie geändert!)*

Telebanking *oder* **Tele-Banking**

Teleshopping *oder* **Tele-Shopping**

Tennis spielen *R4 – aber:* das Tennisspielen *(nie geändert!)*

Tertium Comparationis (= der Vergleichsgesichtspunkt)

Testimonium Paupertatis (= Armutszeugnis)

Tete-a-tete *oder* Tête-à-tête

Thunfisch *oder* Tunfisch

Tiebreak *oder* <u>Tie-Break</u> *(eher mit Bindestrich schreiben → Lesbarkeit)*

tief atmen *R6 – („wörtliche Bed.")*

‖ tief bedrückt / bewegt / greifend ... *oder* <u>tiefbedrückt, tiefbewegt, tiefgreifend;</u> *aber:* tiefernst, tiefgekühlt, tiefsinnig ... *(eher generell zusammenschreiben → Einfachbetonung und Einheitlichkeit sprechen dafür) – (1996-2004 nur getrennt!)*

‖ **Timesharing** *oder* **Time-Sharing**

Tipp, der; die **Tipps**

Todesfallleistung *oder* <u>**Todesfall-Leistung**</u> *(versicherungstechn.) – (eher mit Bindestrich schreiben → Lesbarkeit)*

‖ **todfeind sein** *(Anm.: Nach 10 Jahren „Todfeind sein" [1996-2006] Rückkehr zur alten Regelung!)*

Toeloop *oder* **Toe-Loop**

toll: *Kleinschreibung nach R24 in folgendem Begriff:* ein **tolles** Treiben

Tollpatsch, tollpatschig *(Anm.: leider so verpflichtend, obwohl ein* Tollpatsch *nichts mit* toll *zu tun hat!)*

Topographie *oder* Topografie *(-f- sollte als die modernere Schreibform bevorzugt werden)*

topsecret

‖ **Top Ten** *(Anm.: Zusammenschreibung seit 2006 nicht mehr möglich)*

‖ tot geboren *oder* totgeboren *(eher zusammenschreiben → Einfachbetonung) –*
(1996-2004 nur getrennt!)

totarbeiten, sich (= zuviel arbeiten) *R5 – („übertragene Bed.")*

‖ totfahren *oder* tot fahren *R7 – (eher zusammenschreiben → Einfachbetonung) – (1996-2006 nur getrennt!)*

totlachen, sich (= bis zur Erschöpfung lachen) *R5 – („übertragene Bed.")*

totlaufen, sich (= den Reiz verlieren) *R5 – („übertragene Bed.")*

‖ totmachen *oder* tot machen *R7 – (eher zusammenschreiben → Einfachbetonung) –*
(1996-2006 nur getrennt!)

totsagen (= an etw. nicht mehr glauben) *R5 – („übertragene Bed.")*

‖ totschlagen *oder* tot schlagen *R7 – (eher zusammenschreiben → Einfachbetonung) –*
(1996-2006 nur getrennt!)

totschweigen (= verschweigen) *R5 – („übertragene Bed.")*

tot sein *R9 – (seit 1996 unverändert)*

tot stellen (sich) *R6 – („wörtliche Bed.") aber unverändert:* totlachen, totlaufen ...

tot umfallen *R6 – („wörtliche Bed.")*

Tour d'Horizon

Trab laufen *R4 – aber:* das Trablaufen *(nie geändert!)*

‖ Tradeunion *oder* Trade-Union *(eher mit Bindestrich schreiben → Lesbarkeit)*

tragen lassen (sich) *R8 – („Verb+Verb") – (seit 1996 unverändert)*

Treibstofffilter *oder* **Treibstoff-Filter** *(eher mit Bindestrich schreiben → Lesbarkeit)*

Trekking *oder* Trecking *(Die Originalschreibweise ist zu bevorzugen → international nur so gebräuchlich!)*

Trennnetz *oder* **Trenn-Netz** *(eher mit Bindestrich schreiben → Lesbarkeit)*

treu bleiben *R6 – („wörtliche Bed.")*

‖ treu ergeben / sorgend... *oder* treuergeben, treusorgend... *(eher zusammenschreiben →*
Einfachbetonung) – (1996-2004 nur getrennt!)

treu sein *R9 – (seit 1996 unverändert) – aber:* das Treusein *(nie geändert!)*

Trial-and-Error-Methode

trinken lassen *R8 - („Verb+Verb") – (seit 1996 unverändert)*

Triple-A-Konzern

trocken: **auf dem Trockenen sitzen, ins Trockene bringen, im Trockenen haben**

trocken rasieren/reinigen *R6 – („wörtliche Bed.") – aber:* das Trockenrasieren *(nie*
geändert!)

‖ **trockenlegen** (= frische Windeln anlegen; Land bewirtschaftbar machen) *R5 –*
("übertragene Bed.") – (1996-2006 verpflichtend getrennt!)

trockenreiben *oder* trocken reiben *R7 – (eher zusammenschreiben → Einfachbetonung) – (1996-2006 nur getrennt!)*

trockensitzen (= nichts mehr zu trinken haben) *R5 – („übertragene Bed.") – (1996-2006 verpflichtend getrennt!)*

Trommelschlägel *(s.* Schlägel)

Tross – Trosse

Trost bringend *oder* trostbringend *(eher zusammenschreiben → Einfachbetonung) – (1996-2004 nur getrennt mit Großschreibung des Nomens!)*

trüb: **im Trüben fischen**

Truchsess

T-Shirt

tschüs *oder* tschüss

Tufffels(en) *oder* **Tuff-Fels(en)** *(eher mit Bindestrich schreiben → Lesbarkeit)*

Tunfisch *oder* Thunfisch

turnen gehen *R8 – („Verb+Verb") – (seit 1996 unverändert)*

Twostepp

Typographie *oder* Typografie *(-f- sollte als die modernere Schreibform bevorzugt werden)*

U

u. Ä. *(Abkürzung für* **und Ähnliches**)

übel beraten / gelaunt / riechend / wollend … *oder* übelberaten, übelgelaunt, übelriechend, übelwollend … *(eher zusammenschreiben → Einfachbetonung) – (1996-2004 nur getrennt!)*

übel mitspielen *R6 – („wörtliche Bed.")*

übelnehmen *oder* übel nehmen *R5+6 / „Zweifelsfall" (eher zusammenschreiben → Einfachbetonung) – (1996-2006 nur getrennt!)*

übel sein *R9 – (seit 1996 unverändert)*

Überdruss

übereinander lachen/legen/reden/stellen... *R10 – („Doppelbetonung")*

übereinanderlegen/-schlagen/-stapeln... *R10 – („Einfachbetonung") – (1996-2006 getr.!)*

übereinanderliegend *oder* übereinander liegend *(eher zusammenschreiben → Einfachbetonung) – (1996-2004 nur getrennt!)*

übereinstimmen *R10 – („Einfachbetonung")*

Überflusssyndrom *oder* **Überfluss-Syndrom** *(eher mit Bindestrich → Lesbarkeit)*

überhandnehmen *R10 – („Einfachbetonung") – (1996-2006 verpflichtend getrennt!)*

übermorgen Abend/ Früh ...

überreden lassen (sich) *R8 – („Verb+Verb") – (seit 1996 unverändert)*

überrumpeln lassen (sich) *R8 – („Verb+Verb") – (seit 1996 unverändert)*

Überschuss – Überschüsse

überschwänglich

überzeugen lassen (sich) *R8 – („Verb+Verb") – (seit 1996 unverändert)*

üblich: **das Übliche**

übrig: **die Übrigen, das Übrige, alles Übrige, ein Übriges tun, im Übrigen**

‖ übrigbleiben *oder* übrig bleiben *R5+6 / „Zweifelsfall" – (eher zusammenschreiben → Einfachbetonung) – (1996-2006 nur getrennt!)*

übrig haben *R6 – („wörtliche Bed.")*

übrig sein *R9 – (seit 1996 unverändert)*

u-förmig *oder* U-förmig

Ultima Ratio

‖ **umeinanderdrehen/-laufen** *R10 – („Einfachbetonung") – (1996-2006 verpfl. getrennt!)*

umeinander kümmern *R10 – („Doppelbetonung")*

umherirren *R10 – („Einfachbetonung")*

umhinkommen *R10 – („Einfachbetonung")*

umso eher/ mehr *(als Bindewort zusammengeschrieben) – aber:* **um so** viel zu verdienen...

umstehend: **im Umstehenden**

unabsehbar: sich **ins Unabsehbare** entwickeln

unbekannt: Anzeige gegen **unbekannt**

und Ähnliches; *Abkürzung:* **u. Ä.** *(Anm.: Das ARW kennt keine Abkürzungsschreibweisen wie uÄ, zB, ua. Diese Formen kommen ausschließlich im Österreichischen Wörterbuch vor und sind ein nicht zu rechtfertigender Alleingang der dortigen Redaktion. Sie sind daher im eigenen Schreibgebrauch zu vermeiden. Zusätzlich rätselhaft bleibt, warum das ÖWB die Abkürzung „d. h." im Gegensatz zu den anderen genannten korrekt beibehalten hat.)*

unendliche Mal

unerlässlich

unermesslich; das Unermessliche, ins Unermessliche

unfassbar

ungeheuer: ins **Ungeheure** steigern

ungewiss; im **Ungewissen** bleiben/ lassen ...

ungezählt: **Ungezählte** kamen

Unheil bringen/verkünden *R4*

Unheil bringend / verkündend *oder* unheilbringend, unheilverkündend *(eher zusammenschreiben → Einfachbetonung) – (1996-2004 nur getrennt mit Großschreibung des Nomens!)*

unklar: **im Unklaren** bleiben/ lassen ...

unklar sein *R9 – (seit 1996 unverändert)*

Unkraut jäten/vernichten *R4 – aber:* das Unkrautjäten *(nie geändert!)*

unpässlich, Unpässlichkeit

‖ U/unrecht: siehe **R/recht (!)** *(Anm.: verpflichtende Neuzuordnungen seit 2006!)*

unrecht sein *R9 – (seit 1996 unverändert)*

unrein: **ins Unreine**

unselbständig *oder* <u>unselbstständig</u> *(2x st wird meist als plausibler empfunden)*

unser: die Unseren *oder* die unseren, das/die Unsrige(n) *oder* das/die unsrige(n)

unsicher: **im Unsicheren**

unten bleiben/stehen *R10 – („Doppelbetonung")*

‖ unten erwähnt / genannt / liegend / stehend *oder* <u>untenerwähnt</u>, <u>untengenannt</u>, <u>untenliegend</u>, <u>untenstehend</u> *(eher zusammenschreiben → Einfachbetonung) – (1996-2004 nur getrennt!)*

unter der Hand

untereinander ausmachen/teilen *R10 – („Doppelbetonung")*

‖ **untereinanderschreiben/-setzen** *R10 – („Einfachbetonung") – (1996-2006 getrennt!)*

Unterlass (ohne Unterlass)

unvergesslich

unzählig: **Unzählige** kamen; **unzählige Mal**

updaten, upgedatet; das **Update**

Urlaub machen *R4 – aber:* das Urlaubmachen *(nie geändert!)*

USB-Stic *oder* **USB-Stick**

V

Vabanque spielen *oder* va banque spielen

<u>Varieté</u> *oder* Varietee

Velourslammmantel *oder* <u>**Velourslamm-Mantel**</u> *(eher mit Bindestrich → Lesbarkeit)*

Venia Legendi (= Lehrbefugnis an Universitäten)

veranlassen - er **veranlasst - veranlasste - veranlasst**

Verbiss

verblasst

verbläuen

verborgen: **im Verborgenen**

verborgen sein *R9 – (seit 1996 unverändert)*

‖ Verderben bringend *oder* <u>verderbenbringend</u> *(eher zusammenschreiben → Einfachbetonung) – (1996-2004 nur getrennt mit Großschreibung des Nomens!)*

verdrießen – es verdrießt – **verdross** – verdrossen; **der Verdruss**

vereinzelt: **Vereinzelte** kamen

vergessen – **sie vergisst** – vergaß – vergessen; **vergesslich**

vergessen machen *R8 – („Verb+Verb") – (seit 1996 unverändert)*

Vergesslichkeit

Vergissmeinnicht

verhasst

verlassen – du **verlässt** – verließ – verlassen; **verlässlich**, der **Verlass**

verloren gegangen *oder* <u>verlorengegangen</u> *(eher zusammenschreiben → Einfachbetonung) – (1996-2004 nur getrennt!)*

<u>verlorengeben</u> *oder* verloren geben *R5+6 / „Zweifelsfall" – (eher zusammenschreiben → Einfachbetonung) – (1996-2006 nur getrennt!)*

<u>verlorengehen</u> *oder* verloren gehen *R5+6 / „Zweifelsfall" – (eher zusammenschreiben → Einfachbetonung) – (1996-2006 nur getrennt!)*

verlustig gehen *R6 – („wörtliche Bed.")*

vermessen sein *R9 – (seit 1996 unverändert)*

vermissen – du **vermisst – vermisste – vermisst**

verpacken lassen *R8 – („Verb+Verb") – (seit 1996 unverändert)*

verpassen – **du verpasst – verpasste – verpasst**

verprassen – du **verprasst – verprasste – verprasst**

Verriss

verschieden: **Verschieden(st)e** (= manche) kamen, **Verschieden(st)es**

verschleißen – **verschliss** – verschlissen

Verschluss

Verschlusssache *oder* **Verschluss-Sache** *(eher mit Bindestrich → Lesbarkeit)*

Verschlusssiegel *oder* **Verschluss-Siegel** *(eher mit Bindestrich schreiben → Lesbarkeit)*

verschreien: **verschrien**

verschwinden lassen *R8 – („Verb+Verb") – (seit 1996 unverändert) – aber:* das Verschwindenlassen *(nie geändert)!*

verselbständigen *oder* <u>verselbstständigen</u> *(analog zur Vorzugsform „selbstständig")*

versprechen lassen *R8 – („Verb+Verb") – (seit 1996 unverändert)*

Versteck spielen *R4 – aber:* das Versteckspielen *(nie geändert!)*

verstecken spielen *R8 – („Verb+Verb") – (seit 1996 unverändert) – aber:* das Versteckenspielen *(nie geändert!)*

verstehen lernen *R8 – („Verb+Verb") – (seit 1996 unverändert)*

vertragen lernen *R8 – („Verb+Verb") – (seit 1996 unverändert)*

Vertrauen einflößen/erwecken *R4*

Vertrauen erweckend *oder* <u>vertrauenerweckend</u> *(eher zusammenschreiben → Einfachbetonung) – (1996-2004 nur getrennt mit Großschreibung des Nomens!)*

vertreten lassen *R8 – („Verb+Verb") – (seit 1996 unverändert)*

v-förmig *oder* V-förmig

Vibraphon *oder* <u>Vibrafon</u> (-f- *sollte als die modernere Schreibform bevorzugt werden)*

viel beachtet / befahren / beschäftigt / gelesen / versprechend / umworben … *oder*
<u>vielbeachtet</u>, <u>vielbefahren</u>, <u>vielbeschäftigt</u>, <u>vielgelesen</u>, <u>vielversprechend</u>
(eher zusammenschreiben → Einfachbetonung) – (1996-2004 nur getrennt!)

viel zu wenig

vier: **4-zylindrig, 4-teilig…** *Anm.: als ausgeschriebenes Wort ohne Bindestrich:*
vierzylindrig, …

viertel: **um viertel acht**

vierzig *s.* achtzig

Viola d'Amore

Viola da Braccio/ da Gamba

Virenscanner *oder* **Viren-Scanner**

vis-à-vis *oder* vis-a-vis

voll: **ins Volle** greifen, **aus dem Vollen** schöpfen

voll arbeiten *R6 – („wörtliche Bed.")*

vollbringen, vollenden, vollführen, vollstrecken, vollziehen *Anm.: Diese Verben*
gehören unverändert zusammengeschrieben (nie geändert!)!

voll entwickelt, geschrieben, voll gepackt *u. a. oder* <u>vollentwickelt</u>, <u>vollgeschrieben</u>,
<u>vollgepackt</u> … *aber nur:* volljährig, vollklimatisiert, vollkommen *u.v.a. (eher*
zusammenschreiben → Einfachbetonung und generell gleiche Schreibweise
sprechen dafür) – (1996-2004 nur getrennt!)

vollessen, sich (= bis zur absoluten Sättigung essen) *R5 – („übertragene Bed.")*

<u>vollfüllen</u> *oder* voll füllen *R7 – (1996-2006 nur getrennt!) – Anmerkung s. „volltanken"!*

<u>vollladen</u> *oder* voll laden *R7 – (1996-2006 nur getrennt!) – Anmerkung s. „volltanken"!*

<u>volllaufen</u> *oder* voll laufen *R7 – (1996-2006 nur getrennt!) – Anmerkung s. „volltanken"!*

voll nehmen *R6 – („wörtliche Bed.")*

vollschlagen, sich den Bauch (= bis zur absoluten Sättigung essen) *R5 – (übertragene*
Bedeutung)

<u>volltanken</u> oder voll tanken *R7 – (1996-2006 nur getrennt!) –*
> ***Anmerkung:***
> *Trotz – oder gerade wegen? – der Reform 2006 ist die Lage rund um Verben mit*
> *„voll" unübersichtlicher denn je. 2 Verben sind verpflichtend getrennt vorgesehen (voll*
> *arbeiten, voll nehmen), 2 Verben kommen seit 2006 zu den vielen verpflichtend*
> *zusammenzuschreibenden neu hinzu (vollessen, vollschlagen), 4 Verben werden der*
> *Regel 7 zugeordnet. Bei den vielen anderen Verben, die es noch mit „voll" gibt,*
> *entschlagen sich die Reformer 2006 der Deklarationspflicht – wahrscheinlich weil sie*
> *selbst keine genaue Zuordnung geben können. Die Verben vollgießen, vollfressen,*
> *vollmachen, vollpacken, vollpfropfen, vollpumpen, vollsaufen, vollschenken,*
> *vollschreiben und vollstopfen könnten nämlich größtenteils sowohl R5 als auch R7*
> *zugeordnet werden. Einzige Lösung für die Praxis: Nur „voll arbeiten" und „voll*
> *nehmen" als wörtliche Bedeutungen (mit Doppelbetonung!) einprägen, alle anderen*
> *Wörter mit „voll" – egal welcher Regel sie zuzuordnen sind – zusammenschreiben.*

voll sein *R9 – (seit 1996 unverändert)*

Volllast *oder* **Voll-Last** *(eher mit Bindestrich schreiben → Lesbarkeit)*

Vollleder *oder* **Voll-Leder** *(eher mit Bindestrich schreiben → Lesbarkeit)*

vollleibig *oder* **voll-leibig** *(eher mit Bindestrich schreiben → Lesbarkeit)*

von Übel sein *R9 – (seit 1996 unverändert)*

voneinander abschreiben/lernen *R10 – („Doppelbetonung")*

‖ **voneinandergehen** *R10 – („Einfachbetonung") – (1996-2006 verpflichtend getrennt!)*

vonnöten sein *R9 – (seit 1996 unverändert)*

vonseiten *oder* **von Seiten** *(eher klein- und zusammenschreiben, analog zu den sehr zahlreichen verpflichtenden Parallelfällen, z. B. anhand, infolge, zuliebe, zugute...) – (Anm.: vor 1996 nur* von seiten!*)*

‖ **vonstattengehen** *R10 – („Einfachbetonung") – (1996-2006 verpflichtend getrennt!)*

vorangehen *R10 – („Einfachbetonung")*

vorangehen: **das Vorangehende/ Vorangegangene; im Vorangehenden/ Vorangegangenen**

voraus: **im Voraus, zum Voraus**

vorausgehen/-sagen *R10 – („Einfachbetonung")*

vorausgehen: **im Vorausgehenden**

vorbei sein *R9 – (seit 1996 unverändert)*

vorbeifahren *R10 – („Einfachbetonung")*

voreinander fliehen *R10 – („Doppelbetonung")*

vorgestern Abend, Nacht ...

vorhanden sein *R9 – (seit 1996 unverändert)*

vorher: im **Vorherigen**

vorhergehend: **im Vorhergehenden**

vorhersagen (= prophezeien) *R10 – („Einfachbetonung")*

vorher sagen *R10 – („Doppelbetonung")*

vorhinein: **im Vorhinein**

vorig: **das Vorige, im Vorigen**

vor kurzem oder <u>vor Kurzem</u>, vor langem oder <u>vor Langem</u> *(eher Großschreibung zu empfehlen, analog zu verpflichtenden Parallelfällen, z. B. in Kürze, vor Zeiten..)* (Anm.: 1996-2004 Kleinschreibung verpflichtend!)

‖ **vorliebnehmen** *R10 – („Einfachbetonung") – (1996-2006 verpflichtend getrennt!)*

vorliegend: **im Vorliegenden**

vormittag: **gestern / heute / morgen Vormittag**

vornüberbeugen *R10 – („Einfachbetonung")*

Vorschuss – Vorschüsse

Vorstehendes; im Vorstehenden

vorstellig werden *R6 – („wörtliche Bed.")*

vorüber sein *R9 – (seit 1996 unverändert)*

vorübergehen *R10 – („Einfachbetonung")*

‖ **vorwärtsblicken/-bringen/-gehen/-kommen** *R10 – („Einfachbetonung")*

vorwegnehmen *R10 – („Einfachbetonung")*

W

waagrecht stehen *R6 – („wörtliche Bed.")*

wach bleiben *R6 – („wörtliche Bed.") – aber:* das Wachbleiben *(nie geändert!)*

‖ <u>wachhalten</u> *oder* wach halten *(eher zusammenschreiben → Einfachbetonung)*

wachrufen (= aus dem Gedächtnis hervorholen) *R5 – („übertragene Bed.")*

‖ <u>wachrütteln</u> *oder* wach rütteln *R7 – (eher zusammenschreiben → Einfachbetonung) –*
   (1996-2006 nur getrennt!)

wach sein *R9 – (seit 1996 unverändert)*

‖ <u>wachwerden</u> (= Eindrücke kehren zurück) *R5 – („übertragene Bed.")*

wach werden *R6 – („wörtliche Bed.")*

~~Wächte~~ *geändert auf* **Wechte**

Wache halten/schieben... *R4 – aber:* das Wacheschieben... *(nie geändert!)*

‖ Wache stehend *oder* <u>wachestehend</u> *(eher zusammenschreiben → Einfachbetonung)–*
   (1996-2004 nur getrennt mit Großschreibung des Nomens!)

Waggon *oder* Wagon

wahr bleiben/werden *R6 – („wörtliche Bed.")*

‖ <u>wahrmachen</u> *oder* wahr machen *R7 – (eher zusammenschreiben → Einfachbetonung) –*
   (1996-2006 nur getrennt!)

wahrnehmen (= bemerken) *R5 – („übertragene Bed.")*

wahrsagen (= prophezeien) *R5 – („übertragene Bed.")*

wahr sein *R9 – (seit 1996 unverändert)*

‖ Walfang treibende Nationen *oder* <u>walfangtreibende</u> Nationen *(eher zusammenschreiben →*
   Einfachbetonung) – (1996-2004 nur getrennt mit Großschreibung des Nomens!)

Walkie-Talkie

Walllinie *oder* <u>**Wall-Linie**</u> *(eher mit Bindestrich schreiben → Lesbarkeit)*

Walnuss

Walross

warm anziehen (sich) *R6 – („wörtliche Bed.")*

warmhalten (= sich jemd. gewogen halten) *R5 – („übertragene Bed.")*

‖ <u>warmlaufen</u> *oder* warm laufen (Motor; Sportler) *R7 – (eher zusammenschreiben → Ein-*
   fachbetonung) – (1996-2006 nur getrennt!)

‖ <u>warmmachen</u> *oder* warm machen *R7 – (eher zusammenschreiben → Einfachbetonung) –*
   (1996-2006 nur getrennt!)

warmstellen *oder* warm stellen *R7 – (eher zusammenschreiben → Einfachbetonung) – (1996-2006 nur getrennt!)*

warmwerden (= vertraut werden) *R5 – („übertragene Bed.")*

Wäsche bügeln/waschen *R4 – aber:* das Wäschebügeln *(nie geändert!)*

Wasser abstoßend / abweisend *oder* wasserabstoßend *(eher zusammenschreiben → Einfachbetonung) – (1996-2004 nur getrennt mit Großschreibung des Nomens!)*

Wasser holen/tragen/trinken *R4 – aber:* das Wassertrinken ... *(nie geändert!)*

wässrig

Webauftritt *oder* **Web-Auftritt**

Webcam *oder* **Web-Cam**

Webdesign *oder* **Web-Design**

Website

Webspace *oder* **Web-Space**

Wechte (=Schneewechte) – *(Anm.: Umstellung vom Umlaut auf -e-, weil sich „Wechte" von „wehen" herleitet)*

weder: das **Weder-noch**

Weg: zu Wege bringen *oder* zuwege bringen *(eher klein- und zusammenschreiben, analog zu den zahlreichen verpflichtenden Parallelfällen, z. B.* anhand, zuliebe, zugute...)

wehtun *oder* weh tun *R5+6 / „Zweifelsfall" – (eher zusammenschreiben → Einfach-betonung) – (1996-2006 nur getrennt!)*

weich gekocht / gemacht *oder* weichgekocht, weichgemacht *(eher zusammenschreiben → Einfachbetonung) – (1996-2004 nur getrennt!)*

weichklopfen (= jemd. überreden) *R5 – („übertragene Bed.")*

weichklopfen *oder* weich klopfen *R7 – (eher zusammenschreiben → Einfachbetonung) – (1996-2006 nur getrennt!)*

weichlöten (= mit Weichmetall löten) *R5 – („übertragene Bed.")*

weichmachen *oder* weich machen *R7 – (eher zusammenschreiben → Einfachbetonung) – (1996-2006 nur getrennt!)*

weismachen (= vorgaukeln) *R5 – („übertragene Bed.")*

weissagen (= prophezeien) *R5 – („übertragene Bed.")*

weiß: **aus Schwarz Weiß machen;** *Großschreibung nach R24 in folgenden Begriffen:* das **Weiße** Haus (Name für den Regierungssitz in Washington); der **Weiße** Sonntag (besonderer Kalendertag)
Groß- oder Kleinschreibung nach R24 in folgenden Begriffen: der **weiße** Sport oder der **Weiße** Sport (= Wintersport); der **weiße** Tod oder der **Weiße** Tod (= Lawinentod); die **weißen** Wochen oder die **Weißen** Wochen (= Ausverkauf bei Bettwäsche u. Ä.)
Kleinschreibung nach R24 in folgenden Begriffen: die **weiße** Fahne; ein **weißer** Fleck (auf der Landkarte); eine **weiße** Weste haben (sich untadelig verhalten haben)

weiß blühen/glühen *R6 – („wörtliche Bed.")*

weiß blühend /gekleidet *oder* weißblühend, weißgekleidet *(eher zusammenschreiben → Einfachbetonung) – (1996-2004 nur getrennt!)*

weißnähen (= Weißwäsche/Bettwäsche nähen) *R5 – („übertragene Bed.")*

weißstreichen *oder* weiß streichen *R7 – (1996-2006 nur getrennt!) – (eher zusammen-schreiben → Einfachbetonung)*

weißtünchen *oder* weiß tünchen *R7 – (eher zusammenschreiben → Einfachbetonung) – (1996-2006 nur getrennt!)*

weißwaschen (= vom Verdacht befreien) *R5 – („übertragene Bed.")*

weit blickend / gereist / reichend / verbreitet ... *oder* weitblickend, weitgereist, weitreichend, weitverbreitet... *aber:* weitgehend, weitschweifig u.a. *(unverändert) (eher zusammenschreiben → Einfachbetonung und generell einheitliche Schreibweise!)*

weit gehen *R6 – („wörtliche Bed.")*

weit: bei weitem *oder* bei Weitem; von weitem *oder* von Weitem *(Begründung für die Wahlformenempfehlung: Die flektierten Formen werden vorwiegend als nominal empfunden.) – (1996-2004 Kleinschreibung verpflichtend!)*

weiter: **alles Weitere, das Weitere, des Weiteren, ein Weiteres, im Weiteren;** *aber:* ohne weiteres *oder* ohne Weiteres, bis auf weiteres *oder* bis auf Weiteres *(Begründung für die Wahlformen-Empfehlung: Die flektierten Formen werden vorwiegend als nominal empfunden; außerdem dominiert nun generell die Großschreibung in solchen Fügungen.) – (1996-2004 Kleinschreibung verpflichtend!)*

weitergehen/-machen *R10 – („Einfachbetonung")*

Welt: die **Dritte Welt** *R24*

wenig befahren / gelesen ... *oder* wenigbefahren, weniggelesen... *(eher zusammen-schreiben → Einfachbetonung) – (1996-2004 nur getrennt!)*

wenig lesen/fahren *R6 – („wörtliche Bed.")*

Weniges *oder* weniges *(eher Großschreibung, analog zu verpflichtenden Parallelfällen, z. B.* das Wenige, Folgendes...*)*

wenigste: die wenigsten *oder* die Wenigsten *(eher Großschreibung, analog zu verpflichtenden Parallelfällen, z. B.* die Übrigen, alles Weitere...*)*

Werkstatttage *oder* **Werkstatt-Tage** *(eher mit Bindestrich schreiben → Lesbarkeit)*

Werkstoffforschung *oder* **Werkstoff-Forschung** *(eher mit Bindestrich → Lesbarkeit)*

Wert legen *R4*

wert sein *R9 – (seit 1996 unverändert) aber:* **Wert** haben/legen

werthalten (= sich voll Achtung erinnern) *R5 – („übertragene Bed.")*

wertschätzen (= Achtung haben) *R5 – („übertragene Bed.")*

wesentlich: **im Wesentlichen**

wetteifern (= sich einem Vergleichskampf stellen) *R5 – („übertragene Bed.")*

wetterleuchten *R4 / A1 - („untrennbar")*

wettlaufen (= um die Wette laufen) *R5 – („übertragene Bed.")*

wettmachen (= wiedergutmachen) *R5 – („übertragene Bed.")*

wettrennen (= um die Wette rennen) *R5 – („übertragene Bed.")*

Wetttauchen *oder* **Wett-Tauchen** *(eher mit Bindestrich schreiben → Lesbarkeit)*

Wettteufel *oder* **Wett-Teufel** *(eher mit Bindestrich schreiben → Lesbarkeit)*

Wetttipp *oder* **Wett-Tipp** *(eher mit Bindestrich schreiben → Lesbarkeit)*

wetttrinken *oder* wett-trinken *(eher mit Bindestrich schreiben → Lesbarkeit)*

Wettturnen *oder* **Wett-Turnen** *(eher mit Bindestrich schreiben → Lesbarkeit)*

wichtig nehmen *R6 – („wörtliche Bed.")*

wichtigmachen/tun (= sich hervortun) *R5 – („übertragene Bed.")*

wichtig sein *R9 – (seit 1996 unverändert)*

wichtig tuend *oder* wichtigtuend *(eher zusammenschreiben → Einfachbetonung)*

widereinander arbeiten/kämpfen *R10 – („Doppelbetonung")*

widereinanderstoßen *R10 – („Einfachbetonung")*

wie viel

wiederaufbereiten/-auferstehen *R10 – („Einfachbetonung")*

wieder aufheben/aufleben *R10 – („Doppelbetonung")*

wiederaufnehmen *oder* wieder aufnehmen *R7 – (eher zusammenschreiben →
   Einfachbetonung) – (1996-2006 nur getrennt!)*

wiederbekommen (= zurückbekommen) *R10 – („Einfachbetonung")*

wieder bekommen (= nochmals erhalten) *R10 – („Doppelbetonung")*

wiederbeleben (= ins Leben zurückholen) *R10 – („Einfachbetonung")*

wieder beleben (= neuerlich florieren) *R10 – („Doppelbetonung")*

wiedereinsetzen *oder* wieder einsetzen *R7 – (eher zusammenschreiben → Einfach-
   betonung) – (1996-2006 nur getrennt!)*

wiedereinstellen *oder* wieder einstellen *R7 – (eher zusammenschreiben → Einfach-
   betonung) – (1996-2006 nur getrennt!)*

wiedereröffnen *oder* wieder eröffnen *R7 – (eher zusammenschreiben → Einfachbetonung)
   – (1996-2006 nur getrennt!)*

wiederherstellen (= den alten Zustand herbeiführen) *R10 – („Einfachbetonung")*

wieder herstellen (= erneut produzieren) *R10 – („Doppelbetonung")*

wiederholen/-käuen/-kehren *R10 – („Einfachbetonung")*

wiedersehen (= nochmals sehen) *R10 – („Einfachbetonung")*

wieder sehen (durch eine Operation) *R10 – („Doppelbetonung")*

wieder tun *R10 – („Doppelbetonung")*

Wiedersehen: auf Wiedersehen *oder* Auf Wiedersehen sagen

wild bewegt / lebend / wachsend ... *oder* wildbewegt, wildlebend, wildwachsend... *(eher
   zusammenschreiben → Einfachbetonung)*

Wildcard *oder* **Wild-Card**

Wissbegierde, wissbegierig

wissen - du weißt – sie weiß - ihr **wisst – wusste / wüsste – gewusst**

wohl durchdacht / geformt *oder* wohldurchdacht, wohlgeformt *u. a., aber unverändert:*
   wohlgeraten, wohlfeil, wohlgemut *u. a. (eher zusammenschreiben →
   Einfachbetonung und generell einheitliche Schreibweise)*

wohlergehen *oder* wohl ergehen *R5+6 / „Zweifelsfall" – (eher zusammenschreiben →
    Einfachbetonung) – (1996-2006 nur getrennt!)*

wohlfühlen *oder* wohl fühlen *R5+6 / „Zweifelsfall" – (eher zusammenschreiben → Einfach-
    betonung) – (1996-2006 nur getrennt!)*

wohltun *oder* wohl tun *R5+6 / „Zweifelsfall" – (eher zusammenschreiben → Einfachbeto-
    nung) – (1996-2006 nur getrennt!)*

wohlwollen (= gut gesinnt sein) *R5 – („übertragene Bed.")*

Wolllappen *oder* **Woll-Lappen** *(eher mit Bindestrich schreiben → Lesbarkeit)*

Wolllaus *oder* **Woll-Laus** *(eher mit Bindestrich schreiben → Lesbarkeit)*

Wunder: **Wunder was** erzählen...

wundernehmen, es nimmt uns **wunder** *R4 / A2 - („übertragene Bed.")*

wundlaufen *oder* wund laufen *R5+6 / „Zweifelsfall" – (eher zusammenschreiben → Ein-
    fachbetonung) – (1996-2006 nur getrennt!)*

wundliegen *oder* wund liegen *R5+6 / „Zweifelsfall" – (eher zusammenschreiben → Ein-
    fachbetonung) – (1996-2006 nur getrennt!)*

Wurfgeschoß *oder* Wurfgeschoss *(je nach regionaler Aussprachegewohnheit, vgl.
    Geschoß/ss!)*

wurst sein *R9 – (seit 1996 unverändert)*

X/Y

x-beinig *oder* X-beinig

x-beliebig: jeder **x-Beliebige**

x-fach: das **x-fache** *(Anm.: hier Bindestrichpflicht wegen der Verbindung mit einem
    Einzelbuchstaben; vgl. → acht!)*

x-förmig *oder* X-förmig

x-mal: **zum x-ten Mal**

Xylophon *oder* Xylofon *(-f- sollte als die modernere Schreibform bevorzugt werden)*

Yankee Doodle

Yukonterritorium *oder* Yukon-Territorium

Z

zäh fließend *oder* zähfließend *(eher zusammenschreiben → Einfachbetonung)*

Zähheit

Zäpfchen-R *oder* Zäpfchen-r

zart anfassen/berühren/küssen *R6 – („wörtliche Bed.")*

zart besaitet / fühlend oder <u>zartbesaitet</u>, <u>zartfühlend</u> *(eher zusammenschreiben → Einfachbetonung) – (1996-2004 nur getrennt!)*

zart sein *R9 – (seit 1996 unverändert)*

Zeit sparend oder <u>zeitsparend</u> *(eher zusammenschreiben → Einfachbetonung) – (1996-2004 nur getrennt mit Großschreibung des Nomens!)*

Zeit: **eine Zeit lang; zurzeit** *(in der Bed.* 'derzeit'*); aber:* zur Zeit Karls des Großen

<u>zeitaufwendig</u> oder zeitaufwändig *(Begründung für die bevorzugte Schreibform siehe „aufwendig")*

Zeitung lesen *R4 – aber: das Zeitunglesen (nie geändert!)*

Zelllehre oder **<u>Zell-Lehre</u>** *(eher mit Bindestrich schreiben → Lesbarkeit)*

Zellstofffabrik oder **<u>Zellstoff-Fabrik</u>** *(eher mit Bindestrich schreiben → Lesbarkeit)*

zerschleißen – **zerschliss** – zerschlissen

Zierrat

zigtausend oder Zigtausend

Zolllager oder **<u>Zoll-Lager</u>** *(eher mit Bindestrich schreiben → Lesbarkeit)*

zolllang oder **<u>zoll-lang</u>** *(eher mit Bindestrich schreiben → Lesbarkeit)*

Zooorchester oder <u>Zoo-Orchester</u> *(eher mit Bindestrich schreiben → Lesbarkeit)*

zu: **zu Eigen; zu viel(e), zu wenig(e)**

zuallererst, zuallerletzt

Zubettgehen oder Zu-Bett-Gehen

zueinanderfinden/-passen *R10 – („Einfachbetonung") – (1996-2006 nur getrennt!)*

zueinander finden / passen *R10 – („Doppelbetonung")*

zueinander sprechen *R10 – („Doppelbetonung")*

zufrieden machen *R6 – („wörtliche Bed.")*

zufriedengeben, sich (= keinen weiteren Wunsch haben) *R5 – („übertragene Bed.")*

zufrieden sein *R9 – (seit 1996 unverändert)*

zufrieden stellend oder <u>zufriedenstellend</u> *(eher zusammenschreiben → Einfachbetonung) – (1996-2004 nur getrennt!)*

<u>zufriedenstellen</u> oder zufrieden stellen *R5+6 / „Zweifelsfall" – (eher zusammenschreiben → Einfachbetonung) – (1996-2006 nur getrennt!)*

<u>zugrunde</u> oder zu Grunde gehen/liegen(d) ...*(eher klein- und zusammenschreiben, analog zu den sehr zahlreichen verpflichtenden Parallelfällen, z. B. anhand, infolge, zuliebe, zugute...)*

zugunsten oder <u>zu Gunsten</u> *(Getrenntschreibung eher zu empfehlen, weil in dieser Wendung eine attributive Erweiterung möglich ist → zu deinen **Gunsten***)

zugutehalten/-kommen *R10 – („Einfachbetonung")*

<u>zuhause</u> oder zu Hause *(eher klein- und zusammenschreiben, analog zu den sehr zahlreichen verpflichtenden Parallelfällen, z. B. anhand, infolge, zuliebe, zugute...) – (Anm.: Die Fügung ist zwar nie von der Reform betroffen gewesen, wurde aber wegen der einheitlichen Linie bei Parallelfällen hier aufgenommen.)*

zu helfen wissen *R8 – („Verb+Verb") – (seit 1996 unverändert)*

zu Lande: zu Lande und zu Wasser; hierzulande *oder* hier zu Lande *(eher klein- und zusammenschreiben, analog zu den sehr zahlreichen verpflichtenden Parallelfällen, z. B. anhand, infolge, zuliebe, zugute...)*

zulasten *oder* zu Lasten *(Getrenntschreibung eher zu empfehlen, weil in dieser Wendung eine attributive Erweiterung möglich ist* → **zu** deinen **Lasten***)*

zuleide *oder* zu Leide tun *(eher klein- und zusammenschreiben, analog zu den sehr zahlreichen verpflichtenden Parallelfällen, z. B. anhand, infolge, zuliebe, zugute...)*

zum ersten Mal

zumute *oder* zu Mute *(eher klein- und zusammenschreiben, analog zu den sehr zahlreichen verpflichtenden Parallelfällen, z. B. anhand, infolge, zuliebe, zugute...)*

zumute sein *R9 – (seit 1996 unverändert);* auch: zu Mute sein

Zungen-r *oder* Zungen-R

zunichte sein *R9 – (seit 1996 unverändert)*

zunichtemachen/-werden *R10 – („Einfachbetonung")*

zunutze *oder* zu Nutze machen *(eher klein- und zusammenschreiben, analog zu den sehr zahlreichen verpflichtenden Parallelfällen, z. B. anhand, infolge, zuliebe, zugute...)*

zupass kommen *R10 – („Doppelbetonung")*

zurande *oder* zu Rande kommen *(eher klein- und zusammenschreiben, analog zu den sehr zahlreichen verpflichtenden Parallelfällen, z. B. anhand, infolge, zuliebe, zugute...)*

zurate *oder* zu Rate ziehen *(eher klein- und zusammenschreiben, analog zu den sehr zahlreichen verpflichtenden Parallelfällen, z. B. anhand, infolge, zuliebe, zugute...)*

zurechtkommen/-rücken *R10 – („Einfachbetonung")*

zurück sein *R9 – (seit 1996 unverändert)*

zurückfahren *R10 – („Einfachbetonung")*

zurzeit *(in der Bed.* 'derzeit'); *aber:* zur Zeit Karls des Großen

zusammen sein *R9 – (seit 1996 unverändert)*

zusammen sitzen (= gemeinsam sitzen) *R10 – („Doppelbetonung")*

zusammensitzen (= beisammen sitzen) *R10 – („Einfachbetonung")*

zusammen tragen (= gemeinsam tragen) *R10 – („Doppelbetonung")*

zusammentragen (= sammeln) *R10 – („Einfachbetonung")*

zuschanden *oder* zu Schanden (machen) – *(eher klein- und zusammenschreiben, analog zu den sehr zahlreichen verpflichtenden Parallelfällen, z. B. anhand, infolge, zuliebe, zugute...)*

zuschulden *oder* zu Schulden kommen lassen – *(eher klein- und zusammenschreiben, analog zu den sehr zahlreichen verpflichtenden Parallelfällen, z. B. anhand, infolge, zuliebe, zugute...)*

Zuschuss

zu sein *R9 – (seit 1996 unverändert)*

zuseiten *oder* **zu Seiten** *(eher klein- und zusammenschreiben, analog zu den sehr zahlreichen verpflichtenden Parallelfällen, z. B. anhand, infolge, zuliebe, zugute...)*

zusenden lassen *R8 – („Verb+Verb") – (seit 1996 unverändert)*

zustande *oder* zu Stande bringen/ kommen ... – *(eher klein- und zusammenschreiben, analog zu den sehr zahlreichen verpflichtenden Parallelfällen, z. B.* anhand, infolge, zuliebe, zugute...)

‖**zustattenkommen** *R10 – („Einfachbetonung")*

zutage *oder* zu Tage fördern/treten ... – *(eher klein- und zusammenschreiben, analog zu den sehr zahlreichen verpflichtenden Parallelfällen, z. B.* anhand, infolge, zuliebe, zugute...)

‖**zuteilwerden** *R10 – („Einfachbetonung")*

zuungunsten *oder* zu Ungunsten – *(Getrenntschreibung eher zu empfehlen, weil in dieser Wendung eine attributive Erweiterung möglich ist →* **zu** deinen **Ungunsten***)*

zu verstehen geben *R8 – („Verb+Verb") – (seit 1996 unverändert)*

zuvorkommen *R10 – („Einfachbetonung")*

zuwege *oder* zu Wege bringen *(eher klein- und zusammenschreiben, analog zu den sehr zahlreichen verpflichtenden Parallelfällen, z. B.* anhand, infolge, zuliebe, zugute...)

zuwiderhandeln *R10 – („Einfachbetonung")*

zuwider sein *R9 – (seit 1996 unverändert)*

zwangsernähren / zwangsräumen *R4 / A1 - („untrennbar")*

zwanzig *s.* achtzig

zwei: **2-Zeiler, 2-zeilig ...**

zwei: sein **zweites Gesicht**; wie **kein Zweiter** arbeiten; **jeder Zweite**

zweitplatziert, der/die **Zweitplatzierte**

zwischenfinanzieren/-landen *R10 – („Einfachbetonung")*

Systematische Wörterverzeichnisse

mit Überblick verschaffenden Einzellisten

zu den verschiedenen Regelgruppen

1. Anwendung von ss und ß

Wortlisten zu Regel 1, Seite 13 ff.

Die folgenden beiden Listen - „**Verben**" und „**Sonstige Wörter**" - enthalten **alle** Wörter mit ss oder ß, also sowohl die gleich gebliebenen als auch die geänderten Formen. - Die seit 1996 verpflichtend **geänderten Formen** sind durch **Fettdruck** hervorgehoben.

◆ **Liste <u>aller</u> Grundverben mit ss oder ß und deren Stammformen** (inklusive der wichtigsten Ableitungen)

Vorbemerkungen:

- Die Liste enthält nur Grundverben. Bei Ableitungen und Zusammensetzungen ist die Schreibweise daher jeweils unter dem Grundverb zu ermitteln, z. B:
  anpassen → passen
  auslassen → lassen
  zerfließen → fließen usw.

- <u>Wörter mit Stammwechsel in der s-Schreibung</u> sind unterstrichen.

- Wörter, deren Stammformen schon seit jeher nicht zwischen ss und ß wechseln, sind mager gedruckt und ungekennzeichnet.

- Wörter, die erst auf Grund der Reform keinem Stammwechsel mehr unterliegen, sind durch einen Stern (*) markiert.

- Der Vermerk (FW) macht auf Wörter aufmerksam, die als Fremdwörter ohnedies eigentlich immer schon nur mit -ss- zu schreiben gewesen wären.

Alphabetische Verbenliste:

anmaßen - maßte an - angemaßt; die Anmaßung
assanieren (FW) - assanierte - assaniert
äußern - äußerte - geäußert; die Äußerung
beeinflussen* - **beeinflusste** - **beeinflusst**
<u>befleißen</u> - **befliss** - beflissen
befleißigen - befleißigte - befleißigt
<u>beißen</u> - **biss** - gebissen; **der Biss** - bissig
büßen - büßte - gebüßt; die Buße
deklassieren (FW) - deklassierte - deklassiert
dressieren (FW) - dressierte - dressiert; die Dressur
drosseln - drosselte - gedrosselt; die Drossel

essen - er **isst** - aß - gegessen; das Essen
fassen* - sie **fasst** - **fasste** - **gefasst** ; die Fassung
firnissen* - **firnisste** - **gefirnisst**
fließen - es fließt - **floss** - geflossen; der **Fluss** - das Floß
fressen - er **frisst** - fraß - gefressen; der Fraß
genießen - sie genießt - **genoss** - genossen; der **Genuss** - der Genießer
gießen - sie gießt - **goss** - gegossen; der **Guss**
gleißen - gleißte - gegleißt
grassieren (FW) - grassierte - grassiert
grüßen - grüßte - gegrüßt; der Gruß
hassen* - er **hasst - hasste - gehasst;** der **Hass**
heißen - hieß - geheißen; auf Geheiß
hissen* - sie **hisst - hisste - gehisst**
hussen* - er **husst - husste - gehusst**
kreißen - sie kreißt - kreißte - gekreißt
küssen* - er **küsst - küsste - geküsst;** der **Kuss**
lassen - sie **lässt** - ließ - gelassen
massieren (FW) - massierte - massiert; der Masseur
messen - sie **misst** - maß - gemessen; das Maß
missachten - missachtete - missachtet
missbilligen - missbilligte - missbilligt
missen* - **misste - gemisst**
missfallen - missfiel - missfallen
misslingen - misslang - misslungen
missraten - missriet - missraten
müssen* - sie **muss - musste - gemusst**
nässen* - es **nässt - nässte - genässt**
passen* - es **passt - passte - gepasst**
passieren (FW) - passierte - passiert
pissen* *(derb)* - **pisste - gepisst;** die Pisse
prasseln - prasselte - geprasselt
prassen* - er **prasst - prasste - geprasst;** der Prasser
pressen* - sie **presst - presste - gepresst;** die Presse
pressieren (FW) - pressierte - pressiert; die Pressur
rasseln* - rasselte - gerasselt - **rassle!;** die Rassel
reißen - **riss** - gerissen; der **Riss** - rissig
schassen* *(ugs.)* - **schasste - geschasst**
scheißen *(derb)* - **schiss** - geschissen; die Scheiße
schießen - er schießt - **schoss** - geschossen; der **Schuss**
schleißen - **schliss**/schleißte - geschlissen/geschleißt
schließen - sie schließt - **schloss** - geschlossen; der **Schluss**
(schlussfolgern - er schlussfolgert - schlussfolgerte - geschlussfolgert)
schmeißen *(ugs.)* - **schmiss** - geschmissen; der **Schmiss**
schweißen - schweißte - geschweißt
sitzen - saß - gesessen; der Sessel

‖ spaßen - spaßte - gespaßt; der Spaß *oder* der **Spass** [neu seit 2006]
spleißen - **spliss**/spleißte - gesplissen/gespleißt
sprießen - **spross** - gesprossen; der **Spross**
stoßen - stößt - stieß - gestoßen; der Stoß
stressen* - du **stresst** (dich) - **stresste** - **gestresst**
veranlassen* - er **veranlasst** - **veranlasste** - **veranlasst**
verdrießen - **verdross** - verdrossen; verdrießlich, der **Verdruss**
vergessen - sie **vergisst** - vergaß - vergessen; **vergesslich**
vermissen* - du **vermisst** - **vermisste** - **vermisst**
vergewissern - vergewisserte - vergewissert
verschleißen - **verschliss** - verschlissen
wissen - du weißt - sie weiß - ihr **wisst - wusste - gewusst**
zerschleißen - **zerschliss** - zerschlissen

Überblick über die Änderungsdimensionen bei den Verbformen:

26	Grundverben waren schon vor 1996 ohne Wechsel zwischen ss und ß,
17	weitere Grundverben (*) weisen durch die 1996er-Reform nun zusätzlich keinen Wechsel zwischen ss und ß auf.

Neuer Stand seit 1996:

22	**Grundverben bleiben mit Stammwechsel** zwischen ss und ß,
86	**neue Schreibweisen** für Stammformen von Grundverben.

◆   **Sonstige Wörter mit neuer ss-Schreibweise**

Der Wechsel zwischen Fett- und Magerdruck kennzeichnet in dieser Liste Folgendes:

    Fettdruck = verpflichtend neue Schreibweise seit 1996
    Magerdruck = unverändert gebliebene Schreibweise

Abfluss, Abflussschlauch
Ablass, Ablassschraube
Abriss
Abschluss – Abschlüsse
Abschuss – Abschüsse
Abszess – Abszesse
Aderlass
Adressbuch, Adressstempel
Amboss – Ambosse

Ausguss
Auslass – Auslässe
Ass – Asse
Aufguss – Aufgüsse
Aufriss
Aufschluss – Aufschlüsse
Ausschuss – Ausschüsse
Ausschusssitzung
Baroness - Baronessen
bass (*nur in* „bass erstaunt")
Bass – Bässe, **Basssänger, Bassstimme**
beeinflussbar, beeinflusst
befasst
Beschluss
betresst
bewusst, bewusstlos, Bewusstsein
Biss, Bisse; das **Bisschen,** ein **bisschen, Bissstelle**
blass
Blässhuhn / Blesshuhn
Bluterguss – Blutergüsse
Boss – Bosse
Business
Cleverness
dass
Dachgeschoss *oder* **Dachgeschoß** *(österr.)*
Dasssatz *oder* **dass-Satz**
Delikatessgurke
Delikatesssauerkraut
Delikatesssenfgurke
Dienstschluss
Dress – Dressen
Dumdumgeschoss *oder* **Dumdumgeschoß** *(österr.)*
Durchlass – Durchlässe
Einlass
Einschuss – Einschüsse
Einschluss
Elsass
Entschluss
Erdgeschoss *oder* **Erdgeschoß** *(österr.)*
Erdnuss
Erlass – Erlasse/ Erlässe

erpressbar
Erstklassler/-klässler
essbar, Essbesteck, Essgeschirr, Esslöffel, ...
express (etwas express versenden)
Express, der; Expresssendung
Exzess - Exzesse
Fairness
Fass – Fässer, Fassbier, Fässchen
fassbar
Fassette (*Wahlform für:* Facette)
Fitness, Fitnessstudio
Fluss - Flüsse; Flussarm, Flüsschen,
Flusssand, Flussspat, Flusssäure, Flussschifffahrt
flussab(wärts), flussauf(wärts)
Fressgier
Fresssack, Fresssucht, fresssüchtig
fürbass
Gässchen
Gebiss – Gebisse
gefasst
genüsslich
Genuss – Genüsse
gefirnisst
Gelass – Gelasse
Genuss – Genüsse; genüsslich
Genussstreben, Genusssucht, genusssüchtig
Geschoss – Geschosse *oder:* Geschoß – Geschoße *(österr.)*
gewiss
gewusst
grässlich
Guss – Güsse; Gusseisen
Harass – Harasse (Lattenkiste)
Haselnuss, Haselnussstrauch
Hass, hasserfüllt, hässlich
Hornuss (der) – Hornusse (*schweiz.*: Schlagscheibe)
Hostess – Hostessen
Imbiss – Imbisse; Imbissstube, Imbissstand
Jass – Jasse
Kassler Rippenspeer (*bundesdeutsch. f.* Spareribs)
Kellergeschoss *oder* Kellergeschoß *(österr.)*
kess

klass *(ugs.)*
Koloss – Kolosse
Kommiss, Kommissstiefel
Kompass – Kompasse
kompress (= engzeilig)
Kompromiss – Kompromisse
Komtess(e) – Komtessen
Kongress – Kongresse; **Kongresssaal, Kongressstadt**
krass
kross (= knusprig)
Kürass – Kürasse (= Brustharnisch)
Kuss – Küsse; **Küsschen, Kussszene**
lässlich
Lichtmess
Litfaßsäule (Litfaß = Name, daher unverändert!)
Löss *oder* **Löß**
Messband *aber:* Maßband, **messbar, Messbecher, Messdiener, Messinstrument**
Messner *auch für* Mesner, Mesmer
Messstab, Messstelle, Messwein
Miss – Misse
Missachtung, Missbildung
missbilligen
missbrauchen, Missbrauch
missfallen, (das) **Missfallen**
missgelaunt
misshellig
misslich, missliebig
Missmut, missmutig
Missstand
Missstimmung
missverständlich, Missverständnis
Nachlass
Narziss, Narzisst, narzisstisch
nass, nasskalt, nassschwitzen
Nassrasierer/ -rasur, Nassschleifen, Nassschnee
Nuss – Nüsse; **Nüsschen**
Nussschale, Nussschinken, Nussschokolade, Nussstollen, Nussstangerl, Nussstrudel
Ölmessstab
Obergeschoss *oder* **Obergeschoß** *(österr.)*
Parnass

Pass; passgenau; Passstraße
Presssack, Pressspanplatte
Profess
Prozess – Prozesse
Regress
Reißverschlusssystem
Riss – Risse
Ross – Rösser/Rosse; **Rossstall, Rösslsprung, Weißes Rössl**
Russland
Schloss – Schlösser; **Schlösschen**
Schluss – Schlüsse
(schlussfolgern) = schließen
Schlusssatz, Schlusssignal, Schlussspurt, Schlussstein, Schlussstrich,
    Schlussszene
Schmiss – Schmisse
Schoss – Schosse (= junger Trieb) *aber:* Schoß (= Mutterleib)
Schuss – Schüsse
schusslig (= schusselig)
schussschwach, schusssicher
sesshaft
sodass *oder* **so dass**
Spaß *oder* **Spass** *(österr.)* → **(Die Schreibweise „Spass" ist NEU seit 2006!)** ←
Spross - Sprosse; **Sprössling**
Stewardess – Stewardessen
Strass, der
Stress; Stresssituation
Stuss *(ugs.)*
Tässchen
Tross – Trosse
Truchsess
tschüss (*oder* tschüs)
Überdruss
Überfluss, Überflusssyndrom
Überschuss – Überschüsse
unerlässlich
unermesslich
unfassbar
ungewiss
unpässlich, Unpässlichkeit
Unterlass (ohne Unterlass)
unvergesslich
veranlasst

Verbiss
verblasst
Verdruss
vergesslich; Vergesslichkeit
Vergissmeinnicht
verhasst
verlässlich; Verlass
Verriss
vermisst
Verschluss; Verschlusssache, Verschlusssiegel
Vorschuss
Walnuss
Walross
wässrig
Wissbegierde, wissbegierig
zupass
Zuschuss

Wichtiger Hinweis:

Diese Liste enthält im Wesentlichen **nur** alle **Grundwörter** mit ss, nicht jedoch alle Ableitungen und Zusammensetzungen.

Weil es durch die Reform der s-Schreibung seit 1996 keinen Wechsel zwischen ss und ß gibt (mit Ausnahme der Verben, siehe oben), kann man sicher sein, dass alle in dieser Liste **nicht angeführten Ableitungen** und Zusammensetzungen **wie das Grundwort** zu schreiben sind.

Beispiele:	Ungewi**ss**heit	→ wie ungewi**ss**
	Strafproze**ss**ordnung	→ wie Proze**ss**
	Hä**ss**lichkeit	→ wie hä**ss**lich → wie Ha**ss**
	Schlu**ss**rechnung	→ wie Schlu**ss**
	Hochgenu**ss**	→ wie Genu**ss** usw.

2. Zusammentreffen von 3 gleichen Buchstaben

Wortlisten zu den Regeln 2 und 3, Seite 18 ff.

◆ Zusammentreffen von 3 gleichen Konsonanten

Die Liste enthält

- sowohl alle Wörter, in denen schon bisher alle 3 aufeinanderfolgenden gleichen Konsonanten zu schreiben waren, weil ein weiterer Konsonant nachfolgte, als auch

- alle Wörter, die aufgrund der Neuregelung nun ebenfalls mit allen 3 gleichen Konsonanten zu schreiben sind.

Wörter entsprechend der alten Regelung vor 1996 (unverändert) – Magerdruck
Neuschreibungen durch die reformierte Regelung von 1996 **– Fettdruck**

Abflussschlauch
Abflussstopfen
Ablassschraube
Abschussstelle
Adressstempel
allliebend
Anschlussstelle/ -strecke/ -stutzen
Auspuffflamme
Ausschusssitzung
Balletttanz
Balletttänzer/in
Balletttheater
Balletttruppe
Balllokal
Basssänger
Bassstimme
Bestellliste
Betttruhe (*aber:* Bett-ruhe!)
Betttuch
Bildschnitttechnik
Bissstelle
Bitttage
Blatttang

Blatttrieb
Brennnessel
Dämmmasse
Dämmmaterial
Dämmmatte
Dämmmörtel
Dasssatz
Delikatesssauerkraut
Delikatesssenf(gurke)
Durchschussstelle
Einschussstelle
Eisschnelllauf/ -läufer/in
entschlussschwach
Essstörung
Expresssendung
Falllinie
Falllaub
Fetttiegel
fetttriefend
Fetttropfen
Fetttusche
Fitnessstudio
Flageolettton

Flanelllappen
Flanellleintuch
Flusssand
Flusssäure
Flussspat
Flussschifffahrt
Fresssack
Fresssucht, fresssüchtig
Fußballländerspiel
Genussstreben
Genusssucht, genusssüchtig
Geschirrregal
Geschirrreiniger
Gewinnnummer
Grammmol(ekül)
Grifffeld
Grifffläche
grifffest
grifffreundlich
Hafffischer
Handballländerspiel
Haselnussstrauch
helllicht(er) Tag
helllila
Imbissstand
Imbissstube
Jacketttasche
Kammmacher
Kämmmaschine
Kammmolch
Kammmuschel
Klemmmappe
Kommissstiefel
Kongresssaal
Kongressstadt
Kontrolllampe
Kontrolllauf
Kontrollleuchte
Kontrolllicht
Kontrollliste
Kraftstofffilter
Krepppapier
Kristallluster/ Kristalllüster
‖ **krummmachen**
Kunststofffenster
Kunststofffläche

Kunststoffflasche
Kunststofffertigung
Kunststofffolie
Kussszene
Lammmedaillons
Lössschicht (*auch:* Lößschicht)
Luftschifffahrt
Messschnur
Messstab
Messstelle
Metalllegierung
Missstand
Missstimmung
Müllladung
Mülllager(ung)
Mülllaster
Nassschleifen
Nassschnee
‖ **nassschwitzen**
Nulllage
Nullleiter
Nulllinie
Nulllohnrunde
Nulllösung
Nussschalen
Nussschinken
Nussschokolade
Nussstrudel
Ölmessstab
Pappplakat
Passstelle
Passstraße
Pinnnadel
‖ **platttreten**
Presssack
Pressspanplatte
Programmmanager
Programmmängel
programmmäßig
Rammmaschine
Reißverschlusssystem
Rohstofffrage
Rollladen
Rollloch
Rossstall
satttrinken

Sauerstoffflasche
Schalllehre
Schallloch
Schifffahrt
Schlammmasse
Schlifffläche
Schlusssatz
Schlusssignal
Schlussspurt
Schlussstein
Schlussstrich
Schlussszene
Schmuckblatttelegramm
Schnelllader/Schnellladung
Schnelllaster
Schnelllauf/Schnellläufer
schnelllebig
Schnellleser
Schnitttiefe
Schritttanz
Schritttempo
Schrotttransport
Schrubbbesen
schussschwach/schusssicher
Schutttransport
Schwimmmeister(schaft)
Solllast
Sollleistung
Sperrrichtung
Sperrriegel
Stalllaterne
Stammmannschaft
Stammmutter
Stemmmeißel
Stickstoffflasche
Stickstofffüllung
Stillleben *(siehe auch Anm. S. 191!)*

stilllegen/Stilllegung
Stilllesen
stillliegen
Stimmmodulation
Stofffarbe
Stofffetzen
Stofffleck
Stofffülle
Stofffransen
Stresssituation
Todesfallleistung
Treibstofffilter
Trennnetz
Tufffelsen
Überflusssyndrom
Velourslammmantel
Verschlusssache
Verschlusssiegel
‖ **vollladen**
Volllast
volllaufen
Vollleder
vollleibig
Walllinie
Werkstatttage
Werkstoffforschung
Wetttauchen
Wettterminal
Wettteufel
wetttrinken
Wettturnen
Wolllappen
Wolllaus
Zelllehre
Zellstofffabrik
Zolllager, zolllang

Alle diese Wörter können seit 1996 wahlweise auch in zwei durch Bindestrich gekoppelten Teilen geschrieben werden. Ein nominaler zweiter Wortteil muss dann groß beginnen, z. B.:

> **Ballett-Tänzer, Schwimm-Meister, ...**

Werden die Wörter am Zeilenende „abgeteilt", so kann auf Grund der zusätzlichen neuen Wahlformen der zweite Teil nun wahlweise klein oder groß begonnen werden:

> **Ballett-**   *oder*   **Ballett-**
> **tänzer**   **Tänzer**

Ausnahmen:

Mit<u>t</u>ag	(obwohl aus Mitt(e)+Tag zusammengesetzt)	**Mit**-tag
den<u>n</u>och	(obwohl aus denn+noch zusammengesetzt)	**den**-noch
Drit<u>t</u>el	(obwohl aus „der dritt(e) Teil" entstanden)	**Drit**-tel

Diese drei Wörter werden auch beim „Abteilen" nur mit **2** gleichen Konsonanten geschrieben!

Weitere Wörter mit 3 gleichen Konsonanten bei Schreibweise in BLOCKBUCHSTABEN
(bzw. bei Anwendung der Schweizer Regelung, in der es kein ß gibt)**:**

bloßstellen	→	**BLOSSSTELLEN**
Fraßstelle	→	**FRASSSTELLE**
Fußsohle	→	**FUSSSOHLE**
Fußsoldat	→	**FUSSSOLDAT**
Fußspuren	→	**FUSSSPUREN**
Fußstapfen	→	**FUSSSTAPFEN**
Fußstütze	→	**FUSSSTÜTZE**
Gefäßschaden	→	**GEFÄSSSCHADEN**
Gefäßständer	→	**GEFÄSSSTÄNDER**
Grießschmarren	→	**GRIESSSCHMARREN** *(österr.)*
Großschifffahrtsweg	→	**GROSSSCHIFFFAHRTSWEG**
Großschreibung	→	**GROSSSCHREIBUNG**
Großsegel	→	**GROSSSEGEL**
großsprecherisch	→	**GROSSSPRECHERISCH**
großspurig	→	**GROSSSPURIG**
Großstadt	→	**GROSSSTADT**
Heißsporn	→	**HEISSSPORN**
Lößschicht	→	**LÖSSSCHICHT**
Maßsalon	→	**MASSSALON**
Maßschneider	→	**MASSSCHNEIDER**
Maßstab	→	**MASSSTAB**
Stoßstange	→	**STOSSSTANGE**
Schießstatt/ -stätte	→	**SCHIESSSTATT, SCHIESSSTÄTTE**
Schießstand	→	**SCHIESSSTAND**

◆ **Zusammentreffen von 3 gleichen Vokalen**

Seit 1996 besteht die Wahlmöglichkeit zwischen zwei Schreibweisen:

armeeeigen	*oder*	armee-eigen
Armeeeinheit	*oder*	Armee-Einheit
Hawaiiinseln	*oder*	Hawaii-Inseln
Kaffeeecke	*oder*	Kaffee-Ecke
Kaffeeeis	*oder*	Kaffee-Eis
Kaffeeernte	*oder*	Kaffee-Ernte
Kaffeeersatz	*oder*	Kaffee-Ersatz
Kaffeeexport	*oder*	Kaffee-Export
Kaffeeextrakt	*oder*	Kaffee-Extrakt
Kleeeinsaat	*oder*	Klee-Einsaat
Kleeernte	*oder*	Klee-Ernte
schneeerhellt	*oder*	schnee-erhellt
Schneeerlebnis	*oder*	Schnee-Erlebnis
Schneeeule	*oder*	Schnee-Eule
seeerfahren	*oder*	see-erfahren
Seeerfahrung	*oder*	See-Erfahrung
Seeelefant	*oder*	See-Elefant
Teeei	*oder*	Tee-Ei
Teeernte	*oder*	Tee-Ernte
Teeexport	*oder*	Tee-Export
Zooorchester	*oder*	Zoo-Orchester

Anmerkung:

Beim Wort „**Stillleben**" ist seit 1996 eindeutig geklärt, dass der erste Wortteil von „still" hergeleitet ist, und nicht – wie vielfach fälschlich angenommen – von „Stil". Dementsprechend sollte jeder die Aussprache des Wortes an die Schreibweise anpassen.

3. Einzelwörter und Wortstämme

Wortlisten zu Kapitel 3, Seite 21 ff.

GRUPPE 1: VERPFLICHTENDE NEUREGELUNGEN

◆ Neuregelung einzelner Wortstämme

Reformierte Schreibweise	SCHREIBWEISE VOR 1996
Alb(e) (= Bergdämon) *aber:* **Alp(e)** (= Alm)	Alp(e) *oder* Alb(e) (= Bergdämon); Alp (= Alm)
Ass	As
behände	behende
belämmert	belemmert
Chauffeur	Chauffeur *oder* Schofför
durchbläuen	durchbleuen
einbläuen	einbleuen *oder* einbläuen *(je nach Bed.)*
Föhn, föhnen *(auch für* Haartrockner *bzw.* Haare trocknen) *aber:* Fön ® *bleibt geschützter Produktname*	Fön, fönen
frittieren, Frittüre; *aber:* Friteuse *und* Pommes frites *unverändert*	fritieren, Fritüre
Gämse	Gemse
Gräuel, gräulich	Greuel, greulich *oder* gräulich *(je nach Bed.)*
Jähheit	Jäheit
Känguru	Känguruh
Karamell, karamellisieren	Karamel, karamelisieren
Mopp (= Wischbesen), Mz.: **Mopps**	Mop
nummerieren, Nummerierung *Anm.:* numerisch, Numero, Numerus *und* Numerateur *unverändert*	numerieren, Numerierung
platzieren *(in allen Formen:* **bestplatziert, deplatziert, erstplatziert, Platzierung...)**	plazieren *oder* placieren
Puszta	Pußta, *österr. auch* Puszta
Quäntchen	Quentchen
Quickstepp	Quickstep
rau	rauh
Rohheit	Roheit
Schlägel (= Schlagwerkzeug); *aber:* **Schlegel** (= Keule eines Schlacht-tiers); **Trommelschlägel**	Schlägel *oder* Schlegel; Trommelschlegel

Reformierte Schreibweise	SCHREIBWEISE VOR 1996
schnäuzen	schneuzen
Stängel	Stengel
Stepp(tanz)	Step(tanz)
Stopp, der (*aber:* STOP *auf Verkehrsschildern bleibt)*)	Stop *oder* Stopp
Stuckateur, Stuckatur	Stukkateur, Stukkatur
Tipp	Tip
Tollpatsch, tollpatschig	Tolpatsch, tolpatschig
Twostepp	Twostep
überschwänglich	überschwenglich
verbläuen	verbleuen
Wechte (Schneewechte)	Wächte
Zähheit	Zäheit
Zierrat	Zierat

Die Neuregelung gilt auch für alle direkten Ableitungen und Zusammensetzungen mit den genannten Wortstämmen.

Beispiele: **frittieren:** Frittieröl

rau: aufrauen, raue Hände, Raufasertapete, Rauhaardackel, Raureif, ... *Achtung:* Rauheit *bleibt gleich!*

Tollpatsch: tollpatschig, Tollpatschigkeit, ...

behände: Behändigkeit, ...

◆   ## Verpflichtende neue Mehrzahlformen

Reformierte Schreibweise	SCHREIBWEISE VOR 1996
Baby: *Pl.* **Babys,** *ebenso Gen. Sg.*	*(österr.:)* Babies
Dandy: *Pl.* **Dandys,** *ebenso Gen. Sg.*	*(österr.:)* Dandies
Handy: *Pl.* **Handys,** *ebenso Gen. Sg.*	-- *(Anm: Handy = ‚englisch' klingendes' Kunstwort!)*
Hobby: *Pl.* **Hobbys,** *ebenso Gen. Sg.*	*(österr.:)* Hobbies
Lady: *Pl.* **Ladys**	Ladies *oder* Ladys, *österr. nur* Ladies
Lobby: *Pl.* **Lobbys**	Lobbies *oder* Lobbys, *österr. nur* Lobbies
Party: *Pl.* **Partys**	Parties *oder* Partys, *österr. nur* Parties
Pony: *Pl.* **Ponys,** *ebenso Gen. Sg.*	*(österr.:)* Ponies
Rowdy: *Pl.* **Rowdys,** *ebenso Gen. Sg.*	Rowdies *oder* Rowdys, *österr. nur* Rowdies
Teddy: *Pl.* **Teddys,** *ebenso Gen. Sg.*	*(österr.:)* Teddies

◆ ## Verpflichtende neue Mittelwortformen

Reformierte Schreibweise	SCHREIBWEISE VOR 1996
schreien: **geschrien**	geschrieen *oder* geschrien
speien: **gespien**	gespieen *oder* gespien
verschreien: **verschrien**	verschrieen *oder* verschrien

GRUPPE 2: NEUE WAHLFORMEN

◆ ## Neue Wahlformen für Einzelwörter

Reformierte Schreibweise	SCHREIBWEISE VOR 1996
Alptraum *oder* Albtraum	Alptraum
aufwändig *oder* aufwendig *(Anm.: Zu „aufwenden" gibt es keine Wahlform!)*	aufwendig
Delphin *oder* Delfin	Delphin
Fantasie *s.* Phantasie	
Joghurt *oder* Jogurt	Joghurt
Kanossagang oder Canossagang	Kanossagang; *österr.* Canossagang
Mesner *oder* Mesmer (schweiz.) *oder* Messner	Mesner *oder* Mesmer (schweiz.)
Panther *oder* Panter	Panther
Phantasie *oder* Fantasie *(Anm.: Musikstück verpflichtend mit F-!)*	Phantasie *oder* Fantasie *(je nach Bed.)*
Schänke *oder* Schenke	Schenke
selbständig *oder* selbstständig	selbständig
Stendelwurz *oder* Ständelwurz	Stendelwurz
Thunfisch oder Tunfisch	Thunfisch
tschüs *oder* tschüss	tschüs

Die Wahlmöglichkeit gilt auch für alle direkten Ableitungen und Zusammensetzungen mit den genannten Wörtern, z. B.

> Aufwendigkeit *oder* Aufwändigkeit
> Delphinschwimmen *oder* Delfinschwimmen
> verselbständigen *oder* verselbstständigen

◆ **Neue eingedeutschte Wahlformen für bestimmte Fremdwörter**

Einzelregelungen:

Reformierte Schreibweise	SCHREIBWEISE VOR 1996
Campagne *oder* Kampagne	Kampagne
Cargo *oder* Kargo	Kargo
Cevapcici *oder* Čevapčići	Čevapčići
Csardas *oder* Csárdás	Csárdás
Ginkgo *oder* Ginko	Ginkgo
Grizzlybär *oder* Grislibär	Grizzlybär
Hillbillymusic *oder* Hillbillimusik	Hillbillymusic
Ketchup *oder* Ketschup	Ketchup
Ordonnanz *oder* Ordonanz	Ordonnanz
pushen *oder* puschen	pushen
Shrimp *oder* Schrimp	Shrimp
Spaghetti *oder* Spagetti*)	Spaghetti
Trekking *oder* Trecking	Trekking

*)

Die Schweiz hat sich im Nachhinein offiziell von dieser Wortschreibweise distanziert. Sie wertet diese Schreibung – wohl mit Recht – als Affront gegen ihre italienisch sprechenden Landsleute.

An dieser Stelle drängt sich ein grundsätzliches Problem auf: In einer Zeit des Zusammengehens der meisten europäischen Staaten, in einer Zeit, da uns Europäern die Beherrschung mindestens zweier (europäischer) Fremdsprachen empfohlen wird, erscheinen Eindeutschungen dieser Art mehr als fragwürdig. Auch der gegenseitige Respekt innerhalb einer Gemeinschaft legt nahe, dass keine der europäischen Nationen an den Wörtern anderer Sprachgruppen „Verbesserungen" vornehmen sollte.

So gesehen sollte man vielleicht **Spagetti** mit **Schrimps** und **Ketschup** lieber doch nicht so sehr **puschen**. Halten wir es besser rnit diesen Schreibformen wie mit der **Majonäse**! – Die schmeckt uns in dieser Schreibweise schon seit 1942 nicht!

4. Getrennt- und Zusammenschreibung

GRUPPE 1: VERBEN

Bei der Getrennt- und Zusammenschreibung wurde durch die Reform der Rechtschreibreform im Jahr 2006 ein extrem hohes Maß an Verwirrung ausgelöst. Daher werden zu diesem Kapitel zwei unterschiedliche Verzeichnisse angeboten, von denen jedes einen anderen Nutzwert hat:

Verzeichnis I: Grober Überblick im Vergleich zur Situation zwischen 1996 und 2006.

Verzeichnis II: A l l e Verben in einzelnen Teillisten, aufgeschlüsselt nach den seit 2006 neuen (= teilweise alten!) Regeln. Das verschafft Überblick, auf welche Wörter sich die einzelnen Regeln von 2006 auswirken.

Hier ein Überblick über die Teillisten im Verzeichnis II:

Regel 4	→ Nomen+Verb	→ Nomen in wörtlicher Bedeutung	Seite 203
		→ Ausn. 1, „untrennbare"	Seite 206
		→ Ausn. 2, „nicht wörtl. Bedeutung"	Seite 207
		→ Ausn. 3, „Zweifelsfälle"	Seite 208
		→ Sonderlösung „Recht/recht"	Seite 208
Regel 5	→ Adjektiv+Verb	→ „übertragene Bedeutung"	Seite 209
Regel 6	→ Adjektiv+Verb	→ „wörtliche Bedeutung"	Seite 213
Regel 5+6		→ „Zweifelsfälle"	Seite 217
Regel 7	→ Adjektiv+Verb	→ Spezialfall: „ Adj. = Ergebnis der verbalen Tätigkeit"	Seite 218
Regel 8	→ Verb+Verb	→ generell getrennt, aber 26 (ignorierbare) Ausnahmen	Seite 221
Regel 9	→ Hilfszeitwort „sein"	→ immer getrennt, ohne Ausnahme	Seite 224
Regel 10	→ Adverb+ Verb	→ Einfachbetonung = zusammen, Doppelbetonung = getrennt	Seite 226

ACHTUNG:

Verben, die nur mit einer **einteiligen** Vorsilbe oder Partikel zusammengesetzt sind, haben sich in keiner Phase der Reform geändert, weder 1996, noch 2004 oder 2006. Daher sind solche Wortbildungen (z. B. aus-kommen, ein-teilen, vor-legen, über-geben, zu-sperren...) **in keinem der hier angebotenen Verzeichnisse enthalten!**

Verzeichnis I – Überblick: Änderungsausmaß 2006

Liste der 1996 reformierten Verben im Vergleich mit dem aktuellen Stand 2006

Dieses Verzeichnis gibt allen Benutzern früherer Auflagen des „Spezialwörterbuchs" oder der rororo-Ausgabe „Das ändert sich" einen groben Überblick, wie viel aufgrund der 2006er-Reform im Vergleich zur alten Übersicht nun nicht mehr gilt bzw. geändert ist. – **Fazit: Es bleibt kein Stein auf dem anderen!**

Vorbemerkungen:

1. Alle Zeilen, in denen 2006 Änderungen erfolgten, sind durch eine dreifache senkrechte Linie am linken Rand gekennzeichnet.

2. Alle durchgestrichenen Wörter signalisieren, dass sie in dieser Form nicht mehr alleinige Gültigkeit haben. Diese Liste dient daher dem bloßen Vergleich. Der neue Ist-Zustand findet sich im Verzeichnis II mit seinen regelbezogenen Wortlisten.

3. In den meisten Bereichen wurde der Status von vor 1996 wiederhergestellt, allerdings mit einigen zusätzlichen „Erleichterungen"/Schikanen.

4. **Nominalisierte Infinitive** bleiben unverändert in Zusammenschreibung erhalten!

   Beispiele:
   das **Dasein** trotz der Verbform „**da sein**"
   das **Beisammensein** trotz der Verbform „**beisammen sein**"
   das **Radfahren** trotz der Verbform „**Rad fahren**"

ACHTUNG! – HIER NUR GROBER ÜBERBLICK IM VERGLEICH ZUM STATUS BIS 2006!
VOLLSTÄNDIGKEIT und alle DETAILS nur im VERZEICHNIS II.

REFORMIERTE SCHREIBWEISE		SCHREIBWEISE VOR 1996 = z. T. neu seit 2006
abhanden kommen	→	abhandenkommen
abwärts gehen	→	abwärtsgehen *oder* abwärts gehen *(je n.Bed.)*
Acht geben / haben *oder*	→	achtgeben, achthaben
aneinander geraten/ legen ...	→	aneinandergeraten ...
anheim fallen/ stellen ...	→	anheimfallen, anheimstellen ...
aufeinander beißen/ legen ...	→	aufeinanderbeißen ...
auf sein		aufsein
aufwärts fahren/ gehen ...	→	aufwärtsgehen *oder* **aufwärts g.** *(je n. Bed.)*
auseinander gehen/ setzen/		auseinandergehen, auseinandersetzen,
laufen ...	→	auseinanderlaufen ...
auswärts gehen		auswärtsgehen
beieinander bleiben	→	beieinander bl. *oder* **beieinanderbl.**(*je n. Bed.*)

ACHTUNG! – HIER NUR GROBER ÜBERBLICK IM VERGLEICH ZUM STATUS BIS 2006!
VOLLSTÄNDIGKEIT und alle DETAILS nur im VERZEICHNIS II.

ACHTUNG! – HIER NUR GROBER ÜBERBLICK IM VERGLEICH ZUM STATUS BIS 2006!
VOLLSTÄNDIGKEIT und alle DETAILS nur im VERZEICHNIS II.

REFORMIERTE SCHREIBWEISE	SCHREIBWEISE VOR 1996 = z. T. neu seit 2006
beieinander sein ... *Aber: seit 2006* *beieinanderbleiben...*	beieinander sein oder beieinandersein... (je nach Bed.)
beisammen sein/ gewesen *Aber: seit 2006 beisammenstehen...*	beisammen sein *oder* beisammensein (*je nach Bed.*)
~~bekannt geben/ machen~~ *oder* bekanntgeben...*(freie Wahl)*	bekanntgeben; bekanntmachen *oder* bekannt machen (*je nach Bed.*)
bekannt sein	bekanntsein
~~besser gehen / stellen~~ ... →	bessergehen *oder* besser gehen (*je nach Bed.*)
bestehen bleiben/ lassen	bestehenbleiben, bestehenlassen
~~bewusst machen/ werden~~ (in manchen Fällen wieder Zusammenschreibung mögl.,s. Verzeichnis III)	bewußtmachen *oder* bewußt machen (*je nach Bed.*)
~~blank polieren~~ *oder* (*freie Wahl!*) →	blankpolieren
~~bleiben lassen~~ (in manchen Fällen wieder Zusammenschreibung möglich, siehe Verzeichnis III)	bleibenlassen
~~blind schreiben / fliegen~~ →	**blindschreiben** ...
~~breit machen~~ *oder* (*freie Wahl!*) →	breitmachen
dabei sein	dabeisein
~~daheim bleiben~~ →	**daheimbleiben**
~~dahinter klemmen / kommen~~	**dahinterklemmen**
da sein; *aber (unv.):* das Dasein	dasein
~~davor hängen / schieben~~ ... →	**davorhängen** ...
~~dort bleiben / behalten~~ ... →	**dortbleiben** ...
~~durcheinander bringen / reden~~ ... →	**durcheinanderbringen** ...
durch sein	durchsein
~~einig gehen~~ →	**einiggehen**
~~einwärts gehen~~ →	**einwärtsgehen**
~~Eis laufen~~ →	**eislaufen**
~~fahren lassen~~ *oder* (*je nach Bed.*) →	fahrenlassen
~~fallen lassen~~ →	fallenlassen *oder* fallen lassen (*je nach Bed.*)
~~falsch spielen~~ →	falsch spielen *oder* falschspielen (*je nach Bed.*)
~~fein schleifen~~ *oder* (*freie Wahl!* →	feinschleifen
~~fern liegen / halten~~ ... → *aber unverändert:* fernbleiben, fernsehen	**fernliegen, fernhalten**

ACHTUNG! – HIER NUR GROBER ÜBERBLICK IM VERGLEICH ZUM STATUS BIS 2006!
VOLLSTÄNDIGKEIT und alle DETAILS nur im VERZEICHNIS II.

ACHTUNG! – HIER NUR GROBER ÜBERBLICK IM VERGLEICH ZUM STATUS BIS 2006!
VOLLSTÄNDIGKEIT und alle DETAILS nur im VERZEICHNIS II.

REFORMIERTE SCHREIBWEISE	SCHREIBWEISE VOR 1996 = z. T. neu seit 2006
~~**fertig bekommen / stellen ...**~~ →	fertigstellen *oder* fertig stellen *(je nach Bed.)* ...
flöten gehen	flötengehen *oder* flöten gehen *(je nach Bed.)*
~~**flüssig machen**~~ (in manchen Fällen wieder Zusammenschreibung verpflichtend,s. Verzeichnis III)	flüssigmachen
~~**frei machen...**~~	freimachen
~~**fürlieb nehmen**~~ →	**fürliebnehmen**
gefangen halten / nehmen	gefangenhalten/ -nehmen
~~**gegeneinander drücken / stellen ...**~~ →	**gegeneinanderdrücken/ -stellen**
geheim halten / tun ...	geheimhalten ...
~~**gehen lassen**~~	gehenlassen
geltend machen	*österr. auch:* geltendmachen
~~**gerade halten / sitzen ...**~~	geradehalten ...
~~**gering achten/ schätzen**~~	geringachten ...
~~**gern haben ...**~~ →	**gernhaben** *oder* **gern haben**... *(je nach Bed.)*
~~**glatt hobeln / schleifen ...**~~ *oder (freie Wahl!)* →	glatthobeln ...
~~**gleich bleiben**~~ →	**gleichbleiben**
~~**groß schreiben**~~ (= in großen Lettern schreiben bzw. besonders schät- ~~zen) - großschreiben~~ (= mit gro- ~~ßem Anfangsbuchstaben schrei-~~ ~~ben) Anm.:Achtung,Bedeutungs-~~ ~~zuordnungen geändert!~~	*(ähnliche Regelung, aber mit anderen Bedeutungszuordnungen)*
~~**gut gehen / tun ...**~~ →	**gutgehen** *oder* **gut gehen** *(je nach Bed.)* ...
haften bleiben	haftenbleiben
~~**Halt machen**~~ *oder* →	haltmachen
~~**hängen bleiben/ lassen ...**~~ (in man- chen Fällen wieder Zusammen- schreibung mögl.,s. Verzeichnis III)	hängenbleiben/ -lassen *oder* hängen bleiben/ lassen ... *(je nach Bed.)*
haushalten *oder* Haus halten	haushalten
~~**heilig sprechen...**~~ →	**heiligsprechen**
~~**heimlich tun**~~ →	**heimlichtun**
her sein, heraus sein ...	hersein, heraussein ...
~~**hier bleiben / lassen ...**~~ →	**hierbleiben** *oder* **hier bleiben** *(je nach Bed.)* ...

ACHTUNG! – HIER NUR GROBER ÜBERBLICK IM VERGLEICH ZUM STATUS BIS 2006!
VOLLSTÄNDIGKEIT und alle DETAILS nur im VERZEICHNIS II.

ACHTUNG! – HIER NUR GROBER ÜBERBLICK IM VERGLEICH ZUM STATUS BIS 2006!
VOLLSTÄNDIGKEIT und alle DETAILS nur im VERZEICHNIS II.

REFORMIERTE SCHREIBWEISE	SCHREIBWEISE VOR 1996 = z. T. neu seit 2006
hierher kommen	hierherkommen
hintereinander fahren/ gehen ... →	hintereinanderfahren oder hintereinander fahren (je nach Bed.)
hoch achten / schätzen ...	hochachten ...
Hof halten, hält Hof	hofhalten, hält hof
Hohn lachen/ sprechen, ich lache Hohn /es spricht Hohn	hohnlachen ...
ineinander fließen/ greifen ... →	ineinanderfließen/ -greifen ...
inne sein	innesein
instand oder in Stand halten ...	instand halten
kahl scheren ...	kahlscheren oder kahl scheren (je nach Bed.)
kalt bleiben / lassen ...	kaltbleiben oder kalt bleiben (je nach Bed.)
Kegel schieben/ scheiben	kegelschieben, kegelscheiben
kennen lernen	kennenlernen
kenntlich machen	österr. auch: kenntlichmachen
klar sehen ...	klarsehen ...
kleben bleiben	klebenbleiben
klein schneiden ...	kleinschneiden ...
klein schreiben ('in kleiner Schrift schreiben' und - neu! -'gering schätzen') aber: kleinschreiben ('mit kleinem Anfangsbuchstaben schreiben')	klein schreiben ('in kleiner Schrift schreiben' und 'mit kleinem Anfangsbuchstaben schreiben') aber: kleinschreiben ('gering schätzen')
klug reden →	klugreden oder klug reden (je nach Bed.)
knapp halten →	knapphalten
Kopf stehen →	kopfstehen
krumm nehmen →	krummnehmen
kurz halten / treten ... →	kurzhalten ...
lahm legen ... →	lahmlegen ...
laufen lassen	laufenlassen
leer trinken/ stehen ...	leertrinken, leerstehen
leicht fallen, leicht machen ... →	leichtfallen, leichtmachen ...
Leid tun oder leidtun	leid tun
lieb haben / gewinnen ...	liebhaben ...
lieben lernen	liebenlernen
liegen bleiben / lassen	liegen lassen oder liegenlassen (je nach Bed.)
Maschine schreiben aber: maschin-schreiben (unverändert)	maschineschreiben

ACHTUNG! – HIER NUR GROBER ÜBERBLICK IM VERGLEICH ZUM STATUS BIS 2006!
VOLLSTÄNDIGKEIT und alle DETAILS nur im VERZEICHNIS II.

ACHTUNG! – HIER NUR GROBER ÜBERBLICK IM VERGLEICH ZUM STATUS BIS 2006!
VOLLSTÄNDIGKEIT und alle DETAILS nur im VERZEICHNIS II.

REFORMIERTE SCHREIBWEISE		SCHREIBWEISE VOR 1996 = z. T. neu seit 2006
Maß halten/ nehmen ...		maßhalten/ -nehmen
matt setzen		*österr. auch:* mattsetzen
mündig sprechen	→	**mündigsprechen**
müßig gehen	→	**müßiggehen**
nahe/näher bringen, legen ...	→	**nahebringen ...**
nebeneinander legen / liegen	→	nebeneinanderlegen / -liegen
offen bleiben / halten ...	→	**offenbleiben** *oder* **offen bleiben** (*je nach Bed.*)
parallel laufen / schalten		parallellaufen, parallelschalten
Probe fahren		probefahren
quer schreiben	→	**querschreiben**
Rad fahren / schlagen		radfahren ...
rein halten / waschen	→	reinhalten ...
richtig machen / stellen		richtigmachen/-stellen *oder* richtig machen (*je nach Bed.*)
rückwärts gehen ...	→	**rückwärtsgehen** *oder* **rückwärts gehen** (*je nach Bed.*)
ruhen lassen	→	**ruhenlassen** *oder* **ruhen lassen** (*je nach Bed.*)
ruhig stellen ...	→	**ruhigstellen** *oder* **ruhig stellen** (*je nach Bed.*)
sauber halten / machen ...		sauberhalten ...
sausen lassen		sausenlassen
schätzen lernen		schätzenlernen *oder* schätzen l. (*je n. Bed.*)
schief gehen / laufen ...	→	**schiefgehen** *oder* **schief gehen** (*je nach Bed.*)...
aber: schieflachen (*unverändert*)		
schießen lassen		schießenlassen
~~schlagen: **Rad schlagen**~~		radschlagen
schlecht gehen ...	→	schlechtgehen *oder* schlecht gehen (*je nach Bed.*) ...
schwarz malen	→	schwarzmalen
schwer fallen / nehmen ...	→	schwerfallen ...
sein lassen		seinlassen
selig preisen		seligpreisen
selig sprechen / machen		seligsprechen/ seligmachen *oder* selig sprechen / selig machen (*je nach Bed.*) ...
sitzen bleiben / lassen ...		sitzenbleiben *oder* sitzen bleiben (*je nach Bed.*)
spazieren gehen / fahren		spazierengehen
Sprechen lernen	→	sprechen lernen
Staub saugen oder staubsaugen		staubsaugen

ACHTUNG! – HIER NUR GROBER ÜBERBLICK IM VERGLEICH ZUM STATUS BIS 2006!
VOLLSTÄNDIGKEIT und alle DETAILS nur im VERZEICHNIS II.

ACHTUNG! – HIER NUR GROBER ÜBERBLICK IM VERGLEICH ZUM STATUS BIS 2006!
VOLLSTÄNDIGKEIT und alle DETAILS nur im VERZEICHNIS II.

REFORMIERTE SCHREIBWEISE	SCHREIBWEISE VOR 1996 = z. T. neu seit 2006

~~stecken bleiben / lassen~~ →	steckenbleiben *oder* **stecken bl.** (*je n. Bed.*)
~~stehen bleiben / lassen~~ ... →	stehenbleiben *oder* **stehen bl.** (*je nach Bed.*)
~~steif halten~~ →	steifhalten *oder* **steif halten** (*je nach Bed.*)
streng nehmen	strengnehmen
tot stellen *aber unverändert:* totlachen, totlaufen...	totstellen
~~übel nehmen / tun~~ ...	übelnehmen ...
~~übereinander legen/ stellen~~ .. →	übereinanderlegen ...
~~überhand nehmen~~ →	überhandnehmen
~~übrig bleiben/ lassen~~ ...	übrigbleiben/ -lassen ...
~~umeinander laufen~~ ... →	umeinanderlaufen ...
~~untereinander schreiben~~ ... →	untereinanderschreiben ...
~~verloren gehen~~	verlorengehen *oder* verloren gehen (*je n. Bed.*)
~~voll füllen, voll essen, voll tanken u.a.;~~ *aber unverändert:* vollbringen, vollenden *u.a.*	vollfüllen, vollessen ...
~~voneinander gehen~~ →	**voneinandergehen**
~~vorlieb nehmen~~ →	**vorliebnehmen**
~~vorwärts bringen/ kommen~~ ... →	**vorwärtsbringen** ...
~~warm halten/ stellen~~ ...	warmhalten ...
~~weich machen~~	weichmachen
~~wichtig machen/ tun~~ →	**wichtigmachen, wichtigtun**
~~widereinander stoßen~~ →	**widereinanderstoßen**
~~wieder aufbereiten, wieder ein-setzen~~ *u.a., aber unverändert:* wie-derbekommen, wiedererobern....	wiederaufbereiten ...
~~wohl tun / wollen~~ ... →	**wohltun** *oder* **wohl tun** (*je nach Bed.*)
wund liegen	wundliegen
~~zueinander finden~~ →	**zueinanderfinden**
~~zufrieden geben/ stellen~~ ...	zufriedengeben ...
~~zugrunde gehen/ liegen~~ ...	*österr. auch:* zugrundegehen ...
zusammen sein	zusammensein
zu sein	zusein
~~zustatten kommen~~ →	**zustattenkommen**
~~zuteil werden~~ →	**zuteilwerden**

ACHTUNG! – HIER NUR GROBER ÜBERBLICK IM VERGLEICH ZUM STATUS BIS 2006!
VOLLSTÄNDIGKEIT und alle DETAILS nur im VERZEICHNIS II.

Verzeichnis II – Regelbezogene Wortlisten
Komplettlisten aller Verben zu jeder „neuen" Regel von 2006

Dieses Verzeichnis gibt einen klaren, **regelbezogenen Überblick**. Am besten nimmt man diese Listen nach dem Durchstudieren der seit 2006 „neuen" Regeln 4 bis 10 zur Hand, um die Auswirkung einer jeden Regel innerhalb des gesamten Wortbestands abschätzen zu können.

◆ Verben zu Regel 4: (Seite 28)

Es handelt sich hier um Verben in mehr oder minder fixen Wendungen, in denen das Nomen jeweils seine wörtliche Bedeutung bewahrt hat.

Die Getrenntschreibung wird plausibel, wenn man beachtet, dass jedes Wort in der Wendung gesondert betont wird.

In Kontrastschreibung zu dieser Liste gibt es folgende Wörter:
> **eislaufen** (seit 2006 wieder klein und zusammen)
> **sandspielen** (nie geändert)
> **schnurspringen** (nie geändert)

In der nominalisierten Form bleibt es – wie seit jeher – bei der Zusammenschreibung:
> das Autofahren, das Gitarrespielen, das Ponyreiten...

Ebenso:
> das Eislaufen, das Sandspielen, das Schnurspringen

Verben zu Regel 4 – „Nomen+Verb" → Nomen in wörtlicher Bedeutung

Alarm schlagen
Angst haben/machen
Auto fahren
Autodrom fahren
Bahn fahren
Ball spielen
Ballon fahren
Bilder malen
Bleistift spitzen
Blumen gießen
Bock springen

➢

Verben zu Regel 4 – „Nomen+Verb" → Nomen in wörtlicher Bedeutung
(Fortsetzung)

Boden wischen
Boot fahren
Briefe schreiben
Brot schneiden
Brücken bauen
Bücher lesen
Carvingski/-schi fahren
Diät leben
Drachen steigen
Eis hacken/kratzen *(vgl. aber:* eislaufen → *wieder neu seit 2006)*
Ernst machen
Fallschirm springen
Federball spielen
Feste feiern/planen
Feuer fangen/speien
Flöte spielen
Folge leisten
Furcht einflößen
Fuß fassen
Fußball spielen
Futter holen/suchen
Gefahr laufen
Geige spielen
Geld ausgeben/borgen/leihen/sparen
Gitarre spielen
Gokart fahren
Halt geben/finden/suchen
Hände abtrocknen/waschen
Hausaufgaben machen/schreiben
Hilfe benötigen/holen/suchen
Hof halten
Holz hacken/schneiden
Inlineskates fahren
Kaffee mahlen/reiben/trinken
Karten legen/lesen/spielen
Kartoffeln kochen/schälen
Kegel schieben/scheiben
Klavier spielen
Koffer packen
Kopf waschen *(vgl. aber* kopfrechnen *und* kopfstehen*; siehe Ausnahme 1, Seite 206, und Ausnahme 2 Seite 207)*
Korrektur lesen

➤

> **Verben zu Regel 4** – „Nomen+Verb" → Nomen in wörtlicher Bedeutung

(Fortsetzung)

Krach machen/schlagen
Kuchen backen
Laub tragen
Märchen erzählen
Maschine schreiben
Maß nehmen *(vgl. aber* Maß halten *oder* maßhalten*; siehe Ausnahme 3, Seite 208)*
Messer schleifen
Milch holen
Modell sitzen/stehen
Musik hören
Nägel einschlagen/schneiden
Not leiden *(vgl. aber* notlanden *und* nottun *(Ausnahmen 2 bzw. 3, Seite 207 f.)*
Pilze suchen
Platz sparen
Pony reiten
Posten stehen
Probe fahren
Rad fahren/schlagen
Radio hören
Rasen mähen
Rat suchen
Recht sprechen *(aber:* Recht/recht haben, ... *siehe Sonderlösung S. 208*)
Ringelspiel fahren
Roller fahren
Rosen züchten
Roulette spielen
Ruhe finden/suchen
Schaden nehmen
Schande machen
Schi laufen
Schlitten fahren
Schlittschuh laufen
Schnee schaufeln/schlagen
Schuhe putzen
Schuld geben/haben/tragen
Schule spielen
Schwammerl suchen
Scooter fahren
Skat spielen
Skateboard fahren
Ski fahren/laufen
Sorge haben/tragen

➤

| Verben zu Regel 4 – „Nomen+Verb" → Nomen in wörtlicher Bedeutung |

(Fortsetzung)

Sturm laufen/läuten
Suppe essen/kochen
Tee trinken/zubereiten
Teilzeit arbeiten
Tennis spielen
Trab laufen
Unheil bringen/verkünden
Unkraut jäten/vernichten
Urlaub machen
Versteck spielen *(aber:* verstecken spiele*n, siehe Regel 8)*
Vertrauen einflößen/erwecken
Wache halten/schieben
Wäsche bügeln/waschen
Wasser holen/tragen/trinken
Wert legen
Zeitung lesen

Anmerkung:
Die Getrenntschreibung ist aufgrund der Zweifachbetonung in den meisten Fügungen plausibel. Bei einigen sind allerdings die Grenzen fließend: Maß nehmen, Klavier spielen, Tee trinken...
Ob beim Schreiben im Alltag allerdings der Gedanke an die „wörtliche Bedeutung des Nomens" stets präsent ist, darf bezweifelt werden. Zu stark ist die Dominanz der Betonungsregel. Man wäre also gut beraten gewesen, die alte Regel „Im Zweifelsfall schreibe man klein und zusammen!" wieder aufzunehmen.

Regel 4 / Ausnahme 1: (Seite 28)

Es handelt sich um Verben in Fügungen, in denen das Nomen untrennbar mit dem Verb verbunden ist („handhaben" kann nicht in „ich habe hand" verwandelt werden):

| Regel 4 / Ausnahme 1 – „Nomen+Verb" → Nomen untrennbar |

bauchreden
bausparen
bergsteigen
brandmarken
bruchlanden/-rechnen
handhaben
kopfrechnen *(vgl. aber* Kopf waschen *in der Grundregel 4)*

➤

Regel 4 / Ausnahme 1 – „Nomen+Verb" → Nomen untrennbar

(Fortsetzung)

lustwandeln
nachtwandeln
notlanden /-operieren /-schlachten (*vgl. aber* Not leiden)
schlafwandeln
schlussfolgern
schutzimpfen
segelfliegen
seiltanzen
seitenschwimmen
strafversetzen
wetterleuchten
zwangsernähren / zwangsräumen

Anmerkung:
Die Zusammenschreibung dieser Fügungen ist zusätzlich zur Untrennbarkeit plausibel wegen der Einfachbetonung – der Hauptton liegt (mit Ausnahme von „lustwandeln") immer auf der ersten Silbe.

Regel 4 / Ausnahme 2: (Seite 28)

Es handelt sich um Verben in Fügungen, in denen das Nomen zwar trennbar ist, aber das Nomen seine wörtliche Bedeutung verloren hat:

Regel 4 / Ausnahme 2 – „Nomen+Verb" → Nomen nicht in wörtlicher Bedeutung

	Abwandlungsformen wieder wie vor 1996:
eislaufen	ich laufe **eis**
heimgehen	gehen wir **heim**
kopfstehen	alles steht kopf
leidtun	es tut mir leid
nottun	es tut **not**
preisgeben	das gebe ich nicht **preis**
standhalten	es hält **stand**
stattfinden/-geben/-haben	es findet **statt**
teilhaben/-nehmen	wir nehmen **teil**
wundernehmen	es nimmt uns **wunder**

Anmerkung:
Die Zusammenschreibung dieser Fügungen ist zusätzlich plausibel durch die Einfachbetonung – der Hauptton liegt immer auf der ersten Silbe.

Regel 4 / Ausnahme 3 („Zweifelsfälle"): (Seite 29)

Fügungen, die als Wortgruppen (mit selbständigem Nomen) oder als Zusammensetzungen aufgefasst werden können:

Die im Unterricht zu bevorzugende Form ist unterstrichen. Begründung für die Vorzugsform: Die Betonung liegt jeweils auf dem ersten Teil.

Regel 4 / Ausnahme 3 – „Nomen+Verb" → Wortgr. oder Zusammensetzg.

achtgeben *oder* Acht geben
achthaben *oder* Acht haben
brustschwimmen *oder* Brust schwimmen
danksagen *oder* Dank sagen
delfinschwimmen *oder* Delfin schwimmen
gewährleisten *oder* Gewähr leisten
haltmachen *oder* Halt machen
haushalten *oder* Haus halten (!)
hohnlachen *oder* Hohn lachen
marathonlaufen *oder* Marathon laufen
maßhalten *oder* Maß halten *(aber: Maß nehmen nur getrennt!)*
rückenschwimmen *oder* Rücken schwimmen
staubsaugen oder Staub saugen

Anmerkung:
Die doppelten Schreibformen dieser Fügungen sind nicht plausibel, weil konsequent Einfachbetonung vorliegt – der Hauptton liegt immer auf der ersten Silbe. Wahlformen verunsichern, weil man immer wieder Schreibformen begegnet, die man selbst so nicht praktiziert. Sie sind darüber hinaus mühsam bei der Korrektur von Schülerarbeiten.

Regel 4 / Sonderlösung "Recht / recht"

recht bekommen *oder* Recht bekommen
recht geben *oder* Recht geben
recht haben *oder* Recht haben
recht tun *oder* Recht tun

aber:
rechtfertigen *(nur so!)*
rechtmachen *(nur so!)*

aber:
Recht sprechen *(nur so!)*

◆ Verben zu Regel 5: (Seite 30)

Es handelt sich um Verben in Fügungen, in denen das Verb und das davor stehende Adjektiv zusammen eine neue Gesamtbedeutung ergeben. Allen diesen Wörtern gemeinsam ist – neben der übertragenen Bedeutung – die Einfachbetonung.

Verben zu Regel 5 – „Adjektiv+Verb" → übertragende Bedeutung

aufrechterhalten (unverändert belassen)
bereithaben/-halten (verfügbar haben/halten)
bereitstehen/-stellen (verfügbar sein/machen)
besserstellen (sozial verbessern)
blindfliegen (ohne direkte Sicht fliegen)
blindschreiben (ohne Blick auf die Tastatur schreiben)
bloßlegen (frei machen)
bloßstellen (blamieren)
breitmachen (sich ausbreiten)
breitschlagen, jemd. (jemd. überreden)
dichthalten (nichts verraten)
dichtmachen (ein Unternehmen schließen)
einiggehen (die gleiche Meinung vertreten)
falschliegen (die falsche Vermutung haben)
falschspielen (unehrlich sein)
fernbleiben (abwesend sein)
fernhalten (nicht heranlassen)
fernliegen (nicht die Absicht haben)
fernsehen (eine Sendung im Fernsehen anschauen)
fertigbringen (können)
fertigmachen (jemd. ruinieren)
festfahren (unverrückbar sein)
festhalten (betonen)
festnageln (einen präzisen Standpunkt erzwingen)
festnehmen (einsperren)
feststellen (einen Sachverhalt klarlegen)
flachfallen (entfallen)
flottmachen (wieder in Gang bringen)
flüssigmachen (einen Betrag bereitstellen)
freihalten (eine Konsumation für jemd. begleichen)
freimachen (fankieren)
freisprechen (von einer Beschuldigung befreien)
freistehen (die Wahl haben)
freistellen (die Wahl lassen)
geradebiegen (in Ordnung bringen)
geradestehen (die Verantwortung übernehmen)

➢

Verben zu Regel 5 – „Adjektiv+Verb" → übertragende Bedeutung

(Fortsetzung)

gesundbeten (etw. positiver darstellen als es ist)
gesundschreiben (für arbeitsfähig erklären)
gesundschrumpfen (durch Betriebsverkleinerung wieder wettbewerbsfähig werden)
gesundstoßen, sich (große Gewinne erzielen)
glattgehen (problemlos ablaufen)
gleichkommen (entsprechen)
gleichmachen (nachmachen)
gleichsetzen (dasselbe auch für ... annehmen)
gleichtun (nachmachen)
gleichziehen mit (angleichen an)
großschreiben (mit großem Anfangsbuchstaben schreiben; wichtig nehmen)
gutgehen (positiv enden)
guthaben (ein Guthaben haben)
gutheißen (zustimmen)
gutmachen (Unrecht beseitigen)
gutschreiben (als Guthaben anrechnen)
heiligsprechen (in die Schar der Heiligen aufnehmen)
heimlichtun (geheimnisvoll tun)
heißmachen, die Hölle (in Bedrängnis bringen)
hochfliegen (nach oben fliegen; *bundesdt.*)
kaltlassen (nicht beeindrucken)
kaltmachen (töten)
kaltstellen (den Einfluss untergraben)
kaputtgehen (ruiniert werden)
kaputtlachen (bis zur Erschöpfung lachen)
klarlegen (offen ausbreiten)
klarmachen (klären)
klarstellen (Zweifel beseitigen)
kleinreden (als unwichtig darstellen)
kleinschreiben (mit kleinem Anfangsbuchstaben schreiben *oder* wenig achten)
klugscheißen (derb) (sich als besonders klug hervortun)
knapphalten (einschränken)
konformgehen (einer Meinung sein)
kranklachen (übertrieben lachen)
krankmelden (das Kranksein bekanntgeben)
krankschreiben (für arbeitsunfähig erklären)
krummnehmen (verübeln)
krummlachen (sich lustig machen)
kurzarbeiten (die Arbeitszeit verkürzen)
kürzertreten (weniger arbeiten; sparsamer sein)
kurzhalten (nur wenig zugestehen)
kurzschließen (eine direkte Verbindung herstellen)

➤

Verben zu Regel 5 – „Adjektiv+Verb" → übertragende Bedeutung

(Fortsetzung)

kurztreten (weniger arbeiten)
lahmlegen (unterbrechen)
leichtfallen (keine Schwierigkeiten haben)
leichtmachen (etwas nur oberflächlich erledigen)
leichtnehmen (etwas gelassen hinnehmen)
leisetreten (sich zurücknehmen)
losbinden (befreien)
maßregeln (tadeln)
mattsetzen (handlungsunfähig machen)
miesmachen (herabsetzen)
mobilmachen (alles Verfügbare bereitstellen)
mündigsprechen (in die Eigenverantwortung entlassen)
müßiggehen (nichts tun)
nahebringen (verständlich machen)
nahelegen (als beste Lösung empfehlen)
naheliegen (logisch sein)
nahekommen (am ehesten entsprechen)
näherkommen (vertrauter werden/die Meinungen angleichen)
näherliegen (wahrscheinlicher sein)
näherrücken (näher zusammenrücken)
nahetreten (jemd. peinlich betroffen machen)
offenbleiben (ungelöst sein)
offenhalten (sich eine Entscheidung vorbehalten)
offenlegen (öffentlich darlegen)
plattmachen (niederwalzen)
rarmachen, sich (schwer erreichbar sein)
rechtfertigen (begründen)
rechtmachen (zufriedenstellen)
rechtschreiben (in gültiger Orthographie schreiben)
reinschreiben (eine fehlerfreie Version erstellen)
reinwaschen (sich von einer Schuld befreien)
richtigliegen (eine zutreffende Vermutung haben)
richtigstellen (berichtigen)
rotsehen (wütend werden)
ruhigstellen (einen Körperteil in belastungsfreie Lage bringen *oder* jemd. beruhigen)
runderneuern (ein neues Reifenprofil verpassen *oder* generalsanieren)
rundfragen (eine Umfrage machen)
rundgehen (in stürmischer Bewegung sein)
satthaben (genug haben)
sattsehen (bis zum höchsten Punkt des Genusses oder der Ablehnung betrachten)
scharfmachen (bissig machen)
schiefgehen (fehlschlagen)
schieflachen (über etwas haltlos lachen)

➢

Verben zu Regel 5 – „Adjektiv+Verb" → übertragende Bedeutung

(Fortsetzung)

schiefliegen (im Irrtum sein)
schlappmachen (aufgeben)
schlechtmachen (in Verruf bringen)
schlechtreden (etwas schlechter darstellen, als es ist)
schönfärben (beschönigen)
schönmachen (ein Tier herausputzen)
schönreden (beschönigen)
schönschreiben (in Schönschrift schreiben)
schöntun (schmeicheln)
schuldigsprechen (verurteilen)
schwachmachen (schwächen)
schwachwerden (nachgeben)
schwarzarbeiten (inoffiziell arbeiten)
schwarzärgern (sich äußerst ärgern)
schwarzhören (illegal hören)
schwarzmalen (düsteres Bild zeichenen)
schwarzsehen (illegal fernsehen)
schwerfallen (Mühe haben)
schwernehmen (unter etwas leiden)
schwertun, sich (Schwierigkeiten haben)
seligpreisen (beglückwünschen)
seligsprechen (in die Schar der Seliegen aufnehmen)
sichergehen (Gewissheit haben)
sicherstellen (sichern; polizeilich verwahren)
spitzbekommen (dahinterkommen)
starkmachen, sich (sich einsetzen)
steifhalten, die Ohren (initiativ bleiben)
stillhalten (keinen Widerstand leisten)
stilllegen (außer Betrieb setzen)
stillliegen (außer Betrieb sein)
stillschweigen (nicht darüber sprechen)
stillstehen (außer Betrieb sein)
strammstehen (in soldatischer Haltung stehen)
totarbeiten, sich (zuviel arbeiten)
totlachen, sich (bis zur Erschöpfung lachen)
totlaufen, sich (den Reiz verlieren)
totsagen (an etw. nicht mehr glauben)
totschweigen (verschweigen)
trockenlegen (frische Windeln anlegen; Land bewirtschaftbar machen)
trockensitzen (nichts mehr zu trinken haben)
vollessen, sich (bis zur absoluten Sättigung essen)
vollschlagen, sich den Bauch (bis zur absoluten Sättigung essen)

➤

| Verben zu Regel 5 – „Adjektiv+Verb" → übertragende Bedeutung |

(Fortsetzung)

wachrufen (aus dem Gedächtnis hervorholen)
wachwerden (Eindrücke kehren zurück)
wahrnehmen (bemerken)
wahrsagen (prophezeien)
warmhalten (sich jemd. gewogen halten)
warmwerden (vertraut werden)
weichklopfen (jemd. überreden)
weichlöten (mit Weichmetall löten)
weismachen (vorgaukeln)
weissagen (prophezeien)
weißnähen (Weißwäsche/Bettwäsche nähen)
weißwaschen (vom Verdacht befreien)
werthalten (sich voll Achtung erinnern)
wertschätzen (Achtung haben)
wetteifern (sich einem Vergleichskampf stellen)
wettlaufen (um die Wette laufen)
wettmachen (wiedergutmachen)
wettrennen (um die Wette rennen)
wichtigmachen/tun (sich hervortun)
wohlwollen (gut gesinnt sein)
zufriedengeben, sich (keinen weiteren Wunsch haben)

◆ Verben zu Regel 6: (Seite 31)

Das Verb steht in einer Fügung, in der das Adjektiv seine wörtliche Bedeutung bewahrt hat. So gut wie allen diesen Wörtern gemeinsam ist die Zweifachbetonung, weil in der Regel sowohl das Adjektiv als auch das Verb betont wird. Allerdings sind die Grenzen oft fließend; vgl. „auswendig lernen", „bereit erklären" u. v. a.

| Verben zu Regel 6 – „Adjektiv+Verb" → wörtliche Bedeutung |

abspenstig machen
allein erziehen/gehen/sitzen
anheischig machen
aufrecht gehen/sitzen
auswendig lernen
barfuß gehen
bergab fahren
betrunken machen
bewusst machen (*getrennt nur in der Bed. „absichtlich machen"*)

➤

Verben zu Regel 6 – „Adjektiv+Verb" → wörtliche Bedeutung

(Fortsetzung)

bewusstlos schlagen
blind fliegen/schreiben
blind vertrauen
bloß liegen/strampeln (*getrennt nur in der Bedeutung* „abgedeckt sein")
brach liegen
deutlich machen
dicht schließen
dingfest machen
einig werden
einzeln stehen
erbötig machen, sich
ernst meinen/nehmen
falsch schreiben
falsch spielen (*getrennt nur in der Bed.* „die Spielregeln nicht kennen")
fest anbinden/anstellen/verschrauben/verbinden
fett drucken
flach atmen
flott gehen/machen
flüssig lesen/schreiben
frei halten/sprechen/stehen
frisch backen/halten
gefangen halten/nehmen/setzen
geheim bleiben/halten
geltend machen
genau nehmen
gerade halten/legen/sitzen/stehen
geschenkt bekommen
gestohlen bleiben
gesund bleiben
getrennt leben/schreiben
glatt ablaufen
gleich bleiben/lauten
gleich kommen (*getrennt nur in der Bed.* „bald eintreffen"!)
grell beleuchten
groß schreiben (*getrennt nur in der Bed.* „in großen Lettern schreiben")
gut gehen (*getrennt nur in der Bed.* „ohne Beeinträchtigung gehen können")
gut meinen
gut schreiben (*getrennt nur in der Bed.* „in guter Qualität schreiben")
halb totschlagen
halb vollmachen
hart arbeiten
heimlich tun (etwas)

➤

Verben zu Regel 6 – „Adjektiv+Verb" → wörtliche Bedeutung

(Fortsetzung)

heiß begehren
heiß laufen (Motor)
hell strahlen
hoch anrechnen/besteuern
hoch fliegen (*getrennt nur in der Bed. „in großer Höhe fliegen"*)
intakt bleiben
jung heiraten
kahl bleiben
kalt bleiben/lächeln/lassen/werden
kenntlich machen
klar denken/sehen
klein beigeben/schreiben
klein schreiben (*getrennt nur in der Bed. „in kleiner Buchstabengröße schreiben"*)
klug reden
krank machen
kritisch denken
kurz ausruhen/überlegen...
kurz halten, etwas (*im wörtl. Sinn:* etwas für einen Augenblick lang halten)
langsam arbeiten
lästig werden
laut reden
leer ausgehen/stehen
leicht lernen
links abbiegen/stehen
locker sagen/sitzen
möglich machen
mündig werden
mundtot machen
nahe stehen/wohnen
näher kommen/rücken (Termin)
nass wischen
nervös machen
neu eröffnen
niedrig denken
offen aussprechen
offen bleiben/lassen (Tür)
parallel laufen/schalten
rechts abbiegen
reich schmücken
rein erhalten
rein halten
richtig gehen/machen

➢

Verben zu Regel 6 – „Adjektiv+Verb" → wörtliche Bedeutung

(Fortsetzung)

richtig machen
rot glühen
ruhig bleiben
satt essen (sich)/**werden**
sauber halten
schadlos halten
scharf schießen
scheel blicken
scheu werden
schief anschauen
schief gehen (*getrennt nur in der Bed.* „nicht gerade gehen")
schief sitzen
schlecht gehen (in Schuhen)
schmutzig machen
schnell laufen
schön schreiben/werden
schräg liegen/stehen
schwach werden (*getrennt nur in der Bed.* „einen Schwächeanfall bekommen")
schwer lernen/stürzen/verletzen
selig lächeln/werden
senkrecht stehen/starten
sicher transportieren
spät kommen/werden
spitz zulaufen
stabil machen
stark schütteln/werden
steif werden
still bleiben/halten (Kopf) /**liegen**
stramm marschieren
streitig machen
streng nehmen/riechen
tief atmen
tot stellen (sich)
tot umfallen
treu bleiben
trocken rasieren/reinigen
übel mitspielen
übrig haben
verlustig gehen
voll arbeiten/nehmen
vorstellig werden
waagrecht stehen

➢

Verben zu Regel 6 – „Adjektiv+Verb" → wörtliche Bedeutung

(Fortsetzung)

wach bleiben/werden
wahr bleiben/werden
warm anziehen (sich)
weiß blühen/glühen
weit gehen
wenig lesen/fahren
wichtig nehmen
zart anfassen/berühren/küssen
zufrieden machen

◆ Verben zu Regeln 5+6 / Zweifelsfälle: (Seite 31)

Wo keine klare Entscheidung zwischen wörtlicher und übertragener Bedeutung getroffen werden kann, bleibt dem Schreiber freigestellt, ob er getrennt oder zusammenschreibt. Nachteil dieser Liste: Die Reformergruppe hat nur bestimmte Wörter freigegeben, nämlich die im Folgenden angeführten. Bei anderen Wörtern darf man also nicht zweifeln...

bekanntgeben *oder* bekannt geben
bekanntmachen *oder* bekannt machen
bekanntwerden *oder* bekannt werden
bereiterklären *oder* bereit erklären
bereitmachen *oder* bereit machen
bessergehen *oder* besser gehen
bewusstmachen *oder* bewusst machen (*nur in der Bed. „vergegenwärtigen"*)
bewusstwerden *oder* bewusst werden
blankliegen *oder* blank liegen
bloßliegen *oder* bloß liegen
feinmachen *oder* fein machen
freihaben *oder* frei haben
freinehmen *oder* frei nehmen
geringachten *oder* gering achten
geringschätzen *oder* gering schätzen
hochachten *oder* hoch achten
klarmachen *oder* klar machen
klarwerden *oder* klar werden
lästigfallen *oder* lästig fallen
liebhaben *oder* lieb haben
schlecht(er)gehen *oder* schlecht(er) gehen (*von Personen*)

➢

(Fortsetzung)

schlechtstehen *oder* schlecht stehen
schönmachen (sich) *oder* schön machen (sich)
schwermachen *oder* schwer machen
stillsitzen *oder* still sitzen
strammziehen *oder* stramm ziehen
übelnehmen *oder* übel nehmen
übrigbleiben *oder* übrig bleiben
verlorengeben *oder* verloren geben
verlorengehen *oder* verloren gehen
wehtun *oder* weh tun
wohlergehen *oder* wohl ergehen
wohlfühlen *oder* wohl fühlen
wohltun *oder* wohl tun
wundlaufen *oder* wund laufen
wundliegen *oder* wund liegen
zufriedenstellen *oder* zufrieden stellen

Anmerkung:
Bei diesen freigestellten Formen wird für den Unterricht die Zusammenschreibung zu bevorzugen sein, weil die Wörter fast durchwegs nur eine Hauptbetonung haben, und zwar auf dem ersten Teil. Die Wahlformen dieser Rubrik sind eine schlechte Verlegenheitslösung, vor allem wenn man bedenkt, dass nach der strengen Einordnung „wörtliche oder übertragene Bed.?" z. B. zwischen „verloren gehen" (= gedankenversunken gehen) und „verlorengehen" (= nicht mehr auffindbar werden) klar zwischen Getrennt- und Zusammenschreibung unterscheidbar wäre. Warum gerade hier der sonst von den Reformern so geliebte Spitzentanz auf Stecknadelköpfen verlassen wurde, bleibt unklar.

◆ Verben zu Regel 7: (Seite 32)

Das Verb steht in einer Fügung, in der das Adjektiv das Ergebnis der Tätigkeit beschreibt. (Adjektiv in der Funktion eines sog. "resultativen Prädikativs".)

Achtung:
Die angegebenen zwei Schreibmöglichkeiten stehen nur dann zur Wahl, wenn das Adjektiv im Satz in seiner wörtlichen Bedeutung vorkommt. Sobald die Fügung jedoch eine übertragene Bedeutung hat, muss seit 2006 wieder die Zusammenschreibung gewählt werden (kompliziert, kompliziert!). Beispiele: „breit schlagen" *oder* „breitschlagen" steht nur zur Wahl, wenn etwas (z. B. mit Hammerschlägen) breit geschlagen wird. Wird eine Person „breitgeschlagen" (= so lange „bearbeitet", bis sie endlich zustimmt), dann gilt nur die Zusammenschreibung. Ebenso daher „kaltstellen" *oder* „kalt stellen" nur bei Getränken; wird eine Person „kaltgestellt" ist nur Zusammenschreibung zulässig usw.

Verben zu Regel 7 – „Adj.+Verb" → Adjektiv beschreibt Ergebnis der Tätigkeit

blankpolieren *oder* blank polieren
blankputzen *oder* blank putzen
blaufärben *oder* blau färben
bloßlegen *oder* bloß legen (*für* „Mauerwerk freilegen")
breitmachen *oder* breit machen
breitschlagen *oder* breit schlagen
buntfärben *oder* bunt färben
dunkelfärben *oder* dunkel färben
feinmahlen *oder* fein mahlen
feinschleifen *oder* fein schleifen
fertigbekommen *oder* fertig bekommen
fertigmachen/-stellen *oder* fertig machen/ stellen
festkleben *oder* fest kleben
festschrauben *oder* fest schrauben
flachklopfen *oder* flach klopfen
flüssigmachen *oder* flüssig machen (*nur in der Bed.* „verflüssigen")
freibekommen *oder* frei bekommen
freilegen *oder* frei legen
freimachen *oder* frei machen
garkochen *oder* gar kochen
geradebiegen *oder* gerade biegen
geradehalten *oder* gerade halten
geraderichten *oder* geraderichten
geradesitzen *oder* gerade sitzen
geradestellen *oder* gerade stellen
gesundmachen *oder* gesund machen
gesundpflegen *oder* gesundpflegen
glatthobeln *oder* glatt hobeln
glattrasieren *oder* glatt rasieren
glattstreichen *oder* glatt streichen
glattstreifen *oder* glatt streifen
grobmahlen *oder* grob mahlen
hartkochen *oder* hart kochen
heißmachen *oder* heiß machen
kahlfressen *oder* kahl fressen...
kahlscheren *oder* kahl scheren
kaltstellen *oder* kalt stellen (Getränk)
kaputtmachen *oder* kaputt machen
kleinschneiden *oder* klein schneiden
knusprigbacken *oder* knusprig backen
krummmachen *oder* krumm machen
kurzschneiden *oder* kurz schneiden

➤

Verben zu Regel 7 – „Adj.+Verb" → Adjektiv beschreibt Ergebnis der Tätigkeit

(Fortsetzung)

langziehen *oder* lang ziehen
leckschlagen *oder* leck schlagen
leeressen oder *leer* essen
lockermachen *oder* locker machen (Geldbetrag)
mattsetzen *oder* matt setzen (beim Schach)
nassschwitzen *oder* nass schwitzen
planschleifen *oder* plan schleifen
plattdrücken *oder* platt drücken
platttreten *oder* platt treten
publikmachen *oder* publik machen
reinmachen *oder* rein machen
richtigstellen *oder* richtig stellen
rotweinen *oder* rot weinen
ruhigstellen *oder* ruhig stellen
rundmachen *oder* rund machen
sattmachen *oder* satt machen
saubermachen *oder* sauber machen
scharfmachen *oder* scharf machen (Essen/Messer)
scheumachen *oder* scheu machen (Pferd)
schlankmachen *oder* schlank machen (Diät)
schrägstellen *oder* schräg stellen
seligmachen *oder* selig machen
sichermachen *oder* sicher machen
steifschlagen *oder* steif schlagen (Obers)
totfahren *oder* tot fahren
totmachen *oder* tot machen
totschlagen *oder* tot schlagen
trockenreiben *oder* trocken reiben
vollfüllen *oder* voll füllen
vollladen *oder* voll laden
volllaufen *oder* voll laufen
volltanken *oder* voll tanken
wachrütteln *oder* wach rütteln
wahrmachen *oder* wahr machen
warmlaufen *oder* warm laufen (Motor; Sportler)
warmmachen *oder* warm machen
warmstellen *oder* warm stellen
weichklopfen *oder* weich klopfen
weichmachen *oder* weich machen
weißstreichen *oder* weiß streichen
weißtünchen *oder* weiß tünchen

➢

Verben zu Regel 7 – „Adj.+Verb" → Adjektiv beschreibt Ergebnis der Tätigkeit

(Fortsetzung)

wiederaufnehmen *oder* wieder aufnehmen
wiedereinsetzen *oder* wieder einsetzen
wiedereinstellen *oder* wieder einstellen
wiedereröffnen *oder* wieder eröffnen

Anmerkung: Die offizielle Liste des ARW enthält viele Zuordnungsfehler. So müsste „bewusstlos schlagen"(= jemd. schlagen, bis sich das Resultat „bewusstlos" einstellt) ebenso hier aufgenommen werden wie „auswendig lernen" oder „heiß laufen". Das ist aber derzeit dezidiert nicht der Fall, daher wurden sie auch – wider besseres Wissen – in diesem Buch in der Liste zu Regel 6 belassen.

Bei der Wahlformenempfehlung für den Unterricht wurde wieder jener Version der Vorzug gegeben, die sich in die „Betonunsgregel" einfügt und somit klare Orientierung gibt.

◆ Verben zu Regel 8: (Seite 33)

Die Kombination **Verb + Verb** ist grundsätzlich getrennt zu schreiben, nur bei Vorliegen einer übertragenenen Bedeutung kann auch zusammengeschrieben werden. Für „kennen lernen" gilt uneingeschränkt die Wahlfreiheit, es als „kennenlernen" zu schreiben.

Verben zu Regel 8 → Verb + Verb

arbeiten kommen
arbeiten lassen
baden gehen
bedienen lassen
beginnen lassen
beglaubigen lassen
begründen lassen
beichten gehen
beleidigen lassen
benehmen lernen
beraten lassen
berichten lassen
berichtigen lassen
beruhigen lassen
bescheinigen lassen
beschwichtigen lassen

➢

| Verben zu Regel 8 → Verb + Verb |

(Fortsetzung)

bestätigen lassen
bestehen bleiben/lassen
bestimmen lassen
betreuen lassen
betteln gehen
bevormunden lassen
bewachen lassen
beweisen lassen
bewenden lassen
bewundern lassen (sich)
<u>bleiben lassen</u> *oder* bleibenlassen (*zusammen nur in der Bed* „etw. nicht tun")
einkaufen gehen
eintragen lassen
erklären lassen
essen gehen
<u>fahren lassen</u> *oder* fahrenlassen (*zusammen nur in der Bed.* „aufgeben")
fahren lernen
<u>fallen lassen</u> *oder* fallenlassen (*zusammen nur in der Bed.* „nicht weiter verfolgen")
fangen spielen
flöten gehen
gehen lassen
gelten lassen
genießen lernen
gewähren lassen
gewinnen lassen
<u>haften bleiben</u> oder haftenbleiben (*zusammen nur in der Bed.* „im Gedächtnis bleiben")
<u>hängen bleiben</u> oder hängenbleiben (*zus. nur in der Bed.* „im Gedächtnis bleiben")
<u>hängen lassen</u> *oder* hängenlassen (*zusammen nur in der Bed.* „im Stich lassen")
helfen kommen
helfen lassen
<u>kennen lernen</u> *oder* kennenlernen *(Einzelfall!)*
<u>kleben bleiben</u> oder klebenbleiben (*zusammen nur in der Bed.* „an einem Amt festhalten")
knien bleiben
<u>kommen lassen</u> oder kommenlassen (*zusammen nur in der Bed.* „Kupplungspedal loslassen")
<u>laufen lassen</u> *oder* laufenlassen (*zusammen nur in der Bed.* „entkommen lassen")
laufen lernen
leben lassen/lernen
lesen lernen/üben
lieben lernen
<u>liegen bleiben</u> *oder* liegenbleiben (*zusammen nur in der Bed.* „unerledigt sein")

➢

| **Verben zu Regel 8** → Verb + Verb |

(Fortsetzung)

liegen lassen *oder* liegenlassen (*zusammen nur in der Bed.* „unerledigt lassen")
reden lassen
ruhen lassen *oder* ruhenlassen (*zusammen nur in der Bed.* „nicht weiter verfolgen")
sausen lassen *oder* sausenlassen (*zusammen nur in der Bed.* „nicht weiter verfolgen")
schätzen lernen
schicken lassen
schießen lassen *oder* schießenlassen (*zusammen nur in der Bed.* „eine ungelenkte
      Entwicklung zulassen")
schlafen gehen/lassen
schleifen lassen oder schleifenlassen (*zusammen nur in der Bed.* „abreißen lassen")
schreiben lernen
schreien lassen
schwimmen gehen/lernen
sein lassen
setzen lassen oder setzenlassen (*zusammen nur in der Bed.* „für Beruhigung sorgen")
sitzen bleiben *oder* sitzenbleiben (*zusammen nur in der Bed.* „Klasse wiederholen")
sitzen lassen *oder* sitzenlassen (*zusammen nur in der Bed.* „im Stich lassen")
spazieren fahren/gehen
spielen lassen *oder* spielenlassen (*zusammen nur in der Bed.* „Muskeln spielen
      lassen")
sprechen lassen *oder* sprechenlassen (*zusammen nur in der Bed.* „Blumen sprechen
      lassen")
sprechen lernen
stecken bleiben oder steckenbleiben (*zusammen nur in der Bed.* „stocken")
stecken lassen
stehen bleiben oder stehenbleiben (*Zusammenschreibung nur im Zshg. mit der* Uhr)
stehen lassen *oder* stehenlassen (*zusammen nur in der Bed.* „nicht länger beachten")
steigen lassen *oder* steigenlassen (*zusammen nur in der Bed.* „veranstalten")
sterben lassen *oder* sterbenlassen (*zusammen nur in der Bed.* „nicht weiter verfolgen",
      z. B. ein Projekt)
stiften gehen
tanzen gehen/lernen
tauchen lernen
tragen lassen (sich)
trinken lassen
turnen gehen
überreden lassen (sich)
überrumpeln lassen (sich)
überzeugen lassen (sich)
vergessen machen
verpacken lassen
verschwinden lassen

➢

Verben zu Regel 8 → Verb + Verb

(Fortsetzung)

versprechen lassen
verstecken spielen
verstehen lernen
vertragen lernen
vertreten lassen
zu helfen wissen
zu verstehen geben
zusenden lassen

Anmerkungen:
Angesichts der sophistischen Spitzfindigkeit, dass manche der Verb+Verb-Kombinationen nur in der übertragenen Bedeutungsvariante zusammengeschrieben werden dürfen, erweist sich die Wahlmöglichkeit in diesem Bereich als Unfug.

Im Alltagsgebrauch wird die mangelnde Trennschärfe zwischen verpflichtender Getrenntschreibung und erlaubter Zusammenschreibung immer wieder zu falschen Zuordnungen führen. Durch die vielen Wahlmöglichkeiten wird der Regelfall permanent torpediert. Der Einzelfall „kennen lernen oder kennenlernen" steht in ständigem Schreibkontrast mit den parallel gebauten Fügungen ohne Wahlmöglichkeit: „genießen lernen, laufen lernen, lieben lernen" usw.

Insgesamt muss festgestellt werden, dass das planlos-exzessive Ausufern von Wahlformen nicht nur bei der Korrektur unnötige Erschwernisse bringt, es verunsichert auch die Rechtschreibsicherheit eines jeden einzelnen Anwenders. Wer sich nämlich endlich eine Schreibvariante als sicher richtig eingeprägt hat, ist beim Auftauchen der anderen Variante dann doch wieder verunsichert.

Somit zeigt sich, dass man beim Baumodell „Verb + Verb" besser beraten gewesen wäre, die einheitliche, klare Regel „Verb + Verb werden getrennt geschrieben" beizubehalten. Eine Reform einer Refom ist nicht immer eine Entwicklung zum Besseren.

◆ Regel 9: Verbindungen mit „sein" (Seite 33)

Anmerkung: Es ist dies die einzige Regel, die keine Ausnahmen und keine Sonderfälle wie Wahlmöglichkeiten kennt! Ein angenehmes Relikt der Reform von 1996.

allein sein
auf sein
aus sein
beieinander sein
beisammen sein
bekannt sein
bereit sein

bescheiden sein
betrunken sein
bewusst sein, sich
bewusstlos sein
blass sein
blind sein
böse sein

➢

(Fortsetzung)

da sein
dabei sein
dafür sein
dagegen sein
dahin sein
dort sein
dran sein (*aber:* dranbleiben!)
drin sein
durch sein
egal sein
einig sein
entzwei sein
erbost sein
ernst sein
faul sein
fern sein
fertig sein
fort sein
frei sein
genau sein
gesund sein
gleich(gültig) sein
gut sein
her sein
heraus sein
hier sein
im Unklaren sein
inne sein
irr(e) sein
kahl sein
klar sein (*aber:* klarmachen)
klasse sein (!)
klug sein
konform sein
krank sein
kritisch sein
lästig sein
leck sein
leid sein
mündig sein
müßig sein (*aber:* müßiggehen)
neu sein
not sein
offen sein

recht sein (!)
rechtens sein
richtig sein
ruhig sein
rund sein
saumselig sein
schade sein
scheu sein
schmutzig sein
schnuppe sein
schuld sein
sicher sein
spinnefeind sein
spitze sein (!)
stark sein
still sein
streng sein
tot sein
treu sein
übel sein
übrig sein
unklar sein
unrecht sein
verborgen sein
vermessen sein
voll sein
von Übel sein
vonnöten sein
vorbei sein
vorhanden sein
vorüber sein
wach sein
wahr sein
wert sein
wichtig sein
wurst sein (!)
zart sein
zufrieden sein
zumute sein
zunichte sein
zurück sein
zusammen sein
zu sein
zuwider sein

◆ Verben zu Regel 10: (Seite 34)

Bei Verbindungen von „**Adverb + Verb**" entscheidet die Betonung über die Schreibweise.

Zusammenschreibung wegen Einfachbetonung	Getrenntschreibung wegen Doppelbetonung
abhandenkommen	–
abseitsstehen/-sitzen	–
abwärtsgehen/-fahren/-laufen	–
aneinandergeraten/-grenzen/-stoßen	**aneinander denken/vorbeigehen...**
anheimfallen/-stellen	–
aufeinanderbeißen/-folgen/-legen/ -prallen/-stapeln/-treffen	**aufeinander achten/hören/zugehen**
aufwärtsfahren/-gehen/-streben	–
auseinandergehen/-laufen/-setzen	**auseinander ableiten**
auswärtsgehen	–
–	**beieinander aushalten/ausharren**
beieinanderbleiben/-stehen	**beieinander bleiben** (*getrennt nur, wenn* „bleiben" *betont wird*)
beisammenstehen	–
beiseitelegen/-nehmen/-schaffen/ -stellen/-treten	–
bevormunden/-stehen	–
dabeisitzen (= mit dabei sein)	**dabei sitzen** (= bei einer Tätigkeit sitzen)
dafürhalten (= glauben)	–
dagegenhalten	–
daheimbleiben/-sitzen	**daheim ausruhen**
daherkommen (= aussehen)	**daher kommen** (= da seine Ursache haben)
dahingehen (Zeit)	–
dahinterklemmen (= an etw. angestrengt arbeiten)	–
dahinterkommen (= aufklären)	**dahinter kommen** (*örtlich*)
dahinterstehen (= einen Standpunkt vertreten)	**dahinter stehen** (*örtlich*)
danebenbenehmen/-gehen/-greifen/ -schießen/-stehen	**daneben stehen** (*örtlich*)

➤

Zusammenschreibung wegen Einfachbetonung	Getrenntschreibung wegen Doppelbetonung
darangehen/-setzen	daran glauben
d(a)raufsetzen	d(a)rauf bauen/ eingehen/ hoffen
darüberfahren	darüber reden
darunterlegen/-stellen	darunter leiden
davonkommen (= sich retten)	davon kommen (= seine Ursache haben in)
–	davor hängen/ schieben
davorstellen	davor stellen *(wenn „stellen" betont wird)*
dazugehören (= mit dabei sein)	dazu gehören (nähere Bestimmung bei Aufzählungen); dazu schweigen
dazwischenrufen	–
dortbleiben/-behalten	dort bleiben
drauflosgehen/-reden/-schlagen	–
durcheinanderbringen (= verwechseln)	durcheinander reden
einhergehen	–
einwärtsbiegen/-gehen	–
emporragen	–
entgegenkommen	–
entlanggehen	–
entzweibrechen/-schlagen	–
–	füreinander einstehen
fürliebnehmen	–
gegeneinanderdrücken/-prallen/-stellen	gegeneinander antreten/kämpfen
gegenüberstellen	gegenüber aufstellen
gernhaben	–
herabfallen/-laufen/-stürzen	–
heranfahren/-gehen/-kommen/-lassen/ -nahen/-stürmen	–
heraufgehen/-kommen/-laufen	–
herausbekommen/-finden/-geben/ -schlagen/-streichen	–
herbeieilen/-fahren/-kommen/-stürzen...	–
hereinholen/-kommen/-nehmen...	–
herniedergehen	–
herüberkommen/-winken	–
herumlaufen	–

➢

Zusammenschreibung wegen Einfachbetonung	Getrenntschreibung wegen Doppelbetonung
herunterfallen/-geben/-spielen...	–
hervorbrechen/-bringen/-heben/ -kehren/-streichen...	–
herzukommen	–
hierbleiben/-lassen	–
hierherkommen	–
hinabgehen...	–
hinangehen...	–
hinaufschieben/-schreien/-ziehen...	–
hinausschieben/-zögern...	–
hindurchzwängen...	–
hineinbringen/-interpretieren/-tragen...	–
hintanhalten/-stellen	–
hintenüberfallen	–
hinterdreinlaufen...	–
hintereinanderfahren/-gehen/-laufen/ -legen/-stellen...	hintereinander hergehen
hinterherhinken/-laufen...	hinterher jammern (= im Nachhinein j.)
hinübergehen/-sinken...	–
hinunterblicken/-laufen...	–
hinwegfegen	–
hinzukommen/-rechnen/-zählen...	–
ineinanderfließen/-fügen/-greifen...	ineinander übergehen/verlieben
irreführen/-leiten/-werden	–
–	miteinander auskommen/gehen
–	nacheinander kommen
nebeneinanderfahren/-legen	nebeneneinander sitzen/liegen
nebenherfahren	nebenher erledigen
niedergehen	–
–	nonstop fliegen
–	oben stehen
–	ohneeinander auskommen
querlegen/-stellen (= sich widersetzen)	quer legen/stellen (etwas oder sich selbst)
quertreiben	
rückwärtsfahren/-fallen/-gehen	rückwärts einparken

➤

Zusammenschreibung wegen Einfachbetonung	Getrenntschreibung wegen Doppelbetonung
–	selbst backen/machen
übereinanderlegen/-schlagen/-stapeln...	übereinander lachen/legen/reden/stellen...
übereinstimmen	–
überhandnehmen	–
umeinanderdrehen/-laufen	umeinander kümmern
umherirren	–
umhinkommen	–
–	unten bleiben/stehen
untereinanderschreiben/-setzen	untereinander ausmachen/teilen
voneinandergehen	voneinander abschreiben/lernen
vonstattengehen	–
vorangehen	–
vorausgehen/-sagen	–
vorbeifahren	–
–	voreinander fliehen
vorhersagen (= prophezeien)	vorher sagen
vorliebnehmen	–
vornüberbeugen	–
vorübergehen	–
vorwärtsblicken/-bringen/-gehen/-kommen	–
vorwegnehmen	–
weitergehen/-machen	–
widereinanderstoßen	widereinander arbeiten/kämpfen
wiederaufbereiten/-auferstehen	wieder aufheben/aufleben
wiederbekommen (= zurückbekommen)	wieder bekommen (= nochmals erhalten)
wiederbeleben (= ins Leben zurückholen)	wieder beleben (= neuerlich florieren)
wiederherstellen (= den alten Zustand herbeiführen)	wieder herstellen (= erneut produzieren)
wiederholen	–
wiederkäuen	–
wiederkehren	–
wiedersehen (= nochmals sehen)	wieder sehen (durch eine Operation)
–	wieder tun

➢

Zusammenschreibung wegen Einfachbetonung	Getrenntschreibung wegen Doppelbetonung
zueinanderfinden/-passen	zueinander finden/passen
–	zueinander sprechen
zugutehalten/-kommen	–
zunichtemachen/-werden	–
–	zupass kommen
zurechtkommen/-rücken	–
zurückfahren	–
zusammensitzen (= beisammen sitzen)	zusammen sitzen (= gemeinsam sitzen)
zusammentragen (= sammeln)	zusammen tragen (= gemeinsam tragen)
zustattenkommen	–
zuteilwerden	–
zuvorkommen	–
zuwiderhandeln	–
zwischenfinanzieren/-landen	–

GRUPPE 2: ADJEKTIVE und PARTIZIPIEN

Senkrechte Doppellinie = seit 2004 geändert
Senkrechte Dreifachlinie = seit 2006 geändert

Anmerkung: Überall, wo man durch **Einfachbetonung** *geneigt ist* **zusammenzu-schreiben***, wurde der Zusammenschreibung der Vorzug gegeben.*
Macht man die Betonungsregel insgesamt zum Hauptkriterium seiner Entscheidung in der Getrennt- und Zusammenschreibung, gelangt man in den überwiegenden Fällen, also auch bei den Verben, zu einer richtigen Lösung.

REFORMIERTE SCHREIBWEISE	SCHREIBWEISE VOR 1996
Achtung gebietend *oder* achtunggebietend	achtunggebietend
Ackerbau treibende *oder* ackerbautreibende Völker	ackerbautreibende Völker
allein erziehend *oder* alleinerziehend	alleinerziehend
allein gültig *oder* alleingültig	alleingültig
allein selig machend *oder* alleinseligmachend	alleinseligmachend
allein stehend *oder* alleinstehend	alleinstehend
allgemein bildend *oder* allgemeinbildend	allgemeinbildend
allgemein gültig *oder* allgemeingültig,	allgemeingültig
allgemein verständlich *oder* allgemeinverständlich	allgemeinverständlich
anders denkend/geartet/lautend *oder* andersdenkend, -geartet, -lautend	andersdenkend, -geartet, -lautend
Arbeit suchend *oder* arbeitsuchend	arbeitsuchend
aufeinander folgend *oder* aufeinanderfolgend	aufeinanderfolgend
Aufsehen erregend *oder* aufsehenerregend	aufsehenerregend
Aufsicht führend / habend *oder* aufsichtführend, aufsichthabend	aufsichtführend, aufsichthabend
außen liegend / gelegen *oder* außenliegend / außengelegen	außenliegend, außengelegen
Beifall heischend *oder* beifallheischend	beifallheischend
Besorgnis erregend *oder* besorgniserregend	besorgniserregend
Bezug nehmend *oder* bezugnehmend	Bezug nehmend
blau: blau gestreift / getupft… *oder* blaugestreift, blaugetupft…	blau: blaugestreift, blaugetupft, …

REFORMIERTE SCHREIBWEISE	SCHREIBWEISE VOR 1996
bläulich grün	bläulichgrün
blendend weiß	blendendweiß
blond gefärbt / gelockt *oder* blondgefärbt, blondgelockt	blondgefärbt, blondgelockt
Blut bildend / saugend *oder* blutbildend, blutsaugend	blutbildend, blutsaugend
braun gebrannt / scheckig *oder* braungebrannt, braunscheckig	braungebrannt, braunscheckig
breit: breit gefächert/ gemacht / gestreut *oder* breitgefächert, breitgemacht, breitgestreut	breitgefächert, breitgemacht ...
brünett gefärbt/ gelockt *oder* brünettgefärbt, brünettgelockt	brünettgefärbt, brünettgelockt
brütend heiß	brütend heiß *oder* brütendheiß
Buch führend *oder* buchführend	buchführend(e Stelle)
bunt gestreift / gefiedert ... *oder* buntgestreift, buntgefiedert ...	bunt gestreift *oder* buntge-streift ... (*je nach Bed.*)
darauf folgend *oder* darauffolgend	darauffolgend
Daten verarbeitend *oder* datenverarbeitend	datenverarbeitend
dicht behaart / bevölkert / gedrängt... *oder* dichtbehaart, dichtbevölkert, dichtgedrängt...	dichtbehaart, dichtbevölkert, dichtgedrängt ...
Dienst habende *oder* diensthabende Beamte	diensthabende Beamte
doppelt wirkend *oder* doppeltwirkend	doppeltwirkend
drückend heiß	drückendheiß
dünn besiedelt *oder* dünnbesiedelt	dünnbesiedelt
Ehrfurcht gebietend *oder* ehrfurchtgebietend	ehrfurchtgebietend
einwärts gebogen *oder* einwärtsgebogen	einwärtsgebogen
einzeln stehend *oder* einzelnstehend	einzelnstehend
Eisen verarbeitend *oder* eisenverarbeitend	eisenverarbeitend
eisig kalt	eisigkalt *oder* eisig kalt (*je nach Bed.*)
Ekel erregend *oder* ekelerregend	ekelerregend
eng anliegend / befreundet / bedruckt ... *oder* enganliegend, engbefreundet, ...	enganliegend, engbefreundet ...
Entsetzen erregend *oder* entsetzenerregend	entsetzenerregend
Epoche machend *oder* epochemachend	epochemachend

REFORMIERTE SCHREIBWEISE	SCHREIBWEISE VOR 1996
Erdöl exportierende / fördernde *oder* erdölexportierende / erdölfördernde Länder	erdölexportierende / erdölfördernde Länder
Erfolg versprechend *oder* erfolgversprechend	erfolgversprechend
Erholung suchende *oder* erholungsuchende Städter	erholungsuchende Städter
ernst gemeint *oder* ernstgemeint	ernstgemeint
ernst zu nehmend *oder* ernstzunehmend	ernstzunehmend
fein gemahlen / geädert ... *oder* feingemahlen, feingeädert...	feingemahlen ...
fest angestellt / kochend / verwurzelt / umrissen ... *oder* festangestellt, festkochend, festverwurzelt, festumrissen	festangestellt ...
fett gedruckt *oder* fettgedruckt	fettgedruckt *oder* fett g.(je nach Bed.)
Feuer speiend *oder* feuerspeiend	feuerspeiend
Fisch verarbeitende *oder* fischverarbeitende Betriebe	fischverarbeitende Betriebe
Fleisch fressend *oder* fleischfressend	fleischfressend
frei lebend *oder* freilebend	freilebend
frei stehend *oder* freistehend	freistehend
frisch gebacken / gemacht *oder* frischgebacken, frischgemacht	frischgebacken, frischgemacht
froh gelaunt/ gestimmt ... *oder* frohgelaunt, frohgestimmt; *aber:* frohgemut	frohgelaunt
Frucht bringend / tragend *oder* fruchtbringend, fruchttragend	fruchtbringend, fruchttragend
früh verstorben *oder* frühverstorben	frühverstorben
Funken sprühend *oder* funkensprühend	funkensprühend
Furcht einflößend / erregend *oder* furchteinflößend, furchterregend	furchteinflößend, furchterregend ...
gar gekocht *oder* gargekocht	gargekocht
Gefahr bringend/ drohend *oder* gefahrbringend, gefahrdrohend	gefahrbringend / -drohend
gelblich grün	gelblichgrün
genau genommen / gesagt *oder* genaugenommen, genaugesagt	genaugenommen, genaugesagt
gern gesehen *oder* gerngesehen	gerngesehen

REFORMIERTE SCHREIBWEISE	SCHREIBWEISE VOR 1996
getrennt lebend *oder* getrenntlebend	getrenntlebend
Gewalt verherrlichend(e) *oder* gewaltverherrlichende Ideologie	gewaltverherrlichende Ideologie
gewinnbringend *oder* Gewinn bringend	gewinnbringend
glänzend schwarz/ weiß ...	glänzendschwarz ...
glatt gehobelt / rasiert… *oder* glattgehobelt, glattrasiert	glattgehobelt
gleich bleibend / gesinnt / lautend… *oder* gleichbleibend, gleichgesinnt, gleichlautend	gleichbleibend, gleichgesinnt, gleichlautend
Glück bringend / verheißend *oder* glückbringend, glückverheißend	glückbringend, glückverheißend
glühend heiß	glühendheiß *oder* glühend heiß (je nach Bed.)
Gnaden bringend *oder* gnadenbringend	gnadenbringend
Grauen erregend *oder* grauenerregend	grauenerregend
grau meliert *oder* graumeliert	graumeliert
grell beleuchtet *oder* grellbeleuchtet	grellbeleuchtet
grob gemahlen *oder* grobgemahlen	grobgemahlen
groß angelegt / kariert ... *oder* großangelegt, großkariert	großangelegt ...
grünlich gelb	grünlichgelb
gut aussehend / bezahlt / gemeint... *oder* gutaussehend, gutbezahlt, gutgemeint	gutaussehend, -bezahlt, -gemeint ...
halb blind / leer / offen ... *oder* halbblind, halbleer, halboffen; *aber unverändert:* halbstündig, halbseiden	halbblind, halbleer ...
Händchen haltend *oder* händchenhaltend	händchenhaltend
Handel treibend *oder* handeltreibend	handeltreibend
hart gekocht ... *oder* hartgekocht…	hartgekocht…
heiß begehrt / ersehnt ... *oder* heißbegehrt, heißersehnt	heißbegehrt ...
hell lodernd / strahlend ... *oder* hell-lodernd / helllodernd, hellstrahlend	hellodernd, hellstrahlend ...
Hilfe suchend *oder* hilfesuchend	hilfesuchend
Hitze abweisend *oder* hitzeabweisend	hitzeabweisend

REFORMIERTE SCHREIBWEISE	SCHREIBWEISE VOR 1996
hoch begabt/ besteuert ... *oder* hochbegabt, hochbesteuert *(aber unverändert:* hochbeglückt, hochberühmt)	hochbegabt ...;
Holz verarbeitende *oder* holzverarbeitende Betriebe	holzverarbeitende Betriebe
immer während *oder* immerwährend	immerwährend
Insekten fressende *oder* insektenfressende Pflanzen	insektenfressende Pflanzen
kahl gefressen / geschoren *oder* kahlgefressen, kahlgeschoren	kahlgefressen, kahlgeschoren
kalt lächelnd *oder* kaltlächelnd	kaltlächelnd
klar denkend *oder* klardenkend	klardenkend
klein gedruckt / geschrieben *oder* kleingedruckt, kleingeschrieben	kleingedruckt, kleingeschrieben
kochend heiß	kochendheiß oder kochend heiß (je nach Bed.)
Kohle führende *oder* kohleführende Schichten; Kohle fördernde *oder* kohlefördernde Länder	kohleführende Schichten; kohlefördernde Länder
Kosten senkend / sparend *oder* kostensenkend, kostensparend	kostensenkend, kostensparend
Kraft raubend / sparend *oder* kraftraubend, kraftsparend	kraftraubend, kraftsparend
Krebs erregende *oder* krebserregende Substanzen	krebserregende Substanzen
Krieg führende *oder* kriegführende Länder	kriegführende Länder
kurz gebraten / geschnitten *oder* kurzgebraten, kurzgeschnitten	kurzgebraten, kurzgeschnitten
lang gestreckt *oder* langgestreckt	langgestreckt
lang gezogen *oder* langgezogen	langgezogen
länglich rund	länglichrund
Laub tragende *oder* laubtragende Bäume	laubtragende Bäume
lebend gebärend *oder* lebendgebärend	lebendgebärend
Leben spendend *oder* lebenspendend	lebenspendend
Leder verarbeitende *oder* lederverarbeitende Industrie	lederverarbeitende Industrie

REFORMIERTE SCHREIBWEISE	SCHREIBWEISE VOR 1996
leer stehend *oder* leerstehend	leerstehend
leicht behindert / bewaffnet ... *oder* leichtbehindert, leichtbewaffnet	leichtbehindert/ -bewaffnet ...
leuchtend blau / rot ...	leuchtendblau ...
lieb gewonnen *oder* liebgewonnen	liebgewonnen
lieb geworden *oder* liebgeworden	liebgeworden
Menschen verachtende Methoden *oder* menschenverachtende Methoden	menschenverachtende Methoden
Metall verarbeitend *oder* metallverarbeitend	metallverarbeitend
Musik liebend *oder* musikliebend	musikliebend
nahe liegend *oder* naheliegend	naheliegend
nass geschwitzt *oder* nassgeschwitzt	naßgeschwitzt
neu bearbeitet / eröffnet / geschaffen ... *oder* neubearbeitet, -eröffnet, -geschaffen …	neubearbeitet, neueröffnet, neugeschaffen...
nicht rostend *oder* nichtrostend	nichtrostend
nichts ahnend / sagend *oder* nichtsahnend, nichtssagend	nichtsahnend, nichtssagend
Not leidend *oder* notleidend	notleidend
oben erwähnt / stehend *oder* obenerwähnt, obenstehend	obenerwähnt, obenstehend
Papier verarbeitende *oder* papierverarbeitende Industrie	papierverarbeitende Industrie
parallel laufend / geschaltet *oder* parallellaufend, parallelgeschaltet	parallellaufend, parallelgeschaltet
Platz sparend *oder* platzsparend	platzsparend
privat versichert *oder* privatversichert	privatversichert
quer gestreift ... *oder* quergestreift ...	quergestreift ...
Rat suchend *oder* ratsuchend	ratsuchend
Raum sparend *oder* raumsparend	raumsparend
rechts stehend *oder* rechtsstehend	rechtsstehend
reich geschmückt *oder* reichgeschmückt	reichgeschmückt
rein golden / leinen ... *oder* reingolden, reinleinen	reingolden, reinleinen
Respekt einflößend *oder* respekteinflößend	respekteinflößend

REFORMIERTE SCHREIBWEISE	SCHREIBWEISE VOR 1996
rot gestreift / glühend *oder* <u>rotgestreift</u>, <u>rotglühend</u>	rotgestreift, rotglühend
rötlich braun	rötlichbraun
rückwärts gewandt *oder* <u>rückwärtsgewandt</u>	rückwärtsgewandt
Schatten spendend *oder* <u>schattenspendend</u>	schattenspendend
Schauder erregend *oder* <u>schaudererregend</u>	schaudererregend
scheckig braun	scheckigbraun
scheel blickend *oder* <u>scheelblickend</u>	scheelblickend
schief gewickelt *oder* <u>schiefgewickelt</u>	schiefgewickelt
schlecht gelaunt / bezahlt ... *oder* <u>schlechtgelaunt</u>, <u>schlechtbezahlt</u>	schlechtgelaunt *oder* schlecht gelaunt ... (*je nach Zshg.*)
Schmutz abweisend *oder* <u>schmutzabweisend</u>	schmutzabweisend
schmutzig grau	schmutziggrau
schräg laufend *oder* <u>schräglaufend</u>	schräglaufend
Schrecken erregend *oder* <u>schreckenerregend</u>	schreckenerregend
schwach begabt/ bevölkert ... *oder* <u>schwachbegabt</u>, <u>schwachbevölkert</u>	schwachbegabt ...
schwarz gefärbt / gestreift ... *oder* <u>schwarzgefärbt</u>, <u>schwarzgestreift</u>	schwarzgefärbt ...
schwer behindert /beeinträchtigt... *oder* <u>schwerbehindert</u>, <u>schwerbeeinträchtigt</u>	schwerbehindert, schwerbeeinträchtigt
schwer erziehbar / verständlich *oder* <u>schwererziehbar</u>, -<u>verständlich</u>..; *aber:* schwerreich u.a. *(unv.)*	schwerverständlich ...
schwer wiegend *oder* <u>schwerwiegend</u>	schwerwiegend
Schwindel erregend *oder* <u>schwindelerregend</u>	schwindelerregend
Segen bringend *oder* <u>segenbringend</u>	segenbringend
selbst ernannt/ gebacken / gemacht ... *oder* <u>selbsternannt</u>, <u>selbstgebacken</u>, <u>selbstgemacht</u> *aber:* selbstzufrieden u.a. *(unv.)*	selbsternannt ...
sicher wirkend *oder* <u>sicherwirkend</u>	sicherwirkend
siedend heiß	siedendheiß
Sinn stiftend *oder* <u>sinnstiftend</u>	sinnstiftend
Sporen bildend *oder* <u>sporenbildend</u>	sporenbildend

REFORMIERTE SCHREIBWEISE	SCHREIBWEISE VOR 1996
Staaten bildende *oder* staatenbildende Insekten	staatenbildende Insekten
stark besiedelt / frequentiert… *oder* starkbesiedelt, starkfrequentiert…	starkbesiedelt, starkfrequentiert…
Staunen erregend *oder* staunenerregend	staunenerregend
streng genommen *oder* strenggenommen	strenggenommen
Strom führend / sparend *oder* stromführend, stromsparend	stromführend, stromsparend
tief bedrückt / bewegt / greifend … *oder* tiefbedrückt, tiefbewegt, tiefgreifend; *aber:* tiefernst, tiefgekühlt, tiefsinnig …	tiefbedrückt, tiefbewegt, tiefgreifend …
tot geboren *oder* totgeboren	totgeboren
treu ergeben / sorgend… *oder* treuergeben, treusorgend…	treuergeben, treusorgend …
Trost bringend *oder* trostbringend	trostbringend
übel beraten / gelaunt / riechend / wollend … *oder* übelberaten, übelgelaunt, übelriechend, übelwollend …	übelberaten, übelgelaunt, übelriechend, übelwollend …
übereinander liegend *oder* übereinanderliegend	übereinanderliegend
Unheil bringend / verkündend *oder* unheilbringend, unheilverkündend	unheilbringend …
unten erwähnt / genannt / liegend / stehend *oder* untenerwähnt, untengenannt, untenliegend, untenstehend	untenerwähnt, untengenannt, untenliegend, untenstehend
Verderben bringend *oder* verderbenbringend	verderbenbringend
verloren gegangen *oder* verlorengegangen	verlorengegangen
Vertrauen erweckend *oder* vertrauenerweckend	vertrauenerweckend
viel beachtet / befahren / beschäftigt / gelesen / versprechend / umworben … *oder* vielbeachtet, vielbefahren, vielbeschäftigt, vielgelesen, vielversprechend	vielbeachtet, vielbefahren, vielbeschäftigt, vielgelesen, vielversprechend
voll entwickelt, geschrieben, voll gepackt *u. a. oder* vollentwickelt, vollgeschrieben, vollgepackt …; *aber nur:* vollbeschäftigt, vollinhaltlich, volljährig, vollkommen, vollklimatisiert, vollmundig *u. v. a. (unverändert)*	vollentwickelt, vollgeschrieben, vollgepackt …

REFORMIERTE SCHREIBWEISE	SCHREIBWEISE VOR 1996
Wache stehend *oder* <u>wachestehend</u>	wachestehend
Walfang treibende Nationen *oder* <u>walfangtreibende</u> Nationen	walfangtreibende Nationen
Wasser abstoßend / abweisend *oder* <u>wasserabstoßend</u>	wasserabstoßend, wasserabweisend ...
weich gekocht / gemacht *oder* <u>weichgekocht</u>, <u>weichgemacht</u>	weichgekocht, weichgemacht
weiß blühend /gekleidet *oder* <u>weißblühend</u>, <u>weißgekleidet</u>	weißblühend, weißgekleidet
weit blickend / gehend / gereist / reichend / verbreitet ... *oder* <u>weitblickend</u>, <u>weitgehend</u>, <u>weitgereist</u>, <u>weitreichend</u>, <u>weitverbreitet</u>... *aber nur:* weitherzig, weitläufig, weiträumig, weitschweifig u. a. *(unverändert)*	weitblickend, weitgereist, weitreichend ...
wenig befahren / gelesen ... *oder* <u>wenigbefahren</u>, <u>weniggelesen</u>...	wenigbefahren, weniggelesen ...
wichtig tuend *oder* <u>wichtigtuend</u>	wichtigtuend
wild bewegt / lebend / wachsend ... *oder* <u>wildbewegt</u>, <u>wildlebend</u>, <u>wildwachsend</u>...	wildbewegt, wildlebend, wildwachsend...
wohl durchdacht / geformt *oder* <u>wohldurchdacht</u>, <u>wohlgeformt</u> u. a., aber *unverändert:* wohlgeraten, wohlfeil, wohlgemut u. a.	wohldurchdacht, wohlgeformt ...
zäh fließend *oder* <u>zähfließend</u>	zähfließend
zart besaitet / fühlend *oder* <u>zartbesaitet</u>, <u>zartfühlend</u>	zartbesaitet, zartfühlend
Zeit sparend *oder* <u>zeitsparend</u>	zeitsparend
zufrieden stellend *oder* <u>zufriedenstellend</u>	zufriedenstellend
<u>zugrunde</u> *oder* zu Grunde liegend	zugrunde liegend, österr. auch zugrundeliegend

GRUPPE 3:   SONSTIGE neue
Getrennt- oder Zusammenschreibungen

Senkrechte Doppellinie = seit 2004 geändert
Senkrechte Dreifachlinie = seit 2006 geändert

Anmerkung:
Verben sind nun aus dieser Liste zur Gänze entfernt, weil die Zahl der „neuen" (= alten)
Zusammenschreibungen mittlerweile Legion ist. Siehe dazu die regelbezogenen
Wortlisten (Seite 203 ff.).

REFORMIERTE SCHREIBWEISE	SCHREIBWEISE VOR 1996
allzu bald/ oft/ sehr/ viel, ... *aber:* allzumal *(unverändert)*	allzubald, allzuoft ...
ein **Arm voll**	ein Armvoll
aufseiten *oder* **auf Seiten**	auf seiten
bitterkalt	bitter kalt
darauf folgend	darauffolgend
dessen ungeachtet	dessenungeachtet
dortzulande *oder* dort zu Lande	dortzulande
ebenso gern/ gut/ viel ...	ebensogern, ebensogut ...
früh: **von Früh auf**	von frühauf
gar nicht(s)	*österr. auch:* garnicht(s)
genauso gut/ wenig	genausogut ...
geradeso gut/ wenig	geradesogut ...
Gott sei Dank	*österr.:* gottseidank
eine **Hand voll**	eine Handvoll
hierzulande *oder* hier zu Lande	hierzulande
immer während	immerwährend
imstande *oder* im Stande sein	imstande sein
infrage *oder* in Frage (kommen/stellen...)	in Frage
irgendetwas, irgendjemand	irgend etwas, irgend jemand
irr(e)werden *aber:* irr sein *(unverändert)*	irr(e) werden
jedes Mal	jedesmal
Last: zu Lasten *oder* zulasten	zu Lasten
letzte: **zum letzten Mal**	zum letztenmal
mal/Mal: **einige Mal, etliche Mal, jedes Mal, mehrere Mal, nächstes Mal; Dutzend / Millionen Mal; zum ersten/ letzten Mal; 2-mal;** *Anm.: die anderen Bereiche bleiben unberührt*	einigemal, etlichemal, mehreremal, nächstesmal; dutzendmal, millionenmal; zum erstenmal / letztenmal; 2mal
Millionen Mal	millionenmal

REFORMIERTE SCHREIBWEISE	SCHREIBWEISE VOR 1996
mitberücksichtigen *oder* mit berücksichtigen	mitberücksichtigen
mit Hilfe *oder* mithilfe	mit Hilfe; *österr. auch:* mithilfe
mitverantworten *oder* mit verantworten	mitverantworten
Mund: **ein Mund voll**	ein Mundvoll
Nutz: zu Nutze *oder* zunutze machen	zunutze machen
ein **paar Mal**	ein paarmal
Rand: zu Rande *oder* zurande kommen	zu Rande kommen
Rat: zu Rate *oder* zurate ziehen	zu Rate ziehen
rechts außen	rechtsaußen
Schande: zu Schanden *oder* zuschanden machen	zuschanden machen
so genannt *oder* sogenannt *aber: Abkürzung immer* **sog.** *unverändert* (!)	sogenannt
sonst was/ wer/ wie/ wo/ jemand	sonstwas, -wer ...
soviel *oder* **so viel** *(als Bindewort zusammen, sonst immer getrennt geschrieben)*	soviel *oder* so viel *(mit anderen Bedeutungszuordnungen)*
soweit *oder* **so weit** *(als Bindewort zusammen, sonst immer getrennt geschrieben)*	soweit *oder* so weit *(mit anderen Bedeutungszuordnungen)*
sowenig *oder* **so wenig** *(als Bindewort zusammen, sonst immer getrennt geschrieben)*	sowenig *oder* so wenig *(mit anderen Bedeutungszuordnungen)*
Stand: in Stand *oder* instand ; im Stande *oder* imstande; außer Stand(e) *oder* außerstand(e); zu Stande *oder* zustande	instand; imstande; außerstand(e); zustande
stattdessen *oder* **statt dessen** *(je nach Bed.)*	statt dessen
umso eher / mehr *(als Bindewort zusammen-geschrieben) aber betont:* **um so** viel zu verdienen ...	um so, *nur österr.:* umso *(als Bindewort)*
unendliche Mal	unendlichemal
unter der Hand	unterderhand
viel zu wenig	viel zuwenig
vonseiten *oder* **von Seiten**	von seiten
wehtun	weh tun
wie viel	wieviel
Zeit: **eine Zeit lang; zurzeit** *(in der Bed. 'derzeit')*	eine Zeitlang; zur Zeit *oder (schweiz. und österr.:)* zurzeit
zuallererst, zuallerletzt	*österr. auch:* zu allererst ...
zugrunde *oder* zu Grunde	zugrunde
zugunsten *oder* zu Gunsten	zugunsten
zugute halten	*österr. auch:* zugutehalten

REFORMIERTE SCHREIBWEISE	SCHREIBWEISE VOR 1996
zulande: bei uns **zu Lande**; hierzulande *oder* hier zu Lande	bei uns zulande, hierzulande
zulasten *oder* zu Lasten	zu Lasten
zuleide tun *oder* zu Leide tun	zuleide tun
zum ersten Mal	zum erstenmal
zumute *oder* zu Mute	zumute
zunutze *oder* zu Nutze machen	zunutze machen
zurande *oder* zu Rande kommen	zu Rande kommen
zurate *oder* zu Rate ziehen	zu Rate ziehen
zurzeit *(in der Bed.* 'derzeit')	zur Zeit *oder (schweiz. und österr.:)* zurzeit
zuschanden *oder* zu Schanden machen	zuschanden machen ...
zuschulden *oder* zu Schulden kommen lassen	zuschulden kommen lassen
zuseiten *oder* **zu Seiten**	zu seiten
zustande *oder* zu Stande bringen / kommen	zustande bringen ...
zutage *oder* zu Tage fördern / treten	zutage fördern ...
zuungunsten *oder* zu Ungunsten	zuungunsten
zu viel	zuviel
zuwege *oder* zu Wege bringen	zuwege bringen
zu wenig	zuwenig

5. Groß- und Kleinschreibung
(gegliedert nach Zeitangaben und Nominalisierungen)

◆ Änderungen bei Zeitangaben

Alle angeführten Beispiele gelten auch für analoge Fälle: „übermorgen Nachmittag " *wie* „morgen Nachmittag" usw.

REFORMIERTE SCHREIBWEISE	SCHREIBWEISE VOR 1996
Abend: **heute Abend;** (am) **Dienstagabend**	heute abend, (am) Dienstag abend
abends: **dienstagabends**	Dienstag abends
achtzig: **Mitte der achtzig, der Mensch über achtzig, in die achtzig kommen**	Mitte der Achtzig, der Mensch über Achtzig, in die Achtzig kommen
Achtzigerjahre *oder* achtziger Jahre *oder* 80er-Jahre *oder* 80er Jahre	Achtzigerjahre
Dienstagabend, Dienstagmittag ...	Dienstag abend ...
dienstagabends	Dienstag abends
Donnerstag *s.* Dienstagabend ...	
Dreißigerjahre *s.* Achtzigerjahre	
Freitag *s.* Dienstagabend ...	
Fünfzigerjahre *s.* Achtzigerjahre	
gestern Früh (!)*) / Vormittag / Mittag / Nachmittag / Abend / Nacht...	gestern abend, ...
heute Früh (!)*) / Vormittag / Mittag / Nachmittag / Abend / Nacht...	heute abend ...
Mittag: **gestern Mittag ...;** *aber:* **Dienstagmittag**	gestern mittag ...; Dienstag mittag
Mitternacht: **heute Mitternacht;** *aber:* **Dienstagmitternacht**	heute mitternacht, Dienstag mitternacht
Mittwoch *s.* Dienstagabend ...	
Montag *s.* Dienstagabend ...	
morgen Früh (!)*) / Vormittag / Mittag / Nachmittag / Abend / Nacht...	morgen abend, morgen nachmittag ...
Nachmittag, nachmittags *s.* Abend, abends	
Nacht: **heute Nacht**	heute nacht
Neunzigerjahre *s.* Achtzigerjahre	
Punkt acht Uhr	*(österr. u. schweiz.:)* punkt acht Uhr
Samstag *s.* Dienstagabend ...	
Schlag acht Uhr	*(österr. u.schweiz.:)* schlag acht Uhr
Sechzigerjahre *s.* Achtzigerjahre	
Siebzigerjahre *s.* Achtzigerjahre	
Sonntag s. Dienstagabend ...	

REFORMIERTE SCHREIBWEISE	SCHREIBWEISE VOR 1996
übermorgen Abend/ Früh (!)*) ...	übermorgen abend
viertel: **um viertel acht**	um Viertel acht
Vierzigerjahre *s.* Achtzigerjahre	
vorgestern Abend, Früh(!)*) ...	vorgestern abend ...
Vormittag, vormittags *s.* Abend, abends	
Zwanzigerjahre *s.* Achtzigerjahre	

*) *Anmerkung: Die Großschreibung von „**Früh**" im Zusammenhang von Tageszeitenangaben ist korrekt, weil das ARW definiert: „Nach gestern, heute, morgen... schreibt man Tageszeiten groß." Da wir in Österrreich das Wort „früh" auch als Tageszeitenangabe verwenden, ist in diesen Fällen daher ausschließlich die Großschreibung korrekt. Dass in deutschen Wörterbüchern die Angaben meist irreführend bis falsch sind, liegt am unterschiedlichen Sprachgebrauch. Wo wir „morgen Früh" sagen, sagt der Norddeutsche „morgen Morgen". Man beachte aber, dass in Formulierungen wie „Du bist schon wieder zurück? – Da bist du aber heute früh dran!" nur die Kleinschreibung von „früh" korrekt ist.*

◆ Änderungen bei Nomen und Nominalisierungen

Man beachte auch die Liste der mehrteiligen Begriffe („Eigennamen") ab Seite 254.

REFORMIERTE SCHREIBWEISE	SCHREIBWEISE VOR 1996
aberhundert/e *oder* Aberhundert/e	aberhundert/e
abertausend/e *oder* Abertausend/e	abertausend/e
acht: **8-mal;** achtmal *oder (bei besonderer Betonung)* acht Mal; **acht Millionen Mal**	8mal; achtmal; achtmillionenmal
Acht: **sich in Acht nehmen, außer (aller) Acht lassen**	sich in acht nehmen, außer acht lassen
achte: **der/die/das Achte**	der/die/das achte
Ade sagen *oder* ade sagen	ade sagen
Adieu sagen *oder* adieu sagen	adieu sagen
ähnlich: **Ähnliches, und Ähnliches** → *Abkürzung:* **u. Ä.**	ähnliches, und ähnliches, u. ä.
Allerbeste, der/die/das	allerbeste, der/die/das
Allerletzte, der/die/das	allerletzte, der/die/das
alles: **alles Sonstige, alles Übrige, alles Weitere, alles Wesentliche;** *aber:* alles andere *oder* <u>alles Andere,</u> etwas anderes *oder* <u>etwas Anderes,</u> unter anderem *oder* <u>unter Anderem</u>; *aber:* **vor allem *)**	alles sonstige, alles übrige ...; alles andere; vor allem

*) Anm.: Diese Kleinschreibung ist nicht neu, aber wegen der Verwechslungsgefahr mit den dominant gewordenen Großschreibungen und mit der neuen Möglichkeit „vor Kurzem" hier erwähnt! – Die hier gegebene Empfehlung, die unterstrichenen Wendungen zu bevorzugen, erklärt sich aus der Tatsache, dass sich so die Verunsicherung nur auf „vor allem" beschränkt.)

REFORMIERTE SCHREIBWEISE	SCHREIBWEISE VOR 1996
allgemein: **im Allgemeinen** →*Abkürzung neu:* **im Allg.**	im allgemeinen, *Abkürzung:* i. a.
alt: **aus Alt Neu** machen, **der Alte** sein, **beim Alten** bleiben, **am Alten** hängen, **beim Alten** lassen, **Alt und Jung**	*bisher meist Kleinschreibung*
als: als ganzes *oder* als Ganzes; als nächstes *oder* als Nächstes *(Großschreibungen hier zu bevorzugen, weil im Umfeld dominant:* **das Ganze, im Ganzen, ein Ganzes** *usw.)*	als ganzes, als nächstes
ander: die anderen *oder* die Anderen; alles andere *oder* alles Anderes; etwas anderes *oder* etwas Anderes; unter anderem *oder* unter Anderem	die anderen, etwas anderes…
Angst/angst: **Angst machen** *aber:* mir ist angst (und bange)	angst machen
anhand	an Hand *oder* anhand
Archimedes: der **archimedische Punkt**	der Archimedische Punkt
arg: **im Argen liegen**	im argen liegen
Arm und Reich (war gekommen)	arm und reich (war gekommen)
außer Acht lassen	außer acht lassen
äußerst: aufs äußerste *oder* aufs Äußerste erschrecken	aufs äußerste erschrecken
außerstand(e) *oder* außer Stand(e)	außerstande
Bange: jemandem **Bange machen** (*aber:* bange bleiben/ sein/ werden!)	bange machen
B/bankrott: bankrott bleiben/ sein/ werden; Bankrott machen; NEU seit 2006: **bankrottgehen** (!)	bankrott gehen, sein, werden; Bankrott machen
bedeutend: **um ein Bedeutendes**	um ein bedeutendes
beide: **die beiden** (*Anm.: Kleinschreibung nicht neu, aber wegen Verwechslungsgefahr mit neuer Möglichkeit „die Anderen" erwähnt*)	die beiden
bei weitem *oder* bei Weitem	bei weitem
beliebig: **alles/ jeder Beliebige**	alles/ jeder beliebige
besondere: **im Besonderen**	im besonderen
besser: das Bess(e)re/ eines Bess(e)ren	das Bessere, eines Besseren
beste: **der/die/das Beste, zum Besten**, auf das/ aufs Beste *oder* auf das/aufs beste; *zur Beachtung:* am besten *(unverändert)*	der/die/das Beste *usw. oder* der/die/das beste (*je nach Bed. bzw. Zshg.*)
beträchtlich: **um ein Beträchtliches**	um ein beträchtliches
Betreff: **in Betreff**	in betreff
Bezug: **in Bezug**/ mit Bezug auf	in bezug auf, *aber:* mit Bezug auf
bis: bis auf weiteres *oder* bis auf Weiteres	bis auf weiteres
bisherig: beim/ **im Bisherigen**	beim Bisherigen, im bisherigen

REFORMIERTE SCHREIBWEISE	SCHREIBWEISE VOR 1996
die **bismarckschen Gesetze** *oder* die **Bismarck'schen Gesetze**	die Bismarckschen Gesetze
bitte sagen *oder* Bitte sagen	bitte sagen
blau: **der Blaue Planet** (= Erde)	der blaue Planet
böse: sich **im Bösen** trennen; **im Bösen wie im Guten**	sich im bösen trennen, im bösen wie im guten
bravo *oder* Bravo rufen	bravo rufen
breit: **des Langen und Breiten**	des langen und breiten
Darwin: die **darwinschen** *oder* die **Darwin'schen** Gesetze	die Darwinschen Gesetze
dein: **Mein und Dein**, die Dein(ig)en *oder* die dein(ig)en, das Dein(ig)e *oder* das dein(ig)e	mein und dein *oder* Mein und Dein (*je nach Bed.*)
Derartiges	derartiges *oder* Derartiges (*je nach Bed.*)
D/deutsch: **in Deutsch, auf (gut) Deutsch, Deutsch sprechend, der Deutsche Schäferhund** *Anmerkung: In allen anderen Bereichen gilt weiterhin die 'Probe': WAS? = Groß-schreibung, WIE? = Kleinschreibung.*	in deutsch, auf deutsch, deutschsprechend, der deutsche Schäferhund
Diät halten/ kochen/ leben ...	diät *oder* Diät (*je nach Bed.*) leben..
dringend: aufs dringendste *oder* aufs Dringendste empfehlen	aufs dringendste
dritte: **das Dritte, zum Dritten; jeder Dritte; die Dritte Welt** (*siehe auch unter* erste!)	das dritte, zum dritten; die dritte Welt
du: *in Briefen Kleinschreibung oder Groß-schreibung :* <u>du, dein, dir...</u> *oder* Du, Dein, Dir... *[Kleinschreibung empfohlen, weil für Kinder dadurch ein Problem weniger!] aber:* **auf Du und Du**	*Großschreibung in Briefen:* Du, Dein, ...; *aber:* auf du und du
dunkel: **im Dunkeln tappen**	im dunkeln tappen
Dutzende *oder* dutzende	Dutzende
Eid: **an Eides statt**	an Eides Statt
Eigen: **sein Eigen nennen, zu Eigen machen, zu Eigen geben**	sein eigen nennen, zu eigen machen, zu eigen geben
eindringlich: aufs eindringlichste *oder* Eindringlichste warnen	aufs eindringlichste
einfach: es ist **das Einfachste**; auf das/ aufs Einfachste *oder* einfachste	das einfachste, aufs einfachste ...
eingehend: aufs eingehendste *oder* Eingehendste betrachten	aufs eingehendste
einige Mal	einigemal
das **Ein und Alles**	das ein und alles

REFORMIERTE SCHREIBWEISE	SCHREIBWEISE VOR 1996
einzeln: **der/die/das Einzelne, als Einzelner, jeder/ bis ins Einzelne, im Einzelnen**	der/die/das einzelne *usw.: teils Groß-, teils Kleinschreibung*
einzig: **der/die/das Einzige, als Einziges, kein Einziger**	der/die/das einzige, als einziges, kein einziger
einzigartig: **das Einzigartige** ist...	das einzigartige
eng: aufs engste *oder* aufs Engste verbunden	aufs engste
entfernt: nicht **im Entferntesten**	nicht im entferntesten
entschieden: aufs entschiedenste *oder* aufs Entschiedenste	aufs entschiedenste
entweder: **das Entweder-oder**	das Entweder-Oder
erste: **der/die/das Erste, das erste Mal, fürs Erste, als Erste(r/s), zum Ersten; zum ersten Mal; der Erstbeste, das erste Beste, der Erste Mai**	der/die/das erste *oder* Erste *(je nach Bed.)*, das erstemal, fürs erste, als erstes, zum ersten, zum erstenmal; der erstbeste, das erste beste; der erste Mai
‖ **Erste Hilfe** *(nach 10 Jahren Kleinschreibung seit 2006 wieder in Großschreibung!)*	Erste Hilfe
erstere: **der/die/das Erstere, Ersteres**	der/die/das erstere, ersteres
‖ **euch**: *in Briefen Klein- oder Großschreibung möglich:* Wie geht es <u>euch</u>/Euch? *(Anm.:Die Kleinschreibung ist weiterhin zu empfehlen, weil dadurch für die Kinder ein Problem weniger besteht)*	*Großschreibung in Briefen:* Euch
‖ euer: *in Briefen Klein- oder Großschreibung möglich:* Ist das <u>euer</u>/Euer Haus?; die <u>Eur(ig)en</u> *oder* die eur(ig)en, das <u>Eur(ig)e</u> *oder* das eur(ig)e *(Anm.: Kleinschreibung ist weiterhin zu empfehlen, weil dadurch für Kinder ein Problem weniger besteht.Bei den Formen mit Artikel ist für Lernende die Großschreibung plausibler, solange es denn diesen Unfung noch gibt)*	*Großschreibung in Briefen:* Euer, Eure, ... die Eur(ig)en...
falsch: **Falsch und Richtig** unterscheiden	falsch und richtig unterscheiden
‖ **feind bleiben/ sein/ werden;** *(nach 10 Jahren Großschreibung seit 2006 wieder in Kleinschreibung!); aber:* er ist ein **Feind**	Feind *oder* feind bleiben/ sein/ werden *(je nach Bed.)*
finster: **im Finstern tappen**	im finstern tappen
folgend: **das Folgende, Folgendes, im Folgenden**	*z. T. Groß-, z. T. Kleinschreibung*
Frage: in Frage *oder* infrage stellen/ kommen	in Frage stellen ...
‖ **freund bleiben/ sein/ werden** *(nach 10 Jahren Großschreibung seit 2006 wieder in Kleinschreibung!); aber:* er ist mein **Freund**	*z. T. Groß-, z. T. Kleinschreibung*

REFORMIERTE SCHREIBWEISE	SCHREIBWEISE VOR 1996
ganz: als ganzes *oder* als Ganzes; **im Ganzen, im großen Ganzen, im Großen und Ganzen**	als Ganzes; im ganzen, im großen ganzen, im großen und ganzen
gegeben: es ist das **Gegebene**	das gegebene
geheim: **im Geheimen**	im geheimen
genau: **des Genaueren,** auf das/ aufs Genaueste *oder* genaueste	des genaueren, auf das/ aufs genaueste
gering: **das Geringste, nicht im Geringsten, um ein Geringes**	das geringste, nicht im geringsten, um ein geringes
gesamt: **im Gesamten**	im gesamten
gleich: **das Gleiche, ins Gleiche/ auf Gleich bringen, Gleich und Gleich**	das gleiche, ins gleiche/ auf gleich bringen, gleich und gleich
Goethe: **die goetheschen** *oder* **die Goethe'schen** Dramen	die Goetheschen Dramen
golden: das goldene Zeitalter *oder* das Goldene Zeitalter *(Anm.: 10 Jahre lang war „das goldene Zeitalter" zu unterrichten); vgl. dazu die neue Komplettliste zu den „Eigennamen", 254 ff.*	das Goldene Zeitalter
grob: **aus dem Groben arbeiten;** auf das/ aufs gröbste *oder* Gröbste	aus dem groben arbeiten, aufs gröbste ...
groß: **im Großen, im großen Ganzen, im Großen und Ganzen, Groß und Klein, das Größte** ist	im großen, im großen ganzen, im großen und ganzen, groß und klein, das größte ist
im Grundsätzlichen	im grundsätzlichen
gut: **im Guten; jenseits von gut und böse;** guten Tag sagen *oder* Guten Tag sagen	im guten, jenseits von Gut und Böse; guten Tag sagen
Halt/halt: laut Halt rufen *oder* laut halt rufen	laut Halt rufen
Hand: **anhand**	an Hand oder anhand
herzlich: auf das/ aufs Herzlichste *oder* herzlichste	auf das/ aufs herzlichste
Hilfe: mit Hilfe *oder* mithilfe	mit Hilfe
hoch: **Hoch und Nieder/ Niedrig; das Hohe Lied; der Hohe Priester; die hohe Schule** der Reitkunst	hoch und nieder/ niedrig; das Hohelied; der Hohepriester; die Hohe Schule der Reitkunst
höchst: aufs höchste *oder* aufs Höchste erfreut	aufs höchste
Hundertste, der/die/das	der/die/das hundertste
hundert: ein paar hundert *oder* ein paar Hundert; hundert(e) *oder* Hunderte Menschen	ein paar hundert; hunderte Menschen
hungers sterben	Hungers sterben

REFORMIERTE SCHREIBWEISE	SCHREIBWEISE VOR 1996
hurra schreien *oder* Hurra schreien	hurra schreien
ihr/ihre: *Alle Anredeformen an die* **2. Person Pl.** *können auch in Briefen kleingeschrieben werden: ...* Seid <u>ihr</u>/Ihr *gesund? usw. (Anm.: Die Kleinschreibung ist weiterhin zu empfehlen, weil dadurch für die Kinder ein Problem weniger besteht.) Aber: Die* **Höflichkeitsanrede** *muss immer großgeschrieben werden:* Wie geht es **Ihnen?**...Herzlichst **Ihr**...; *weiters:* <u>die Ihr(ig)en</u> *od* die ihr(ig)en, <u>das Ihr(ig)e</u> *oder* das ihr(ig)e *(Hier ist im Unterricht wegen des Artikelmerkmals die Großschreibung zu empfehlen, solange es denn diesen Unfung noch gibt.)*	*Großschreibung der 2. Person Pl. in Briefen: ...* Seid Ihr gesund? *...* die Ihr(ig)en, das Ihr(ig)e ...
im Allgemeinen/ Besonderen/ Einzelnen/ Nachhinein/ Übrigen/ Voraus/ Vorhinein	im allgemeinen ...
in Bezug, in Betreff	in bezug, in betreff
i-Punkt	I-Punkt
i-Tüpfelchen	I-Tüpfelchen
ja sagen *oder* Ja sagen	ja sagen
jung: **Jung und Alt**	jung und alt
kalt: **der Kalte Krieg** (vgl. dazu die Komplettliste der „Eigennamen", Seite 254 ff.	der kalte Krieg
Kepler: die **keplerschen** *oder* die **Kepler'schen** Gesetze	die Keplerschen Gesetze
Kind: **an Kindes statt**	an Kindes Statt
klar: **im Klaren sein, ins Klare kommen**	im klaren sein, ins klare kommen
klasse sein/bleiben/werden *aber:* in der **Klasse**	---
klein: es ist mir **ein Kleines, im Kleinen, bis ins Kleinste, Groß und Klein**	es ist mir ein kleines, im kleinen, bis ins kleinste, groß und klein
klug: es ist **das Klügste**	es ist das klügste
kurz: **den Kürzeren ziehen;** seit kurzem *oder* seit Kurzem, vor kurzem *oder* vor Kurzem	den kürzeren ziehen; seit kurzem, seit langem
kurz: **den Kürzeren ziehen**	den kürzeren ziehen
lang: **des Langen und Breiten, des Längeren;** seit langem *oder* seit Langem, seit längerem *oder* seit Längerem	des langen und breiten, des längeren; seit langem, seit längerem
laufend: **auf dem Laufenden** sein	auf dem laufenden
leicht: **es ist ein Leichtes**	es ist ein leichtes

REFORMIERTE SCHREIBWEISE	SCHREIBWEISE VOR 1996
leidtun, es tut mir **leid** *(Anm.: 10 Jahre war „Leid tun" die vorgeschriebene Schreibweise, jetzt fährt der ganze Karren wieder im Rückwärtsgang, nur zusätzlich mit der neuen Spitzfindigkeit der Zusammenschreibung!)*; zu Leide tun *oder* zuleide tun; *aber:* es leid sein *(wie bisher)*	leid tun; zuleide tun
letzte: **der/die/das Letzte, bis ins Letzte, bis zum Letzten** gehen;	der/die/das letzte, bis ins letzte, bis zum letzten gehen
letzte Wille, der *oder* der Letzte Wille	der Letzte Wille
letztere: **der/die/das Letztere, Letzterer**	der/die/das letztere, letzterer
lieb: **das Liebste** wäre mir	das liebste...
mein: **Mein und Dein** nicht unterscheiden; die **Mein(ig)en** *oder* die mein(ig)en, das **Mein(ig)e** *oder* das mein(ig)e	mein und dein *oder* Mein und Dein *(je nach Bed.)*; die Mein(ig)en...
menschenmöglich: **das Menschenmögliche tun**	das menschenmögliche tun
mindest: **das Mindeste, im Mindesten**	das mindeste, im mindesten
möglich: **das Mögliche, alles Mögliche, sein Möglichstes tun**	das mögliche, alles mögliche *oder* alles Mögliche *(je nach Bed.)*, sein Möglichstes tun
Mut: zu Mute oder zumute (sein)	zumute
nachfolgend: **das Nachfolgende, Nachfolgendes, im Nachfolgenden**	das nachfolgende, nachfolgendes, im nachfolgenden
nachhinein: **im Nachhinein**	im nachhinein
nächst: als nächstes *oder* als Nächstes; **der/die/das Nächste, als Nächstes; der Nächste bitte!**	der/die/das nächste, als nächste; der nächste bitte!
näher: **des Näheren** erläutern	des näheren erläutern
nämlich: **der/die/das Nämliche**	der/die/das nämliche
nebenstehend: **der/die/das Nebenstehende, Nebenstehendes, im Nebenstehenden**	der/die/das nebenstehende, nebenstehendes, im nebenstehenden
nein sagen *oder* Nein sagen	nein sagen
neu: **aufs Neue; auf ein Neues!;** von neuem *oder* von Neuem; *aber:* Alles Gute im neuen Jahr!	aufs neue; auf ein neues!; von neuem
Newton: **newtonsche** *oder* **Newton'sche** Gesetze	Newtonsche Gesetze
nieder/niedrig: **Hoch und Nieder/ Niedrig** *(verallg. für Personen)*	hoch und nieder/ niedrig *(verallgemeinernd für Personen)*
Not: **nottun** *aber:* **not sein; Not leiden**	not tun/ sein; Not leiden
null: **in null Komma nichts, auf null stehen, unter null sinken**	in Null Komma nichts, auf Null stehen, unter Null sinken
o-beinig *oder* O-beinig	O-beinig

REFORMIERTE SCHREIBWEISE	SCHREIBWEISE VOR 1996
oben stehend / erwähnt: der **oben stehende** Abschnitt; das oben Stehende *oder* das Obenstehende, **oben Stehendes** *oder* **Obenstehendes**, **im oben Stehenden** *oder* **im Obenstehenden**	der obenstehende Abschnitt;das Obenstehende; obenstehendes, im obenstehenden
o-förmig *oder* O-förmig	O-förmig
oft: **des Öfteren**	des öfteren
oh: **ein freudiges Oh**	ein freudiges oh
Ohm: die **ohmschen** Gesetze *oder* die **Ohm'schen** Gesetze	die Ohmschen Gesetze
pfui rufen *oder* Pfui rufen	pfui rufen
pleite/ Pleite: **pleitegehen** *(NEU seit 2006!)*, Pleite machen; *aber:* pleite sein/ werden *(unverändert);* **pleite bleiben**	pleite gehen, *aber:* Pleite machen / bleiben ...
potemkinsches Dorf *oder* **Potemkin'sches Dorf**	Potemkinsches Dorf
Recht haben/ geben... *(Anm.:* recht sein, recht tun, rechtfertigen *bleiben unverändert)*	recht haben, recht geben ...
rechtens sein/ machen; für rechtens halten	Rechtens sein/ machen; für Rechtens halten
reich: **Arm und Reich** *(verallgemeinernd für Personen)*	arm und reich *(verallgemeinernd für Personen)*
rein: **ins Reine kommen/ schreiben**	ins reine kommen/schreiben
richtig: **das Richtig(st)e sein**	das richtig(st)e sein
roh: **im Rohen fertig sein, aus dem Rohen arbeiten**	im rohen fertig sein, aus dem rohen arbeiten
rot: **der Rote Planet** (= Mars)	der rote Planet
Rubens: die **rubensschen** *oder* die **Rubens'schen** Gemälde	die Rubensschen Gemälde
scharf: auf das/aufs schärfste *oder* auf das/aufs Schärfste verurteilen	auf das/aufs schärfste
Schiller: die **schillerschen** oder **Schiller'schen** Werke	die Schillerschen Werke
schlimm: **das Schlimmste**; auf das/ aufs Schlimmste *oder* schlimmste zugerichtet werden	das schlimmste; auf das/ aufs schlimmste zugerichtet werden
schön: aufs schönste *oder* aufs Schönste	aufs schönste
schrecklich: auf das/ aufs Schrecklichste *oder* schrecklichste zugerichtet werden	auf das/ aufs schrecklichste zugerichtet werden
Schuld geben/ haben ...; *aber:* schuld sein	schuld geben/ haben

REFORMIERTE SCHREIBWEISE	SCHREIBWEISE VOR 1996
schwarz: **aus Schwarz Weiß machen** (*aber:* schwarz auf weiß); **das Schwarze/ schwarze Brett, die Schwarze/ schwarze Kunst/Magie, der Schwarze/ schwarze Peter, der Schwarze/schwarze Tod** (*Anm.: Zur sophistisch-komplizierten Gesamtsituation siehe gesonderte Liste, Seite 254 ff.*	aus schwarz weiß machen; das Schwarze Brett, die Schwarze Kunst/ Magie, der Schwarze Peter, der Schwarze Tod;
sein: die Sein(ig)en *oder* die sein(ig)en; jedem das Sein(ig)e *oder* das sein(ig)e	die Sein(ig)en, das Sein(ig)e
Seite: **auf Seiten** *oder* **aufseiten; von Seiten** *oder* **vonseiten**	auf seiten, von seiten
s-förmig *oder* S-förmig	S-förmig
sicher: auf Nummer Sicher *oder* sicher gehen; **das Sicherste; im Sicher(e)n** sein	auf Nummer Sicher gehen; das sicherste, im sicheren sein
singende Säge, die	die Singende Säge
s-Laut	S-Laut
solch: ein Solches *oder* ein solches ist mir widerfahren	ein solches
Sonderheit: **in Sonderheit**	in sonderheit
sonstig: **das Sonstige**	das sonstige
sowohl: **das Sowohl-als-auch**	das Sowohl-Als-auch
speziell: **im Speziellen**	im speziellen
spinnefeind sein (jemandem) (*Anm.: Nach 10 Jahren „Spinnefeind sein" Rückkehr zur alten Regelung!*)	spinnefeind sein
S/spitze: **spitze sein/bleiben/werden;** aber: zur Spitze gehören	---
statt: **an** Eides/ Kindes **statt**	an Eides/ Kindes Statt
still: **im Stillen** denken	im stillen
streng: aufs strengste *oder* aufs Strengste	aufs strengste
Tag: zu Tage *oder* zutage fördern	zutage
tausend: einige Tausend *oder* tausend; Tausende *oder* tausende von Menschen	einige tausend; Tausende von Menschen
todfeind sein (*Anm.: Nach 10 Jahren „Todfeind sein" Rückkehr zur alten Regelung!*)	*todfeind sein*
trocken: **auf dem Trockenen sitzen, ins Trockene bringen, im Trockenen haben**	*z. T. Groß- , z. T. Kleinschreibung (je nach Zshg.)*
trüb: **im Trüben fischen**	im trüben fischen *oder* im Trüben fischen (*je nach Bed.*)
übrig: **die Übrigen, das Übrige, alles Übrige, ein Übriges tun, im Übrigen**	die übrigen, das übrige, alles übrige, ein übriges tun, im übrigen
u-förmig *oder* U-förmig	U-förmig
ins **Uferlose** gehen	ins uferlose
umstehend: **im Umstehenden**	im umstehenden

REFORMIERTE SCHREIBWEISE	SCHREIBWEISE VOR 1996
unabsehbar: sich **ins Unabsehbare** entwickeln **und Ähnliches;** *Abkürzung:* **u. Ä.**	ins unabsehbare und ähnliches; u. ä.
unbekannt: Anzeige gegen **unbekannt**	Anzeige gegen Unbekannt
unermesslich: **das Unermessliche, ins Unermessliche** steigern	unermeßlich: das unermeßliche, ins unermeßliche
ungeheuer: ins **Ungeheure** steigern	ins ungeheure
ungewiss: **im Ungewissen** bleiben/ lassen ...	ungewiß; im ungewissen bleiben ...
ungezählt: **Ungezählte** kamen	ungezählte kamen
unklar: **im Unklaren** bleiben ...	im unklaren
U/unrecht : siehe R/recht (!)	unrecht haben; Unrecht *oder* unrecht *(je nach Bed.)*
unser: die Unseren *oder* die unseren, das/die Unsrige(n) *oder* das/die unsrige(n)	die unseren, die unsrigen, das unsrige
unzählig: **Unzählige** kamen; **unzählige Mal**	unzählige kamen; unzähligemal
verborgen: **im Verborgenen**	im verborgenen
vereinzelt: **Vereinzelte** kamen	vereinzelte
verschieden: **Verschieden(st)e** (= manche) kamen, **Verschieden(st)es**	verschieden(st)e, verschieden(st)es
v-förmig *oder* V-förmig	V-förmig
voll: **ins Volle greifen, aus dem Vollen schöpfen**	ins volle greifen, aus dem vollen schöpfen ...
vorangehen: **das Vorangehende/ Voran-gegangene; im Vorangehenden/ Vorangegangenen**	das vorangehende/ vorangegangene; im vorangehenden/ vorangegan-genen
voraus: **im Voraus, zum Voraus**	im voraus, zum voraus
im **Vorausgehenden**	im vorausgehenden
im **Vorhergehenden**	im vorhergehenden
vorher: **im Vorherigen**	im vorherigen
vorhinein: **im Vorhinein**	im vorhinein
vorig: **das Vorige, im Vorigen**...	das vorige, im vorigen...
Vorstehendes; im Vorstehenden	vorstehendes; im vorstehenden
weder: das **Weder-noch**	das Weder-Noch
Weg: zu Wege *oder* <u>zuwege</u> bringen *(Begrün-dung für die Wahlformenempfehlung: In der Wendung herrscht nicht die nominale Vorstellung eines „Weges" vor.)*	zuwege bringen
weiß: **aus Schwarz Weiß machen**	aus schwarz weiß machen
weit: bei weitem *oder* <u>bei Weitem</u>; von weitem *oder* <u>von Weitem</u> *(Begründung für die Wahlformenempfehlung; Die flektierten Formen werden vorwiegend als nominal empfunden.)*	bei weitem, von weitem

REFORMIERTE SCHREIBWEISE	SCHREIBWEISE VOR 1996
weiter: **alles Weitere, das Weitere, des Weiteren, im Weiteren;** *aber:* ohne weiteres *oder* ohne Weiteres, bis auf weiteres *oder* bis auf Weiteres *(Begründung für die Wahlformenempfehlung; Die flektierten Formen werden vorwiegend als nominal empfunden.)*	alles weiteres, das weitere, des weiteren ...
wesentlich: im Wesentlichen	im wesentlichen
Wiedersehen: auf Wiedersehen *oder* Auf Wiedersehen sagen	auf Wiedersehen sagen
Wunder: Wunder was erzählen ...	wunder was erzählen ...
x-beinig *oder* X-beinig	X-beinig
x-förmig *oder* X-förmig	X-förmig
x-mal: zum x-ten Mal	zum x-tenmal
Zäpfchen-R *oder* Zäpfchen-r	Zäpfchen-R
zigtausend(e) *oder* Zigtausend(e)	zigtausend(e)
zu Eigen	zu eigen
Zungen-r *oder* Zungen-R	Zungen-R
zwei: sein zweites Gesicht; wie kein Zweiter arbeiten; jeder Zweite	sein Zweites Gesicht; wie kein zweiter; jeder zweite

◆   # Mehrteilige Begriffe – Eigenname oder nicht?

Von den mehrteiligen Begriffen, die mit einem Eigenschaftswort gebildet werden, sind entsprechend der Regel 24 und der dazugehörenden Zusatzregel (Seite 52) die im Folgenden angegebenen Fügungen zu den „Eigennamen" zu rechnen.

Eindeutige Zuordnung zu den „Eigennamen"

das	**Blaue**	Band (Name eines Ordens)
die	**Blaue**	Grotte (Name einer Grotte auf Capri)
die	**Blaue**	Moschee (Name einer Moschee in Istanbul)
der	**Blaue**	Nil (geographischer Begriff)
der	**Blaue**	Planet (= Erde) (geographischer Begriff)
der	**Blaue**	Portugieser (Name einer Weinsorte)
die	**Dritte**	Welt (inoffizieller Eigenname für die Entwicklungsländer)
die	**Eiserne**	Krone (lombardische Königskrone)
das	**Eiserne**	Kreuz (Orden)
das	**Eiserne**	Tor (Donaudurchbruch)

➤

der **Eiserne** Vorhang (unüberwindliche Grenze zwischen Ost- und Westeuropa nach dem 2. Weltkrieg)

der **Erste** Bürgermeister (Funktionsbezeichnung)

der **Erste** Mai (besonderer Kalendertag)

die **Erste** Hilfe (angeblich fachsprachlich) *NEU SEIT 2006 !*

die **Ewige** Stadt (= Rom) (inoffizieller Eigenname)

der **Gelbe** Fluss (geographischer Begriff)

die **Gelbe** Karte (als „fachsprachlich" deklariert, gehört aber doch eher zur Kleinschreibung, denn die gelbe Karte ist wortwörtlich eine gelbe Karte; natürlich bedeutet sie etwas Spezielles [drohenden Ausschluss]; insofern sollte sie zumindest den Wahlformen zugerechnet werden)

das **Goldene** Kalb (Eigenname aus dem religiösen Bereich)

das **Goldene** Horn (= der Bosporus; geographischer Eigenname)

der **Goldene** Schnitt (als „fachsprachlich" deklariert; sollte aber eher zu den Wahlformen gerechnet werden, weil eine übertragene Bedeutung vorliegt, nämlich „ideale geometrische Proportion")

der **Goldene** Sonntag (besonderer Kalendertag)

die **Goldene** Stadt (= Prag) (inoffizieller Eigenname)

die **Grauen** Panther (Name eines Schutzbundes)

die **Grauen** Schwestern (Name einer kathol. Glaubenskongregation)

die **Große** Kreisstadt (Eigenname im Rahmen der dt. Kommunalverwaltung)

der **Große** Belt (geographischer Eigenname)

der **Große** Teich (inoffizieller Eigenname für den Atlantik)

der **Große** Wagen (ein Sternbild)

das **Grüne** Gewölbe (Name der Schatzkammer in Dresden)

die **Grüne** Insel (= Irland) (inoffizieller Eigenname)

der **Grüne** Veltliner (Name einer Weinsorte)

der **Heilige** Abend (besonderer Kalendertag)

die **Heiligen** Drei Könige (Eigenname aus dem religiösen Bereich)

der **Heilige** Geist (Eigenname aus dem religiösen Bereich)

das **Heilige** Grab (Name einer Gedenkstätte der Christenheit)

das **Heilige** Land (= Palästina)

der **Heilige** Vater (Ehrentitel für den Papst)

das **Hohe** Haus (ehrenvolle Sammelbezeichnung für die Abgeordneten)

die **Hohen** Tauern (geographischer Eigenname)

das **Jüngste** Gericht (historisches Ereignis im Verständnis der Christenheit)

der **Kalte** Krieg (historische Epoche; das Wettrüsten zwischen Ost und West nach dem 2. Weltkrieg)

das **Letzte** Gericht (historisches Ereignis im Verständnis der Christenheit)

das **Neue** Testament (Eigenname für einen Teil der Bibel)

die **Neue** Welt (inoffizieller Eigenname für die aus europäischer Sicht zuletzt entdeckten Erdteile)

die **Olympischen** Spiele (Name einer wiederkehrenden Sportveranstaltung)

die **Rote** Armee (Name des sowjetischen Heeresverbandes)

das **Rote** Kreuz (Name einer Hilfsorganisation)

➤

die	**Rote** Liste (aussterbende Lebewesen) (angeblich fachsprachlich)
das	**Rote** Meer (geographischer Eigenname)
der	**Rote** Planet (= Mars) (ein Himmelskörper)
der	**Schwarze** Freitag (Tag des Börsensturzes in den 1920er-Jahren)
die	**Schwarze** Hand (serbischer Geheimbund)
das	**Schwarze** Meer (geographischer Eigenname)
ein	**Schwarzes** Loch (ein astronomisches Phänomen)
die	**Schwarze** Witwe (eine Spinnenart)
der	**Stille** Ozean (geographischer Eigenname)
das	**Weiße** Haus (Name für den Regierungssitz in Washington)
der	**Weiße** Sonntag (besonderer Kalendertag → Sonntag nach Ostern)

Fachsprachliche Begriffe mit selbständiger Eigenbedeutung

*Begriffe werden laut ARW dann zu **fachsprachlichen Begriffen** mit **möglicher Großschreibung**, wenn sie eine selbständige Eigenbedeutung aufweisen.*

Bei zwei Fällen in der obigen Liste hat sich daher bereits eine Inkonsequenz in der Zuordnung gezeigt („Gelbe Karte" und „Goldener Schnitt"), wo nach dieser Definition wahlweise Groß- oder Kleinschreibung erlaubt sein müsste.

In der nachfolgenden Liste trifft das Kriterium der Eigenbedeutung zwar auf alle Begriffe zu, doch zeigt sich, dass auch viele Wörter aus der dritten Liste diese Zuordnung verdient hätten, weil ebenfalls eine übertragene Bedeutung vorliegt.

der	**blaue** Brief *oder* der **Blaue** Brief (= Kündigungs- oder Versetzungsschreiben)
das	**gelbe** Trikot *oder* das **Gelbe** Trikot (= Trophäe im Radsport); vgl. „gelbe Karte"!
das	**goldene** Zeitalter *oder* das **Goldene Zeitalter** (= fiktive ‚historische' Epoche)
die	**graue** Eminenz *oder* die **Graue** Eminenz (= einflussreiche Persönlichkeit, die sich im Hintergrund hält)
die	**grüne** Grenze *oder* die **Grüne** Grenze (= Grenzabschnitte in freier Landschaft)
die	**grüne** Lunge *oder* die **Grüne** Lunge (= große Grünfläche in einer Stadt)
der	**heilige** Krieg *oder* der **Heilige** Krieg (= der Krieg des Islam gegen die aus seiner Sicht Ungläubigen)
	kalte Ente *oder* **Kalte** Ente (= ein Getränk)
der	**letzte** Wille *oder* der **Letzte** Wille (= das Testament)
das	**schwarze** Brett oder das **Schwarze** Brett (= Anschlagtafel)
das	**schwarze** Gold oder das **Schwarze** Gold (= Erdöl)
die	**schwarze** Kunst oder die **Schwarze** Kunst (= Zauberkunst)
die	**schwarze** Magie oder die **Schwarze** Magie (= Zauberkunst)
der	**schwarze** Mann oder der **Schwarze** Mann (= Rauchfangkehrer)
der	**schwarze** Peter oder der **Schwarze** Peter (= Kartenspiel)
der	**schwarze** Tod oder der **Schwarze** Tod (= Beulenpest)
der	**weiße** Sport oder der **Weiße** Sport (= Wintersport)
der	**weiße** Tod oder der **Weiße** Tod (= Lawinentod)
die	**weißen** Wochen oder die **Weißen** Wochen (= Ausverkauf bei Bettwäsche u. Ä.)

Weiterhin in Kleinschreibung vorgesehene Begriffe

Anm.: Bei allen hier als „übertragene Bedeutungen" nachgewiesenen Begriffen müsste laut Regel des ARW die Wahl zwischen Groß- oder Kleinschreibung bestehen. Die Wortliste im ARW weist sie aber ausschließlich der Kleinschreibung zu. Ein Irrtum der Reformergrupe, mit dem wir wohl bis zur nächsten Reform leben lernen müssen, denn eines von beiden muss falsch sein, die Regel oder die Liste!

das	**autogene** Training
die	**blaue** Blume (Symbol der Romantik)
ein	**blaues** Wunder (erleben) → Zuordnungsfehler im ARW: übertragene Bed.. nämlich „eine (böse) Überraschung erleben".
ein	**bunter** Hund → Zuordnungsfehler im ARW: übertragene Bed.. nämlich „eine wandlungsfähige/schillernde Persönlichkeit".
der	**dritte** Stand
die	**eiserne** Lunge (angeblich fachsprachlich; aber auch hier ist eine übertragene Bed. gegeben, nämlich „Gerät, das die Lungenfunktion ersetzt")
die	**eiserne** Ration → Zuordnungsfehler im ARW: übertragene Bed., nämlich „Vorrat für den äußersten Notfall".
der	**eiserne** Vorhang (im Theater)
ein	**eiserner** Wille → Zuordnungsfehler im ARW: übertragene Bed., nämlich „unbeugsame Entschlossenheit".
die	**erste** Geige spielen → Zuordnungsfehler im ARW: übertragene Bed., nämlich „den Ton angeben", „der Wichtigste sein".
die	**goldene** Hochzeit → Zuordnungsfehler im ARW: übertragene Bed., nämlich „der 50. Jahrestag der Eheschließung".
der	**goldene** Mittelweg → Zuordnungsfehler im ARW: übertragene Bed., denn „golden" steht hier für „richtig", „ideal".
eine	**graue** Maus → Zuordnungsfehler im ARW: übertragene Bed., nämlich „unscheinbare Gestalt"; „Mauerblümchen".
der	**graue** Star (lt. Angabe fachsprachlich)
das	**große** Einmaleins
die	**große** Pause
die	**grüne** Hochzeit → Zuordnungsfehler im ARW: übertragene Bed., nämlich „erster Jahrestag der Eheschließung".
ein	**grüner** Junge → Zuordnungsfehler im ARW: übertragene Bed., nämlich „unreifer/unerfahrener Jüngling".
um	**gutes** Geld
ein	**heißes** Eisen → Zuordnungsfehler im ARW: übertragene Bed., nämlich „brisantes Thema".
das	**hohe** C
die	**hohe** Schule (des Reitens) → Zuordnungsfehler im ARW: übertragene Bed., nämlich„höchste Kunstfertigkeit".
die	**höhere** Mathematik / Schule

eine	**kalte** Fährte → Zuordnungsfehler im ARW: übertragene Bed., nämlich „eine nicht zielführende Spur"
die	**kalte** Miete → Zuordnungsfehler im ARW: übertragene Bed., nämlich „Miete ohne Heizkosten".
der	**kleine** Mann → Zuordnungsfehler im ARW: übertragene Bed., nämlich „Mensch aus bescheidenen Verhältnissen".
die	**neue** Armut
das	**neue** Jahr
das	**olympische** Feuer
die	**roten** Blutkörperchen
der	**rote** Faden → Zuordnungsfehler im ARW: übertragene Bed., nämlich „das durchgehende Thema".
der	**rote** Hahn → Zuordnungsfehler im ARW: übertragene Bed., nämlich „das Feuer".
eine	**schöne** Bescherung → Zuordnungsfehler im ARW: übertragene Bed., nämlich „unliebsame Überraschung".
das	**schwarze** Schaf → Zuordnungsfehler im ARW: übertragene Bed., nämlich „jemand, der sich nicht an die Normen seiner Gemeinschaft hält"
der	**schwarze** Tee
ein	**schwarzer** Tag → Zuordnungsfehler im ARW: übertragene Bed., nämlich „ein Unglückstag".
ein	**tolles** Treiben
die	**weiße** Fahne
ein	**weißer** Fleck (auf der Landkarte)
eine	**weiße** Weste haben → Zuordnungsfehler im ARW: übertragene Bed., nämlich „unbescholten sein, sich nichts zuschulden kommen lassen haben".

◆ ## Neuregelung bei Nominalbegriffen aus dem Lateinischen

REFORMIERTE SCHREIBWEISE	SCHREIBWEISE VOR 1996
Alma Mater	Alma mater
Alter Ego	Alter ego
Captatio Benevolentiae	Captatio benevolentiae
Casus Belli	Casus belli
Consecutio Temporum	Consecutio temporum
Consilium Abeundi	Consilium abeundi
Corpus Delicti	Corpus delicti
Corpus Iuris	Corpus juris/ iuris
Curriculum Vitae	Curriculum vitae
Deus ex Machina	Deus ex machina
Genius Loci	Genius loci
Genus Verbi *(sprachwiss.)*	Genus verbi
Lapsus Calami	Lapsus calami
Lapsus Linguae	Lapsus linguae
Lapsus Memoriae	Lapsus memoriae
Modus Procedendi	Modus procedendi
Modus Operandi	Modus operandi
Modus Vivendi	Modus vivendi
Pluralis Majestatis *(sprachwiss.)*	Pluralis majestatis
Regens Chori	Regens chori
Stabat Mater	Stabat mater
Status Nascendi	Status nascendi
Summum Bonum *(theol./philos.)*	Summum bonum
Tabula rasa *(machen)*	tabula rasa (machen)
Tertium Comparationis	Tertium comparationis
Testimonium Paupertatis	Testimonium paupertatis
Ultima Ratio	Ultima ratio
Venia Legendi	Venia legendi

Reformierte Grundregel: Der Beginn und jeder nominale Einzelteil sind großzuschreiben (wie bei den engl. Fremdwörtern). Bei Begriffen wie **Cura posterior**, **Futurum exactum** (sprachwiss.), bleibt daher der 2. Teil klein.

Unverändert ist hingegen die Regelung für Eigennamen: **Porta Nigra** (antikes Triumphtor in Trier) u. Ä. bleibt in Großschreibung.

Achtung:
Von dieser Regelung sind feste Fügungen mit Präposition nicht betroffen! So bleibt daher u. a. die Schreibweise folgender Wendungen unverändert:

ad acta (legen)	in flagranti (ertappen)
coram publico (erklären)	in petto (haben)
cum grano salis	in statu nascendi (sic! – vgl. oben)

6.   Fremdwörter

ALTEINGESESSENE FREMDWÖRTER
Achtung: keine einzige verpflichtende Änderung!

◆   **Französische Fremdwörter**

Anmerkung: In der Schweiz sind diese nachfolgend präsentierten Wahlformen für französische Fremdwörter dezidiert untersagt. Der Grund liegt – ebenso wie bei der Wahlform „Spagetti" - darin, dass die Schweizer Regierung in solchen Schreibweisen einen Affront gegen ihre französischsprachigen bzw. italienischsprachigen Landsleute erblickt.

So sollten wohl auch wir in Österreich oder Deutschland vor der Anwendung solcher „neuer" Formen über unser Verhältnis zu unseren anderssprachigen Mitbürgern in der EU nachdenken. Der Maßstab des Nicht-EU-Mitglieds Schweiz ist als Richtschnur bereits vorhanden.

a.) Neue Wahlformen für Einzelwörter:

REFORMIERTE SCHREIBWEISE	SCHREIBWEISE VOR 1996
Bravour *oder* Bravur	Bravour
Facette *oder* Fassette	Facette
Frigidaire *oder* Frigidär	Frigidaire
Malaise *oder* Maläse	Malaise
Necessaire *oder* Nessessär	Necessaire
Tête-à-tête *oder* Tete-a-tete	Tête-à-tête
va banque spielen *oder* Vabanque spielen	va banque spielen
vis-à-vis *oder* vis-a-vis	vis-à-vis
Waggon *oder* Wagon	Waggon

b.) Wahlweise nn oder n in folgenden französischen Fremdwörtern:

REFORMIERTE SCHREIBWEISE	SCHREIBWEISE VOR 1996
Bonbonniere *oder* Bonboniere	Bonbonniere
Chansonnier *oder* Chansonier	Chansonnier
Ordonnanz *oder* Ordonanz	Ordonnanz
Saisonnier *oder* Saisonier	Saisonnier

c.) Wahlweise **é oder ee** in folgenden französischen Fremdwörtern:

REFORMIERTE SCHREIBWEISE	SCHREIBWEISE VOR 1996
Bouclé *oder* Buklee	Bouclé
Chicorée *oder* Schikoree	Chicorée
Dekolleté *oder* Dekolletee	Dekolleté
Drapé *oder* Drapee	Drapé
Exposé *oder* Exposee	Exposé
Frappé *oder* Frappee	Frappé
Glacé *oder* Glacee	Glacé
Kommuniqué *oder* Kommunikee	Kommuniqué
Lamé *oder* Lamee	Lamé
Negligé *oder* Negligee	Negligé
Pappmaché *oder* Pappmaschee	Pappmaché
passé *oder* passee	passé
Portemonnaie *oder* Portmonee	Portemonnaie
Rommé *oder* Rommee	Rommé
Séparée *oder* Separee	Séparée
Soufflé *oder* Soufflee	Soufflé
Varieté *oder* Varietee	Varieté

◆ **Griechische Fremdwörter**

a.) Wahlweise **rh oder r** in folgenden griechischen Fremdwörtern:

REFORMIERTE SCHREIBWEISE	SCHREIBWEISE VOR 1996
Hämorrhoiden *oder* Hämorriden *(zusätzlicher Entfall eines -o-)*	Hämorrhoiden
Katarrh *oder* Katarr	Katarrh
Myrrhe *oder* Myrre	Myrrhe

Achtung:

Alle anderen griechischen Fremdwörter mit **-rh-** *bleiben unverändert, z. B.*
Rhabarber, Rheuma, Rhombus, Rhythmus ...
Die Wahlmöglichkeit besteht also ausdrücklich nur für die drei oben angeführten Wörter!

b.) Wahlweise <u>ph oder f</u> in allen griechischen Fremdwörtern mit den Wortstämmen
-graph- oder -phon- (hier nur die wichtigsten):

REFORMIERTE SCHREIBWEISE	SCHREIBWEISE VOR 1996
Bibliographie *oder* <u>Bibliografie</u>	Bibliographie
Biographie *oder* <u>Biografie</u>	Biographie
Choreographie *oder* <u>Choreografie</u>	Choreographie
Diktaphon *oder* <u>Diktafon</u>	Diktaphon
<u>Fon</u> *oder* Phon	Phon
<u>Fonetik, fonetisch</u> *oder* Phonetik, phonetisch	Phonetik, phonetisch
<u>fonografisch</u> *oder* phonographisch	phonographisch
<u>Fonotechnik</u> *oder* Phonotechnik	Phonotechnik
<u>Fonothek</u> oder Phonothek	Phonothek
Geographie *oder* <u>Geografie</u>	Geographie
Graphit *oder* <u>Grafit</u>	Graphit
Grapholog(i)e *oder* <u>Grafolog(i)e</u>	Grapholog(i)e
Grammophon *oder* <u>Grammofon</u>	Grammophon
Kalligraphie *oder* <u>Kalligrafie</u>	Kalligraphie
Kolophonium *oder* <u>Kolofonium</u>	Kolophonium
Lexikograph(ie) *oder* <u>Lexikograf(ie)</u>	Lexikograph(ie)
Lithograph(ie) *oder* <u>Lithograf(ie)</u>	Lithograph(ie)
Mammographie *oder* <u>Mammografie</u>	Mammographie
Megaphon *oder* <u>Megafon</u>	Megaphon
Mikrophon *oder* <u>Mikrofon</u>	Mikrophon
Monographie *oder* <u>Monografie</u>	Monographie
Orthographie *oder* <u>Orthografie</u>	Orthographie
Paragraph *oder* <u>Paragraf</u>	Paragraph
Phon *oder* <u>Fon</u>	Phon
Phonetik *oder* <u>Fonetik</u>	Phonetik
phonetisch *oder* <u>fonetisch</u>	phonetisch
phonographisch *oder* <u>fonografisch</u>	phonographisch
Phonotechnik *oder* <u>Fonotechnik</u>	Phonotechnik
Phonothek *oder* <u>Fonothek</u>	Phonothek
polyphon *oder* <u>polyfon</u>	polyphon
Pornographie *oder* <u>Pornografie</u>	Pornographie
Quadrophonie *oder* <u>Quadrofonie</u>	Quadrophonie
Saxophon *oder* <u>Saxofon</u>	Saxophon
Seismograph *oder* <u>Seismograf</u>	Seismograph
Stenographie *oder* <u>Stenografie</u>	Stenographie
Stereophonie *oder* <u>Stereofonie</u>	Stereophonie
Topographie *oder* <u>Topografie</u>	Topographie
Typographie *oder* <u>Typografie</u>	Typographie
Vibraphon *oder* <u>Vibrafon</u>	Vibraphon

Die bevorzugten Formen für den Unterricht erklären sich aus der einheitlichen Parallele zu anderen bereits bestehenden f-Schreibungen (Telefon, Fotograf…).

Die Wahlformen zu **Delphin (→Delfin)** und **Phantasie (→Fantasie)** sind im Kapitel 3 unter „Wahlformen für Einzelwörter" (Seite 194) eingereiht.

Achtung:

- *Alle anderen griechischen Fremdwörter mit **-ph-** bleiben unverändert, z. B.* **Alphabet, Apostroph, Asphalt, Katastrophe, Strophe, Triumph, Zellophan, ...** *Die Wahlmöglichkeiten bestehen also ausschließlich für die oben angeführten Wörter.*

- *Alle Wörter mit dem Stamm **-photo-/-foto-** bleiben als Wahlformen wie bisher erhalten, allerdings gelten die Formen mit -phot- als veraltet.*

- *Wörter mit -th- bleiben ebenfalls unverändert; es gibt also – außer bei* Thunfisch/Tunfisch *und* Panther/Panter – *keine Änderungen. Beispiele:* **Apotheke, Bibliothek, Theater,** Thron.

◆ Lateinische Fremdwörter

Wahlweise t oder z in folgenden lateinischen Fremdwörtern:

REFORMIERTE SCHREIBWEISE	SCHREIBWEISE VOR 1996
D/differential *oder* D/differenzial	D/differential
differentiell *oder* differenziell	differentiell
essentiell *oder* essenziell	essentiell
existentiell *oder* existenziell	existentiell
Lizentiat *oder* Lizenziat	Lizentiat
Potential *oder* Potenzial	Potential
potentiell *oder* potenziell	potentiell
präferentiell *oder* präferenziell	präferentiell
sequentiell *oder* sequenziell	sequentiell
substantiell *oder* substanziell	substantiell

Wahlweise c oder z in folgenden lateinischen Fremdwörtern:

REFORMIERTE SCHREIBWEISE	SCHREIBWEISE VOR 1996
Codex: *Pl.* Codizes *oder* Codices	Codizes
Index: *Pl.* Indizes *oder* Indices	Indizes
Kodex: *Pl.* Kodizes *oder* Kodices	Kodizes
Matrix: *Pl.* Matrizes *oder* Matrices	Matrizes
Pontifex: Pl. Pontifizes *oder* Pontifices	Pontifizes

Die Vorzugsformen erklären sich aus der einheitlichen Parallele zu anderen Wörtern, z. B. offiziell...

NEUERE FREMDWÖRTER,
v. a. neu eingewanderte englische Begriffe

Verpflichtende Neuschreibungen sind durch **Fettdruck** markiert.
Wörter mit bloßen neuen Wahlformen sind mager gedruckt.

Bei Wörtern, die nach der alten Rechtschreibung nicht existierten, fehlt rechts die alte
Schreibweise. Von diesen neuen Wörtern sind nur die häufigsten erfasst.

◆ Englische Fremdwörter

REFORMIERTE SCHREIBWEISE	SCHREIBWEISE VOR 1996
Actionpainting *oder* **Action-Painting**	Action-painting
Afrolook *oder* Afro-Look	Afro-Look
Aftershave, Aftershavelotion *oder* **After-Shave-Lotion**	After-shave, After-shave-Lotion
Afterworkparty *oder* **After-Work-Party**	---
Aircondition(er), Airconditioning *oder* **Air-Condition(er), Air-Conditioning**	Air-condition(er); Air-conditioning
all-inclusive, All-inclusive-Urlaub	---
All-in-one-Produkt	---
Artdirector *oder* **Art-Director**	Art-director
ASCII-Code	---
attachen, attacht *(eingedeutscht)*	---
Attachment	---
Autocross *oder* Auto-Cross	Auto-Cross
Beatgeneration *oder* **Beat-Generation**	Beat generation
Benchmarking	---
Bigband *oder* Big Band	Big Band
~~Bigbusiness~~ *oder* **Big Business**	Big Business
~~Bigpoint~~ *oder* **Big Point**	Big Point
Blackbox *oder* Black Box	Black Box
Blackout *oder* Black-out	Blackout
~~Blackpower~~ *oder* **Black Power**	Black Power
Bluebox *oder* Blue Box	Blue Box
Bluechip *oder* **Blue-Chip**	---
Bluejeans *oder* Blue Jeans	Blue jeans oder Bluejeans

REFORMIERTE SCHREIBWEISE	SCHREIBWEISE VOR 1996
Boatpeople *oder* **Boat-People**	Boat people
Boss – Bosse	Boß – Bosse
Bottleparty *oder* Bottle-Party	Bottle-Party
Boyscout *oder* Boy-Scout	Boy-Scout
Braindrain *oder* Brain-Drain	Brain-Drain
Braintrust *oder* Brain-Trust	Brain-Trust
Break-even-Point	---
Business	Busineß
Buy-out	Buyout
Call-by-Call; Call-by-Call-Einwahl	---
Callcenter *oder* **Call-Center**	---
Call-in	---
Carvingschi *oder* **Carving-Schi**	---
Carvingski *oder* **Carving-Ski**	---
Cashcow	---
Cashflow *oder* **Cash-Flow**	Cash-flow
casten, gecastet *(eingedeutscht)*	---
Centrecourt *oder* **Centre-Court**	Centre Court
chatten, gechattet ; der Chatter	Centre Court
Cherrybrandy *oder* **Cherry-Brandy**	Cherry Brandy
Chewinggum *oder* **Chewing-Gum**	Chewing-gum
Cleverness	Cleverneß
Coffeeshop *oder* **Coffee-Shop**	---
Coldcream *oder* Cold Cream	Cold Cream
Comeback *oder* Come-back	Comeback
Comicstrip *oder* **Comic Strip**	Comic strip
Commonsense *oder* **Common Sense**	Common sense
~~Compactdisc~~ *oder* Compact Disc (CD)	Compact Disc
Conceptart *oder* **Concept-Art**	Concept-art
Cooljazz *oder* Cool Jazz	Cool Jazz
Cornedbeef *oder* **Corned Beef**	Corned beef
Countdown *oder* Count-down	Countdown
Countryman, Countrymusic, Countrysong *oder* **Country-Man, Country-Music, …**	Country-man...

REFORMIERTE SCHREIBWEISE	SCHREIBWEISE VOR 1996
Crosscountry *oder* Cross-Country	Cross-Country
Crossover *oder* Cross-over	---
Cruisemissile *oder* Cruise-Missile	Cruise-Missile
Daviscup *oder* Davis-Cup	Davis-Cup
Davispokal *oder* Davis-Pokal	Davis-Pokal
Desktoppublishing *oder* **Desktop-Publishing**	Desktop publishing
Digicam *oder* **Digi-Cam** (Kurzform für Digitalkamera)	---
Diningroom *oder* **Dining-Room**	Dining-room
Directmailing *oder* **Direct-Mailing**	---
Displaced Person	Displaced person
Dixielandjazz *oder* Dixieland-Jazz	Dixieland-Jazz
downloaden, downgeloadet; der Download	---
Drawingroom *oder* **Drawing-Room**	Drawing-room
Dutyfreeshop *oder* Duty-free-Shop	Duty-free-Shop
Easyrider *oder* **Easy Rider**	Easy-rider
E-Commerce	---
Electronic Banking, E-Banking	---
E-Mail, die *oder (österr. meist)* das	---
Emmy-Award (ein Fernsehpreis)	---
Englishwaltz	English-Waltz
Eroscenter *oder* Eros-Center	Eros-Center
Factoryoutlet *oder* **Factory-Outlet**	---
Fairness	Fairneß
Fairplay *oder* **Fair Play**	Fair play
Fallout *oder* Fall-out	Fallout
Fastfood *oder* **Fast Food**	Fast food
Feedback *oder* Feed-back	Feedback
First-Class-Hotel *oder* **Firstclasshotel**	First-class-Hotel
Fitness	Fitneß
Flipchart *oder* **Flip-Chart**	Flip-chart
Floppydisk *oder* **Floppy Disk**	Floppy disk

REFORMIERTE SCHREIBWEISE	SCHREIBWEISE VOR 1996
Follow-up-Seminar	---
‖ Fosburyflop *oder* Fosbury-Flop	Fosbury-Flop
‖ **Freeclimbing** *oder* **Free-Climbing**	Free climbing
Freejazz *oder* Free Jazz	Free Jazz
Fullservice *oder* **Full-Service**	---
Fulltimejob *oder* **Full-Time-Job**	Full-time-Job
Functionalfood *oder* **Functional-Food**	---
Fundraising *oder* **Fund-Raising**	---
‖ Ginfizz *oder* Gin-Fizz	Gin-Fizz
‖ **Gingerale** *oder* **Ginger-Ale**	Ginger-ale
G-Man	G-man
Gokart	Go-Kart
googeln, googelte, gegoogelt *(eingedeutscht)*	---
Grandslam *oder* Grand Slam	Grand Slam
Greencard *oder* **Green Card**	---
Hairstylist	Hair-Stylist
Handout *oder* Hand-out	Handout
Happyend *oder* **Happy End**	Happy-End
Hardcover *oder* **Hard Cover**	Hard cover
Hardcovereinband *oder* **Hard-Cover-Einband**	Hard-cover-Einband
Hardrock *oder* Hard Rock	Hard Rock
‖ ~~Heavymetal~~ ~~*oder*~~ **Heavy Metal**	Heavy metal
Heliskiing	Heli-Skiing
High Church	High-Church
‖ ~~Highfidelity~~ ~~*oder*~~ **High Fidelity**	High-Fidelity
Highlight	---
Highriser	High-riser
‖ ~~Highsociety~~ ~~*oder*~~ **High Society**	High-Society
Hightech *oder* **High Tech**	High-Tech
Hightechindustrie *oder* High-Tech-Industrie	High-Tech-Industrie

REFORMIERTE SCHREIBWEISE	SCHREIBWEISE VOR 1996
Hillbillymusic *oder* (eingedeutscht:) **Hillbillimusik**	Hillbilly-music
Homepage	---
Hostess	Hosteß
Hotdog *oder* **Hot Dog**	Hot dog
Hotjazz *oder* Hot Jazz	Hot Jazz
Hotline	---
Hotpants *oder* **Hot Pants**	Hot pants
Hotspot *oder* **Hot Spot**	---
Insidestory *oder* Inside-Story	Inside-Story
~~Irishcoffee~~ *oder* **Irish Coffee**	Irish coffee
~~Irishstew~~ *oder* **Irish Stew**	Irish-Stew
Jamsession *oder* **Jam-Session**	Jam Session
Jetset *oder* **Jet-Set**	Jet-set
Jobhopping *oder* **Job-Hopping**	Job hopping
Jobsharing *oder* **Job-Sharing**	Job sharing
Jointventure *oder* **Joint Venture**	Joint-venture
Jumbojet *oder* Jumbo-Jet	Jumbo-Jet
Keepsmiling, das	Keep-smiling
Kickdown *oder* Kick-down	Kickdown
Kickoff *oder* Kick-off	Kick-off
Kingsize	King-size
Knockout *oder* Knock-out	Knockout
Last-Minute-Buchung	---
Latinlover *oder* Latin Lover	Latin Lover
Layout *oder* Lay-out	Layout
Lightshow *oder* Light-Show	Light-Show
Lipgloss *oder* Lip-Gloss	Lip gloss
Livemitschnitt *oder* Live-Mitschnitt	Live-Mitschnitt
Liveshow *oder* Live-Show	Live-Show
Longdrink *oder* Long Drink	Longdrink
Lovestory *oder* Love-Story	Love-Story
Make-up, *nicht* ~~Makeup~~	Make-up

REFORMIERTE SCHREIBWEISE	SCHREIBWEISE VOR 1996
Management-Buy-out	Management-Buyout
Midlifecrisis *oder* **Midlife-Crisis**	Midlife-crisis
Milkshake *oder* **Milk-Shake**	---
Minijob	---
Minimalart *oder* **Minimal Art**	Minimal art
Minimalmusic *oder* **Minimal Music**	Minimal music
‖ ~~**Missinglink**~~ *oder* **Missing Link**	Missing link
Mixedgrill *oder* **Mixed Grill**	Mixed grill
Mixedpickles *oder* Mixed Pickles *oder* Mixpickles	Mixed Pickles oder Mixpickles
Modernjazz *oder* Modern Jazz	Modern Jazz
Motocross *oder* Moto-Cross	Moto-Cross
Mountainbike *oder* **Mountain-Bike**	---
Multiplechoiceverfahren *oder* **Multiple-Choice-Verfahren**	Multiple-choice-Verfahren
‖ ~~**Negrospiritual**~~ *oder* **Negro-Spiritual**	Negro Spiritual
‖ ~~**Newage**~~ *oder* New Age	New Age
‖ **New Economy**	---
‖ ~~**Newlook**~~ *oder* New Look	New Look
New Yorker *oder* New-Yorker	New Yorker
Nofuturegeneration *oder* **No-Future-Generation**	No-future-Generation
‖ **Nonameprodukt** *oder* **No-Name-Produkt**	No-name-Produkt
‖ **Nonbookabteilung** *oder* **Non-Book-Abteilung**	Non-book-Abteilung
‖ **Nonfoodabteilung** *oder* **Non-Food-Abteilung**	Non-food-Abteilung
Nonstopflug *oder* Non-Stop-Flug	Nonstopflug
Nonstopkino *oder* Non-Stop-Kino	Nonstopkino
‖ Offbeat *oder* Off-Beat	Off-Beat
offline (Gegs.: online)	off line
Offlinebetrieb *oder* **Offline-Betrieb**	Off-line-Betrieb
‖ **Offroadfahrzeug** *oder* **Off-Road-Fahrzeug**	Off-road-Fahrzeug
‖ **Offshorebohrung** *oder* **Off-Shore-Bohrung**	Off-shore-Bohrung
Offsprecher, Offstimme	Off-Sprecher, Off-Stimme
online	on line

REFORMIERTE SCHREIBWEISE	SCHREIBWEISE VOR 1996
Onlinebetrieb *oder* Online-Betrieb	On-line-Betrieb
Onsprecher	On-Sprecher
Op-Art	Op-art
~~Openair~~ *oder* Open Air	Open air
~~Openairfestival~~ *oder* Open-Air-Festival (analog dazu:...-Aufführung, ...-Konzert, ...-Veranstaltung)	Open-air-Festival
~~Openend~~ *oder* Open End	Open end
~~Openenddiskussion~~ *oder* Open-End-Diskussion	Open-end-Diskussion
Outdoor-Kleidung	---
Outsourcing	---
Packagetour *oder* Package-Tour	Packagetour
Park-and-ride-System	---
Party: *Pl.* Partys	Parties oder Partys
~~Payingguest~~ *oder* Paying-Guest	Paying guest
Peepshow *oder* Peep-Show	Peep-Show
Personal Computer (PC)	---
Personalityshow *oder* Personality-Show	Personality-Show
Pidginenglisch *oder* Pidgin-Englisch (Anm: das „-sch" ist kein Druckfehler!)	Pidgin-Englisch
Pin-up-Girl	---
Playback *oder* Play-back	Playback
Playbackverfahren *oder* Play-back-Verfahren	Playbackverfahren
Playstation®	---
Poleposition	Pole-position
Pokerface	---
Pony: *Pl.* Ponys, *ebenso Gen. Sg.*	österr.: Ponies
Popart *oder* Pop-Art	Popart
Preshave *oder* Pre-Shave	Pre-shave
Preshavelotion *oder* Pre-Shave-Lotion	Pre-shave-lotion
Pressuregroup *oder* Pressure-Group	Pressure-group
Primetime oder Prime-Time	---

REFORMIERTE SCHREIBWEISE	SCHREIBWEISE VOR 1996
Productplacement *oder* **Product-Placement**	Product-placement
‖ ~~Publicrelations~~ *oder* **Public Relations**	Public Relations
Punkrock *oder* **Punk-Rock**	---
pushen *oder* puschen *(eingedeutscht)*	pushen
‖ Rallyecross *oder* Rallye-Cross	Rallye-Cross
‖ Releasecenter *oder* Release-Center	Release-Center
‖ Releasezentrum *oder* Release-Zentrum	Release-Zentrum
Rowdy: *Pl.* **Rowdys**	Rowdies oder Rowdys
‖ ~~Roundtable~~ *oder* **Round Table**	Round-table
‖ ~~Roundtablegespräch~~ *oder* **Round-Table-Gespräch**	Round-table-Gespräch
‖ ~~Roundtablekonferenz~~ *oder* **Round-Table-Konferenz**	Round-table-Konferenz
‖ ~~Runninggag~~ *oder* **Running Gag**	Running Gag
Rushhour	Rush-hour
Safersex *oder* **Safer Sex**	Safer Sex
Salesmanager, Salespromoter	Sales-manager, Sales-promoter
Salespromotion	Sales-promotion
scannen, gescannt; der **Scan;** der **Scanner**	---
Schrimp(s) *(= eingedeutscht) oder* Shrimp(s)	Shrimp(s)
Sciencefiction *oder* **Science-Fiction**	Science-fiction
Sciencefictionroman *oder* **Science-Fiction-Roman**	Science-fiction-Roman
‖ Secondhandshop *oder* Second-Hand-Shop	Secondhandshop
‖ Sexappeal *oder* Sex-Appeal	Sex-Appeal
‖ Shootingstar *oder* Shooting-Star	Shooting-Star
‖ Shoppingcenter *oder* Shopping-Center	Shopping-Center
Shortstory *oder* **Short Story**	Short story
‖ **Showbusiness** *oder* **Show-Business**	Showbusineß
Showdown *oder* Show-down	Showdown
Shrimp(s) *oder* Schrimp(s) *(= eingedeutscht)*	Shrimp(s)
Sightseeingtour *oder* Sightseeing-Tour	Sightseeing-Tour
Sittingroom	---

REFORMIERTE SCHREIBWEISE	SCHREIBWEISE VOR 1996
Slowfood *oder* **Slow Food**	---
~~**Slowmotion**~~ *oder* **Slow Motion**	---
Smalltalk *oder* **Small Talk**	Small talk
Snowboard	---
Softball *oder* **Soft Ball**	---
Softdrink *oder* Soft Drink	Soft Drink
Softeis	Soft-Eis
Softgun *oder* Soft Gun	---
Softrock *oder* Soft Rock	Soft Rock
Softskill *oder* Soft Skill	---
Spareribs	---
Speedwayrennen *oder* Speedway-Rennen	Speedwayrennen
Splendid Isolation	Splendid isolation
Squaredance *oder* Square-Dance	Square dance
Stand-by-Funktion, …-Modus, …-Schaltung	---
~~**Standingovations**~~ *oder* **Standing Ovations**	Standing ovations
Stewardess	Stewardeß
Stockcar *oder* Stock-Car	Stock-Car
Stockcarrennen *oder* Stock-Car-Rennen	Stock-Car-Rennen
Strippoker *oder* **Strip-Poker**	---
Strokeunit *oder* **Stroke-Unit**	---
~~**Suddendeath**~~ *oder* **Sudden Death**	Sudden death
Swimmingpool *oder* Swimming-Pool	Swimmingpool
switchen, switchte, geswitcht *(eingedeutscht)*	---
Takeoff *oder* Take-off	Take-off
Talkshow *oder* Talk-Show	Talk-Show
T-Bone-Steak	T-bone-Steak
Tearoom *oder* Tea-Room	Tea-Room
Teddy: *Pl.* **Teddys**, *ebenso Gen. Sg.*	österr.: Teddies
Telebanking *oder* **Tele-Banking**	---
Teleshopping *oder* **Tele-Shopping**	---

REFORMIERTE SCHREIBWEISE	SCHREIBWEISE VOR 1996
Tiebreak *oder* Tie-Break	Tie-Break
Timesharing *oder* Time-Sharing	Time-sharing
Toeloop *oder* Toe-Loop	Toe-loop
topsecret	top-secret
~~Topten~~ *oder* Top Ten	Top ten
Tradeunion *oder* Trade-Union	Trade-Union
Trekking *oder* Trecking *(= eingedeutscht)*	Trekking
Trial-and-Error-Methode	---
Triple-A-Konzern	---
T-Shirt	---
updaten, upgedatet; das Update	---
USB-Stick	---
Virenscanner *oder* Viren-Scanner	---
Walkie-Talkie	Walkie-talkie
Webauftritt *oder* Web-Auftritt	---
Webdesign oder Web-Design	---
Webcam *oder* Web-Cam	---
Website	---
Webspace *oder* Web-Space	---
Wildcard *oder* Wild-Card	Wild card
Yankee Doodle	Yankee-doodle
Yukonterritorium *oder* Yukon-Territorium	Yukon-Territorium

◆ **Neuregelungen bei anderen neueren Fremdwörtern**

REFORMIERTE SCHREIBWEISE	SCHREIBWEISE VOR 1996
Ancien Régime	Ancien régime
Au-pair-Mädchen *oder* Aupairmädchen	Au-pair-Mädchen
Bamigoreng (indones. Speise)	Bami-goreng
Café au Lait	Café au lait
Campagne *oder* Kampagne	Kampagne
Carnet de Passages	Carnet de passages

REFORMIERTE SCHREIBWEISE	SCHREIBWEISE VOR 1996
Chapeau Claque *oder* Chapeau claque	Chapeau claque
Chopsuey (chines. Speise)	Chop-suey
Commedia dell'Arte	Commedia dell'arte
Corps de Ballet	Corps de ballet
Dolce Vita	Dolce vita
Deuxpièces (zweiteiliges Kleid)	Deux-pièces
Eau de Parfum	Eau de parfum
Eau de Toilette	Eau de toilette
Fin de Siècle	Fin de siècle
Fines Herbes	Fines herbes
Frutti di Mare	Frutti di mare
Maître de Plaisir	Maître de plaisir
Nasigoreng (indones. Speise)	Nasi-goreng
Nouvelle Cuisine	Nouvelle cuisine
Petits Fours	Petits fours
Platitude *oder (eingedeutscht:)* **Plattitüde**	Platitüde
Point d'Honneur	Point d'honneur
Pommes Croquettes	Pommes croquettes
Postillon d'Amour	Postillon d'amour
Pour le Mérite	Pour le mérite
Tour d'Horizon	Tour d'horizon
Viola da Braccio/ da Gamba	Viola da braccio/ da gamba
Viola d'Amore	Viola d'amore

7. Worttrennung am Zeilenende

Zu diesem Gebiet sind komplette Wortlisten nicht sinnvoll, denn:

Die Trennregeln sind sehr einfach gehalten und auf alle Wörter unserer Sprache problemlos anwendbar. Zu den Regeln siehe „Regelwerk", Kapitel 7, Seite 62 ff.

Hier einige Beispiele für die seit 1996 neuen Trennregeln:

st wird getrennt, wenn es trennbar gesprochen wird, z. B.:

Äs-te	Gäs-te	Lis-te	Plas-tik
bes-tens	ges-tern	lus-tig	Pos-ten
dürs-ten	has-tig	meis-tens	Res-te
fros-tig	Leis-tung	Os-tern	Wüs-te

Nicht trennbar ist -st-, wenn es auch auch beim Sprechen nicht getrennt sprechbar ist , z. B. in Wörtern wie:

Gast-haus, Last-arm, Rost-fleck, tröst-lich

ck wird nicht mehr getrennt:

bli-cken	ho-cken	lo-cker	ste-cken
drü-cken	Ku-ckuck	pa-cken	Stü-cke
Fle-cken	La-cke	Sä-cke	We-cker
ha-cken	ni-cken	schi-cken	Zu-cker

Seit 2006 neu, dass **Einzelbuchstaben nicht mehr getrennt** werden dürfen.

nicht: **A**-bend   *nicht:* **e**-del   *nicht:* **I**-gel   *nicht:* **O**-ma   *nicht:* **U**-hu

nicht: Akti-e	*nicht:* genau-e	*nicht:* Klei-e	*nicht:* neu-e
nicht: Cabri-o	*nicht:* Hai-e	*nicht:* lau- e	*nicht* :Radi-o
nicht: Famili-e	*nicht:* Hau-e	*nicht:* Lini-e	*nicht:* Treu-e
nicht: grau-e	*nicht:* Kaka-o	*nicht:* Mari-a	*nicht:* Tri-o

(Vorsicht: Bei Aktivierung der automatischen Worttrennung am PC werden solche Wörter immer noch getrennt!)

8. Zeichensetzung – Teilbereich Bindestrich

Die Beispiele gelten auch für alle anderen, nicht eigens angeführten Zahlen. So wird '4-Achser' analog zu '3-Achser' geschrieben usw.
Die Schreibweise als Ganzwort ist überall unverändert, z. B. kann 'eine 8-Jährige' wie bisher als 'eine Achtjährige' geschrieben werden usw.

NICHT in der Liste angeführt sind die Bindestrich-Schreibweisen der Wörter mit drei gleichen Buchstaben, ebenso fehlen die englischen Fremdwörter, für die jetzt vielfach auch Bindestrichschreibweisen möglich sind (siehe dazu Seite 264 ff.).

REFORMIERTE SCHREIBWEISE	SCHREIBWEISE VOR 1996
Achlaut *oder* Ach-Laut	Ach-Laut
8-fach oder 8fach	
8-mal	8mal
alt-wienerisch	altwienerisch
eine **8-Jährige** *aber:* **8-jährige** Kinder	eine 8jährige; 8jährige Kinder
8-Tonner	8tonner
8-Zylinder	8zylinder
Collicokiste® *oder* Collico-Kiste®	Collico-Kiste®
3-Achser	3achser
1-zeilig	einzeilig
-fach: 3fach *oder* 3-fach	3fach
Gilgameschepos *oder* Gilgamesch-Epos	Gilgamesch-Epos
-gliedrig: **3-gliedrig**	3gliedrig
100-prozentig	100prozentig
Ichlaut *oder* Ich-laut	Ich-Laut
Istaufkommen *oder* Ist-Aufkommen... *(gilt analog für alle Parallelfälle z. B.* Iststärke *oder* Ist-Stärke)	Ist-Aufkommen
-jährig: **2-jährig** ...; ein **2-Jähriger**	2jährig, ein 2jähriger
mal: **2-mal**	2mal
Monat: **2-monatig / 2-monatlich** ...	2monatig, 2monatlich ...
-prozentig: **10-prozentig** *aber:* **10%ig**	10prozentig, 10%ig
Sankt Gallener *oder* Sankt-Gallener	Sankt Gallener
Sollbestand *oder* Soll-Bestand *(gilt analog für alle Parallelfälle z. B.* Sollkonto *oder* Soll-Konto)	Soll-Bestand
Solllast *oder* Soll-Last	Soll-Last
Sollleistung *oder* Soll-Leistung	Soll-Leistung
-stellig: **2-stellig** ...	2stellig ...
-stöckig: **3-stöckig**	3stöckig
-stündig/-stündlich: **2-stündig** ...; **2-stündlich**	2stündig, 2stündlich ...
-tägig: **2-tägig** ...	2tägig ...
-teilig: **2-teilig** ...	2teilig ...
-zeilig: **2-zeilig** ...	2zeilig ...

ANHANG

Bleibende Unsicherheiten und Verwechslungsgefahren

*Warnung! Im Folgenden handelt es sich um ein Gebiet, das nur wirklich Mutige betreten sollten, denn es wird sich dem Leser das reinste „**orthographische Gruselkabinett**"* *auftun.*

Die hier gewählte Perspektive ist nun nicht mehr ein systematischer Standort, sondern die Schreibwirklichkeit, in der unser Rechtschreibwissen jeweils nur splitterartig, bruchstückhaft – teils mit richtigen, teils auch mit falschen Assoziationen besetzt – in uns auftaucht.

Rechtschreibung begegnet uns Schreibenden immer nur als Problem vor Ort, also wortbezogen, niemals jedoch primär systematisch. Das Regelgebäude wurde hingegen systemorientiert erstellt, und in dieser Diskrepanz zwischen Regeltheorie und Schreibwirklichkeit liegt das Grundproblem der Anwendbarkeit begraben.

Viele der neuen (und der unveränderten alten) Rechtschreibregelungen sind dafür prädestiniert, dass beim Schreiben Unsicherheiten entstehen, weil Wortpaare, die einander ähnlich sind, oftmals gegensätzlichen Regelungen unterliegen.

Wenn es auch für all diese einander widersprechenden Rechtschreibfälle im Einzelnen Richtlinien gibt, die ein Auseinanderhalten ermöglichen sollen, so wird doch eine permanente Interferenzwirkung der einander widersprechenden Schreibweisen in den Köpfen der Schreibenden latent bleiben. Dieses Phänomen wurde bereits vor langer Zeit vom (altösterreichischen) Psychologen Paul Ranschburg grundsätzlich beschrieben und ist in der Rechtschreibdidaktik als „Ranschburg'sche Hemmung" oder „Ähnlichkeits-hemmung" in die Literatur eingegangen. Umso bedauerlicher ist es, dass trotz dieses althergebrachten Wissens Reformen passieren konnten, die auf so wesentliche Erkenntnisse keinerlei Bedacht nehmen (und das gleich dreimal hintereinander!).

Die folgenden 'Splitter' erheben keinerlei Anspruch auf Vollständigkeit. Sie wollen nur punktuelle Einblicke in neu entstandene (bzw. unverändert gebliebene) **Problem-situationen der Schreibwirklichkeit** geben. Die Art der Reihung soll andeuten, dass sich die Schwierigkeiten quer durch das gesamte Alphabet erstrecken.

➤

vor allem *(nur klein)*

⇕ *aber:*

vor Kurzem *oder* **vor kurzem** *(groß oder klein)*

ausw<u>e</u>ndig ← nur so

⇕ *aber:*

auf<u>we</u>ndig *oder* **auf<u>wä</u>ndig** – *Wie lange wird es wohl dauern, bis der Umlaut auch auf „auswendig" abfärbt?*

Ich habe das Gedicht **auswendig gelernt**. ← *Nur so richtig!* *)
Das **auswendiggelernte** Gedicht... ← *Auch so richtig!*

*) Anm.: Ich persönlich glaube das mit dem „**auswendig lernen**" (= 2x betont) nicht, denn ich kenne niemanden, der etwas **auswendig**, also ohne jede Vorlage, **lernen** kann!*
Das Wort „auswendiglernen" kann also durchaus eine eigenständige Gesamtbedeutung für sich beanspruchen. Dazu kommt ein zweites Problem: Die Herren (!) Reformer kennen zwar die Kategorie der „resultativen Prädikative" (siehe die schöne Regel 7), aber welche Wörter dort dazugehören, scheint ihnen nicht so recht klar zu sein. Daher hier ins Stammbuch: Das „Auswendigkönnen" ist das Resultat des Lernens. Folglich müsste jedenfalls Regel 7 gelten und wenigstens auch Zusammenschreibung erlaubt sein! (Nebenbei: Das ist nur ein Beispiel für Dutzende Parallelfälle. Das Schlimme daran: Wo die Reformer selber an der Kompliziertheit ihrer eigenen Regeln scheitern, sollen Lernende, wenn sie einen „Fehler" machen, durch schlechte Noten büßen?!)

„Bankrott"-Erklärung der Rechtschreibreformer:		
vor 1996	1996 – 2006	ab 2006
bankrott gehen	**Bankrott gehen**	**bankrottgehen**
Bankrott machen	Bankrott machen	Bankrott machen
bankrott sein	bankrott sein	bankrott sein
bankrott werden	bankrott werden	bankrott werden
Preisfrage: Und wie geht das mit „meschugge" sein/werden/machen?		

bekanntgeben *oder* **bekannt geben**   = **frei wählbare Schreibformen**
⇕   ⇕
bewusstmachen *oder* **bewusst machen**   = **bedeutungsgebundene „Wahlformen"**: erste Schreibform nur bei Bed. „vergegenwärtigen", zweite nur in der Bed. „mit Absicht tun". – Ein Beispiel für viele!

➤

Trotz der prekär gebliebenen Gesamtsituation in Rechtschreiben kann man die Frustrationen beim Rechtschreibenlernen aus den Klassenzimmern fernhalten.

Das ist überzeugend dargelegt in dem richtungweisenden Werk:

Horst Fröhler

Neue Wege in der Rechtschreibdidaktik

Schluss mit den Problemen in Rechtschreiben

→ Was bisher im Rechtschreibunterricht falsch gelaufen ist
→ Warum Legasthenietherapien so gut wie wirkungslos sind
→ Wie man anders arbeiten kann

Eine ausgereifte, seit vielen Jahren bewährte Methode, die jeder sofort anwenden kann

Wer sich dieser anderen Welt des Lernens verschreibt, kann schon morgen eine vollkommen neue Grundstimmung in die Klasse zaubern und von da an freudvolles Lernen, auch der sogenannten Rechtschreibschwachen, miterleben!

332 Seiten, 16,5 x 24 cm, broschiert; mit zahlreichen, teils farbigen Abbildungen. 3. Auflage 2006. – Ladenpreis € 39,00 (Stand 2007). – ISBN-13: 978-3-9502198-1-4. HF-Verlag – Eigenverlag Horst Fröhler, 1090 Wien.

Weitere erhältliche Publikationen des Autors:

- **Elementardidaktik auf Erfolgskurs**

- **Lesetraining**   Teil 1 /Basis: **Fitness-Training Lesen**
  Teil 2 /Aufbau: **Konditions-Training Lesen**
  Teil 3 /Perfektion: **Lese-Jogging**
  (Alle drei Teile mit Erfolgsgarantie!)

- **Fernitzer Grundwortschatz** – Die 1000 wichtigsten Rechtschreibwörter der Grundschule – Empirisch erhobener Schreibwortschatz der 1.- 4. Schulstufe

- **Aufbauwortschatz** für 10- bis 14-Jährige – Die nächsten 1000 Wörter für den Sprung ins Leben – Empirisch erhobene Lernwortschatzsammlung

Nähere Informationen unter: www.froehler.at

ANHANG

Bleibende Unsicherheiten und Verwechslungsgefahren

*Warnung! Im Folgenden handelt es sich um ein Gebiet, das nur wirklich Mutige betreten sollten, denn es wird sich dem Leser das reinste „**orthographische Gruselkabinett**"* auftun.*

Die hier gewählte Perspektive ist nun nicht mehr ein systematischer Standort, sondern die Schreibwirklichkeit, in der unser Rechtschreibwissen jeweils nur splitterartig, bruchstückhaft – teils mit richtigen, teils auch mit falschen Assoziationen besetzt – in uns auftaucht.

Rechtschreibung begegnet uns Schreibenden immer nur als Problem vor Ort, also wortbezogen, niemals jedoch primär systematisch. Das Regelgebäude wurde hingegen systemorientiert erstellt, und in dieser Diskrepanz zwischen Regeltheorie und Schreibwirklichkeit liegt das Grundproblem der Anwendbarkeit begraben.

Viele der neuen (und der unveränderten alten) Rechtschreibregelungen sind dafür prädestiniert, dass beim Schreiben Unsicherheiten entstehen, weil Wortpaare, die einander ähnlich sind, oftmals gegensätzlichen Regelungen unterliegen.

Wenn es auch für all diese einander widersprechenden Rechtschreibfälle im Einzelnen Richtlinien gibt, die ein Auseinanderhalten ermöglichen sollen, so wird doch eine permanente Interferenzwirkung der einander widersprechenden Schreibweisen in den Köpfen der Schreibenden latent bleiben. Dieses Phänomen wurde bereits vor langer Zeit vom (altösterreichischen) Psychologen Paul Ranschburg grundsätzlich beschrieben und ist in der Rechtschreibdidaktik als „Ranschburg'sche Hemmung" oder „Ähnlichkeits-hemmung" in die Literatur eingegangen. Umso bedauerlicher ist es, dass trotz dieses althergebrachten Wissens Reformen passieren konnten, die auf so wesentliche Erkenntnisse keinerlei Bedacht nehmen (und das gleich dreimal hintereinander!).

Die folgenden 'Splitter' erheben keinerlei Anspruch auf Vollständigkeit. Sie wollen nur punktuelle Einblicke in neu entstandene (bzw. unverändert gebliebene) **Problem-situationen der Schreibwirklichkeit** geben. Die Art der Reihung soll andeuten, dass sich die Schwierigkeiten quer durch das gesamte Alphabet erstrecken.

➢

vor allem *(nur klein)*

⇕   *aber:*

vor Kurzem *oder* **vor kurzem**   *(groß oder klein)*

au̲s̲we̲ndig   ← nur so

⇕   *aber:*

au̲f̲we̲ndig *oder* **au̲f̲wä̲ndig** –   *Wie lange wird es wohl dauern, bis der Umlaut auch auf „auswendig" abfärbt?*

Ich habe das Gedicht **auswendig gelernt**.   ← *Nur so richtig! *)*
Das **auswendiggelernte** Gedicht...   ← *Auch so richtig!*

*) Anm.: Ich persönlich glaube das mit dem **„auswendig lernen"** *(= 2x betont) nicht, denn ich kenne niemanden, der etwas* **auswendig**, *also ohne jede Vorlage,* **lernen** *kann!*
Das Wort „auswendiglernen" kann also durchaus eine eigenständige Gesamtbedeutung für sich beanspruchen. Dazu kommt ein zweites Problem: Die Herren (!) Reformer kennen zwar die Kategorie der „resultativen Prädikative" (siehe die schöne Regel 7), aber welche Wörter dort dazugehören, scheint ihnen nicht so recht klar zu sein. Daher hier ins Stammbuch: Das „Auswendigkönnen" ist das Resultat des Lernens. Folglich müsste jedenfalls Regel 7 gelten und wenigstens auch Zusammenschreibung erlaubt sein! (Nebenbei: Das ist nur ein Beispiel für Dutzende Parallelfälle. Das Schlimme daran: Wo die Reformer selber an der Kompliziertheit ihrer eigenen Regeln scheitern, sollen Lernende, wenn sie einen „Fehler" machen, durch schlechte Noten büßen?!)

„Bankrott"-Erklärung der Rechtschreibreformer:

vor 1996	1996 – 2006	ab 2006
bankrott gehen	**Bankrott gehen**	**bankrottgehen**
Bankrott machen	Bankrott machen	Bankrott machen
bankrott sein	bankrott sein	bankrott sein
bankrott werden	bankrott werden	bankrott werden

Preisfrage: Und wie geht das mit „meschugge" sein/werden/machen?

---

bekanntgeben *oder* **bekannt geben**   = **frei wählbare Schreibformen**
⇕   ⇕
bewusstmachen *oder* **bewusst machen**   = **bedeutungsgebundene „Wahlformen":** erste Schreibform nur bei Bed. „vergegenwärtigen", zweite nur in der Bed. „mit Absicht tun". – Ein Beispiel für viele!

➢